U0828959

一辩十年

尚权刑辩团队成长密码

李秀平 编著

法律出版社

序

十年磨一剑,2016年尚权律师事务所成立十周年。十年可以完成很多事情,但对于尚权所而言,这个十年,它经历了破壳而出、风雨坎坷到如今的稳定运行这样一个角色的转换。尚权所是全国第一家专业从事刑事业务的律师事务所,已经成为北京的一张名片,在十年的发展过程中积累了大量的经验,并从中总结出了刑事辩护的规则和方法,予以推广。尚权所的律师不仅是挚爱刑辩的一个群体,也是一个有着法律信仰、理论功底和深厚经验的团队。刑事辩护事业的发展往往与刑事诉讼以及司法改革的进程推进紧密相关,尚权所在这个方面也不例外。2010年的《律师参与死刑复核程序实证报告》得到最高人民法院的高度评价;2013年起每年一期的《新刑诉法实施状况调研报告》引起全国人大、公安部、最高人民法院、最高人民检察院及司法部等部门的高度重视。此外,在完成刑事辩护工作之余,尚权所注重刑辩现状、审视刑辩实践、探讨刑辩研究,以助推刑事法治的前进。尚权所还热衷于公益事业,无偿办理大量刑事法律援助案件,在西部等欠发达地区无偿培训刑辩律师,为新中国律师事业的发展与完善贡献了自己的力量。在尚权所成立十周年之际,我表示由衷的祝贺!

过去的十年,也是中国刑事诉讼不断发展的十年。尤其是随着2012年《刑事诉讼法》的修改和党的十八届三中、四中全会的召开,我国的刑事诉讼成为司法体制改革中的前沿。十八届四中全会中以审判为中心诉讼制度改革方针的提出,引起了理论界与实务界的热议。这其中,刑事辩护律师是一个什么样的角色,也是人们关注的焦点之一。以审判为中心,需要发挥四大主体的重要作用，除了公、检、法这三大主体以外，律师也是这项重大改革中不可忽视的力量。诉讼的本质应当是“两造具备，法官居中裁断”。然而，我国的两造中，辩方的力量却远不如控方强大，如何实现控辩之间的平等，如何维护被告人应有的权利，这都需要发挥刑事辩护律师的积极作用。近年来，犯罪嫌疑人、被告人的人权司法保障制度不断完善，这被认为是迎来了人权司法保障的春天，但是这应当靠谁来保障？一是要靠立法和法律；二是要靠公、检、法机关尊重和保障人权；三是就要靠律师帮助犯罪嫌疑人被、被告人争取应有的权利。应当看到，在刑事诉讼的发展与改革中，刑辩律师也是这场潮流的正能量。从表面上看，律师是在维护犯罪嫌疑人、被告人的合法权利；但从本质上来看，律师是为推动刑事辩护制度的不断完善，乃至社会主义的法治建设进程，做出应有的贡献！

7:3 是对于刑事辩护率的一个描述，目前大约只有 30%的刑事案件有辩护律师的介入，还有约 70%的刑事案件没有律师。一方面，这对我们刑辩律师来说是好事，因为还有 70%的市场等待我们去开拓，法律服务市场还很大，法律服务的需求肯定也不止 30%；但另一方面，这也反映出普遍辩护与有效辩护的问题。大约在三年前，全国有 174 个县存在没有一名律师的情况，有 132 个县既无律师事务所又无律师。大家的目光自然主要关注于实现律师的普遍辩护问题，好在中央和司法部通过选派志愿律师的方法解决了这个问题。志愿律师能否起到治标又治本的效果暂且不论，这种律师法律服务县域的全覆盖在新中国历史上还是第一次，这一点值得我们肯定。普遍辩护的问题可以通过培养新的律师、增加律师数量来解决，有效辩护的问题该怎么解决呢？在美国，衡量辩护效果如何有明确的法律规定，叫作无效辩护制度。在出现了符合法院认定的“双重检验标准”的情况，可以无效辩护为由提起上诉。此“双重检验标准为：第一，律师的辩护行为存在明显缺陷;第二,被告人因为辩护人的缺陷行为遭受了损失或不利。无效辩护制度在美国的实施一直以来争议不断。实践中,提起无效辩护之诉的情况也少之又少，对于该制度的借鉴学习还应当十分慎重，尤其是我国的律师辩护制度处在建立健全与完善的关键时期。但是,在我国的司法实践中,确实有一些律师在接了案件后存在不认真、不尽职的现象,这一问题在法律援助案件中尤为突出,靠律师职业道德的培训,目前来看收效并不大。因此,有效辩护还是无效辩护的问题,应当落脚于如何提高律师辩护的有效性上。

当然,有效辩护又与成功辩护完全不同,尤其是不能用辩护成功与否来衡量辩护的有效性如何。辩护不成功,辩护意见未被采纳,不能说明辩护律师一定就怠于履行职责了;但反之,如果辩护律师怠于履行职责,将会直接影响辩护的效果,辩护也很可能会不成功。律师有效辩护的话题最初提出来时,遭到了一些人的抵触,认为对律师限制太多,有的人就发出疑问,我们的律师本身就不够用,还有那么多的刑事案件没有辩护律师,对律师要求太严格,会不会影响律师办案的积极性?对于这样的忧虑,从根本来上说,是处理好眼前与长远的一个关系问题。也可以这样说,这是一件功在当代而利在千秋的事情。这样的建设,需要更多的像尚权所一样的律所、和尚权律师一样的刑辩律师一起努力。刑事诉讼在发展,刑事辩护也在不断进步,刑辩律师不但要一辩十年,还要一辩百年,有刑事诉讼就要有刑事辩护。

寥寥数语,既是为贺,也是为序!

樊崇义

2016年9月10日

目录

六 新人成长

开篇絮语

“专业”和“团队”是尚权的两个标签

我和尚权所,有十年缘分。

这份缘,始于和尚权所创始合伙人张青松律师的缘分。2003 年,他作为律师团成员之一参与代理刘晓庆税案,我作为《法律与生活》杂志社记者对律师团成员进行采访。在奔波于京城的东西南北分别采访了位于东面的许兰亭、西面的张青松、南面的钱列阳、北面的李肖霖之后,我写下了《京城四律师,携手为刘晓庆辩护》一文。就此,我和包括张青松在内的四位律师都结下缘分。

那次采访张青松时,见面地点是当时地处北京市定慧寺的北京普华律师事务所。彼时,30 岁出头的张青松,是这家律师事务所的合伙人。在我这个旁观者看来,以 30 岁的年龄问鼎律所合伙人已然令人刮目相看了。他却没有满足于此。

三年后的 2006 年,一向勇于行动的张青松发起成立了北京市尚权律师事务所。在当时,国内的律师事务所几乎都是“混业经营”的综合所,律师业大都是民事、刑事、行政案件“通吃”的复合型律师。一名 30 多岁的年轻人牵头成立了一家专业从事刑事业务的律师事务所,确实是一件新鲜事。

出于对“新鲜事”的职业敏感或者说好奇心,也出于对张青松身上那种开阔胸襟的赞赏，自2006年尚权所成立后，我的“目光”一直盯着这个律师事务所的“创业案例”。

这一“盯”，就是十个年头。

在此期间，我和《法律与生活》的同事们多次走访尚权所并采访尚权人。据此，既通过文字对尚权人的行程做了点滴记录，也通过我们编辑在法律出版社出版了尚权所的第一本书《刑辩魅力》。

说到《刑辩魅力》，就绕不开张青松贴在尚权所身上的两个标签——“专业”和“团队”。专业性自不必说，那是尚权所出发时的目的。团队，则是张青松一直刻意强调的内容。

为写《刑辩魅力》这本书，常铮不知多少天不眠不休。当然，为此付出大量心血的还有其他律师。但是，署名的位置上并没有出现任何“个人”，而是“尚权”。

通过写这本书的历练和思考，更通过“师傅”张青松的“传帮带”和自身的努力，常铮很快脱颖而出。在和张青松创办尚权所差不多的年龄，这位“80后”女律师便成长为尚权所乃至刑事辩护律师界的领军人物。

常铮的成长，是尚权所成长的最好注脚。据此，我切身感受到了走“专业”之路并且“团队”抱团前行的强大力量。

于是，在尚权所成立十周年的2016年。我决定和尚权人谈谈，从而破解尚权团队的成长密码。

萌生这一想法，是在2015年秋日。在做了一些准备工作后，我和尚权人的谈话在2016年春天启动。

2016年4月13日，北京是个阳光灿烂、微风吹送的好天气。这一天，我和尚权所的新老两任主任常铮和张青松的访谈拉开了“和尚权人谈谈”的序幕。

这一谈，就谈过了2016年的夏天，一直谈到初秋。

一 尚权十年

十年前，张青松牵头，把一批有志于以刑辩为业的律师聚在一起，成立了中国第一家只代理刑事业务的律师事务所——北京市尚权律师事务所。

十年后的今天，尚权刑辩团队成为刑辩领域当之无愧的“领跑者”。他们以“工匠精神”把案件做到极致，他们致力于把尚权所打造成一家百年老店，他们“推动刑事法治前行半毫米”的理想一直不曾改变。

尚权志 1

首家刑辩律所，十年风雨彩虹

在探索中"起步"

说到尚权所，就绕不开张青松。

虽然在 2014 年之初，张青松就卸下了尚权所主任的职务，但是这位尚权所的创始合伙人、第一任主任，依然是尚权所的一位标志性人物。

清瘦、睿智、幽默、沉稳，这是张青松留给他人的印象。大多数人开始认识这位"70 后"律师，源于 2002 年的刘晓庆税案。当时，他和许兰亭、钱列阳及李肖霖组成了刘案的律师团。他们以自己的出色表现，赢得了媒体"京城四少"之誉。

应该说，刘晓庆税案，是张青松律师生涯中的一个标志性案件。同时，这个案件也在一定程度上奠定了他在律师业的"江湖地位"。

十几年后的今天，当年的"京城四少"早已经成为国内刑辩圈里的重量级人物，他们因为不断代理重量级的案件而一直为业内外瞩目。说到变化最大的人，当属四人中最年轻的张青松。在刘晓庆税案结束三年后，他挑头成立了北京市尚权律师事务所——国内首家只代理刑事业务的律师事务所。

在回答"为何要成立一家专业代理刑事业务的律所"这一问题时，张青松曾说"成立律所的初衷并非只做业务"。他创办尚权所，很大程度上是希望有一家专业的机构，在司法改革的进程中，能适时地发出声音，"用点滴之力,推动刑事法治的进步”。

据张青松介绍,1996 年的《刑事诉讼法》修改,有一个巨大的亮点,就是律师可以在侦查阶段介入刑事案件。而在此前,法律规定是“审判阶段才可以介入”。这个修改,让业界为之欢呼。为此,许多人乐观地认为,刑事辩护的春天来了。但是,在 1996 年版《刑事诉讼法》实施后的几年里,律师们发现,他们欢呼得太早了。

律师们发现,在司法实践中,不但 1996 年《刑事诉讼法》规定的许多律师的权利没有实现,而且刑辩律师的风险还大大增加了。于是,刑事辩护大有跌入低谷之势。刑事辩护的“三难”、“五难”甚至“N 难”的说法,正是出现在那个时候。

那时,在各种研讨会上,一线的律师们都在喊“难”。作为知名刑辩律师,张青松也在各种场合听过喊难的声音。但他不是听喊难声而却步,而是知难而进成立一家律师事务所。

众所周知,和高端民商事律师业务相比,刑事业务的收费比较低。为此,除非是一些办理收费比较高的重大刑事案件的大律师,只做刑事业务或以刑事业务为主的律师并不是很多。当张青松要创办一家专业代理刑事业务的律师事务所时,外界对他的“壮举”自然猜测不一。

“还真不是一时冲动。”张青松说。他创办一家专业所的想法,实际上在 2004 年就萌生了。从那时起,张青松就开始了前期论证、调研及考察。

当时,张青松几乎遍询了“京城四少”等业界律师及赵秉志、陈瑞华、孙国祥等刑事法律研究领域“大腕们”的意见。大家一致认为,这是个好主意,一家专业的刑事辩护律师事务所对推动我国刑事司法建设具有积极的意义与作用。

在 2004 年至 2005 年间,张青松多次去欧美一些国家考察了多家刑事专业所。他发现“那些律所的规模都不大,但专业化程度却很高,而且运转良好”。为此,他认为“国外的成功经验完全可以借鉴”。

“他们行,我们也一定行。”外国同行的做法,坚定了张青松开办一家专业刑事业务律所的决心。

不过,最现实的还是生存问题。张青松以自己的亲身经历为例,认为还是“可以试一试的”。“实际上,从 2003 年起,我基本就不做其他业务了。几年下来,发现生存是没有问题的。”他说。

就这样,经过两三年的充分准备,张青松拿出了他做律师以来赚的大部分积蓄,低调地成立了尚权所,成为中国律师界第一个吃“只做刑事业务”这只“螃蟹”的人。

在有声有色中“成长”

虽然大家对创建尚权所都一致看好,但这毕竟是一次尝试。对于尚权所的未来,旁观者在拭目以待,张青松的态度则是“谨慎的乐观”。

“往坏了想,坚持不到一年,宣告‘尝试’失败;往好了想,是第一年亏,第二年平,第三年盈利。”张青松说。然而,张青松及所有人都没有想到的是,尚权所第一年就“赚钱了”!

这个成绩,让张青松大喜过望,也让他和同事们备受鼓舞。“第一年我们是悄悄地干,从第二年开始,我们挺直了腰杆儿,并在很多场合对外宣传尚权所的存在。”张青松说。

为了更好地纪念建所一周年,张青松和同事们决定,以召开“尚权刑事辩护论坛”的形式,隆重地为尚权所庆祝生日。也就是从 2007 年起,一年一度的“尚权刑事辩护论坛”成了惯例,甚至成了刑事法律业内的一件重要的事情。

通过几年的实践与探索,尚权所逐渐形成了自己的办案风格与特点,在业内的影响力越来越大,办所理念也得到了更多的认同。

2011 年,尚权所的第一分所在深圳成立。至此,尚权所形成了南北呼应的格局。

近几年,在国内有影响的大要案中,几乎都有尚权律师的身影。

远的有万里大造林案、李昌奎案、上海首富周正毅案、央视大火案、重庆打黑案、深圳最大涉黑案、北京市最大虚开增值税发票案、前空姐韩国代购化妆品案、陕西房姐案；近的有近年国内最大的刘氏兄弟涉黑案等案件（值得一提的是，在刘氏兄弟涉黑案中，张青松担任刘汉的辩护人，常铮和尚权所的蔡华律师担任刘维的辩护人）、瓜农案（在案件二审中，蔡华和毛立新担任城管廖卫昌的辩护人）。

对这张“成绩单”，张青松的评价是“尚可”。当然，这与尚权所的专业化团队不无关系。

在尚权团队中，资深律师们或是有过公、检、法工作经历的老刑事，或是像张青松这样的实力派；而年轻的律师们也都有着研究生以上学历；另外，还有像冀祥德、毛立新、门金玲等这样的教授级专家学者。

目前，全国律师协会刑事专业委员会百余位委员中，尚权所就占了五人。

始终未偏离“航向”

创所之初，尚权所便为自己立下了“专做刑事业务”的规矩。能坚守住这一“承诺”，确实不易。对尚权所的律师而言，最大的诱惑就是收费高的民事案件。

在尚权所成立的前两年，律所有人试图触碰这一底线，但都被张青松坚决地制止了。之所以底气这么足、决心这么大，是因为张青松曾经“心疼地”拒绝了一个律师费上千万元的民事案子。

直到现在说起此事，张青松还要深吸一口气，内心的真实感受只有他自己知道。不过，有了他这个例子，以后所里再没有律师跟他提“越线”的事了。

与其他律所相比，尚权所最明显的两个特征，一是业务类型；二是热衷学术。

“空气中弥漫着刑辩的味道。”这是大多数尚权人对律所氛围的感受。就连许多实习生都觉得，尚权所不像是律所，而更像一家研究机构。

比如,尚权所每年都要办一届"尚权刑事辩护论坛"。由于出席的嘉宾规格高、话题前沿,论坛已被媒体喻为"刑辩界的高端盛宴"。

再比如,尚权所的实证研究在业内也颇有名气。2007 年至 2009 年形成的《律师参与死刑复核程序实证报告》,得到最高人民法院的高度评价;2013 年与新《刑事诉讼法》实施同时启动的"新刑事诉讼法实施状况调研",在次年发布了年度报告。报告中的相关内容被媒体大量报道,同时也引起了学界及司法行政机关的重视。2016 年 3 月,又发布了新《刑事诉讼法》实施三周年的调研报告。

最让张青松有成就感的,还是 2013 年新《刑事诉讼法》在修改过程中的征求意见阶段,尚权所提交了多份建议。最终,尚权所的建议有的被部分采纳,有一条被全文采纳。

开放的律所,刑辩界的黄埔

几年来,尚权所的成绩有目共睹,律师队伍也相对稳定。但是,也有一些律师甚至几位创始团队的律师相继离开了尚权所。对此,张青松有自己的见解。

在张青松看来,凡是来尚权所的律师,无疑都是刑辩的"发烧友"。这其中,既有抱着试探和怀疑心态来的,也有抱着热情和理想心态来的。

"但是,理想和热情不能当饭吃。"张青松说,与其他业务相比,刑事辩护的压力很大。一名成功的刑辩律师,不仅需要超强的心理承受能力,同时还需要一定的天赋。"当一个人发现他并不适合这项业务时,离开是无可非议的"。

实际上,从尚权所走出去的律师,现在也都干得有声有色,而且也没丢弃刑事业务。于是,有人说张青松是在"帮他人做嫁衣"。而张青松想要的,正是这个效果。

"我们做的一切,不是为了垄断人才,而是为了培养人才,传播尚权所的专业精神。"张青松说。按照他的设想,尚权所不仅是一家律所,还是一家科研机构，一所培训学校。

“在刑辩这行里，不存在‘教会徒弟、饿死师傅’的事。”张青松说。目前，我国刑事案件的辩护率还有很大提升空间，因此市场很大，而这项业务又因为收费低、风险大，有相当一部分是律师“捎带手”做的，或者就是那些刚入行的年轻律师在练手，辩护效果可想而知。因此，在行业内开展培训是很有必要的。

自2006年起，尚权所开所启动“刑事辩护技能系列交流活动”，并在内蒙古、新疆等地尝试开展刑辩律师的公益培训，且取得不错的效果。2013年，尚权所启动了一项为期三年的专门针对入行三年以内的青年律师的刑辩培训。

“尚权所的理想之一，就是推动中国刑事司法的点滴进步，公益培训是其中的方式之一。”张青松表示，如果今后的刑辩高手身上都有尚权所的印迹，那将是尚权所的光荣。

“能成为刑辩界的‘黄埔’，是尚权所的荣誉。”张青松说。

尚权≠张青松 张青松≠尚权

在外界看来，“京城四少”和“尚权”是张青松身上的两个标签。对于“京城四少”，张青松说那毕竟是十年前的事了，他自己已经“不好意思”再提了；对于“尚权”，他则一直强调，尚权所不是他张青松的，而是律所全体同人的。

当年，尚权所由张青松一人出资成立。后来，他把股权“稀释”给了常铮。再后来，尚权所的股权不断被“稀释”。如今的张青松，只是尚权所的6名合伙人之一。在尚权所去掉“张青松”这个标签，一直是他在努力的事情。

2014年2月，尚权所迎来了建所以来的一次大变革——经全体合伙人无记名投票选举，常铮当选新一届律所主任。

如今早已为法律业内熟知的常铮，在2006年从中国政法大学研究生毕业后直接进了尚权所，是尚权所最年轻的元老，也是在尚权所成长最快的年轻人。在尚权所那张“尚可”的“成绩单”中，有一半的案子她都参与了。

对于这次“换届”，张青松认为是制度建设取得成效一个表现，而且充分实现了他“去标签化”的目标。

作为尚权所少壮派的代表，常铮希望，尚权所能在接下来的几年里，冲破发展的“瓶颈”期，实现质的飞跃。

到2016年之初，全国已经有了近20家专门从事刑事业务的律所。

“但是，专门不等于专业。”常铮说。她认为“虽然尚权所已经在业内形成了一定的影响，但要实现质的飞跃，必须在专业化建设上取得突破”。

按照设想，尚权所将进一步在专业化领域进行探索。比如，借鉴民事业务的经验，开拓刑事非诉业务；深化专业化程度，或按罪名分类，成立不同的业务部，类似于专科医院的不同科室；或按工作流程及律师的个人特点，探索团队分阶段合作模式。

学术追求也是尚权所的一个特色。常铮表示，在代理案件之外，实证调研、公益培训、学术论坛、制定刑辩行业标准等方面的工作，都是未来尚权所的重点工作之一，“时机成熟时，我们会考虑成立专门的研究机构。”

2016年3月，由尚权所联合全国其他九家专业刑辩律所发起的“中国刑事律所联盟”在北京亮相。目的是在“互联网+”的背景下，同行携手走得更远。

“这一切，都是为了做强尚权所，实现‘推动中国刑事法治进步半毫米’的目的。”常铮说。（本文由冯霞撰写，编辑时有改动）

尚权志 2

他们亲历的 刑事司法制度创建与变迁

2006～2016年，既是中国律师业高速发展的十年，也是刑事司法制度臻于成熟和完善的十年。率先走上专业化道路的尚权所是一个注脚，站在律师业甚至刑事司法潮头的尚权刑事辩护团队成员是发展和变化的见证者甚至推动者。

在尚权刑事辩护团队成员中，刘文元律师见证并参与了律师制度的恢复、王耀刚律师亲历的刑事侦查制度的创建，更多的尚权所律师如张兴梅、常铮、张雨、张宇鹏等人亲历了刑事司法制度的完善和刑事司法环境的改善。

因为是亲历者，他们对律师职业环境的变化深有感触。和实务专家的"感悟"不同，北京市尚权律师事务所兼职律师、中国社会科学院法学研究所研究员冀祥德是站在一个很高的层面、以相对超然的姿态来观察"律师所处的法治环境"。

令人欣喜的是，"80后" 律师巩志芳从法律职业共同体存有裂隙的角度分析了公、检、法和律师之间的关系问题，同时也释放出了"体制内"的公检法工作人员和"体制外"的律师从了解对方做起，一步步走到彼此理解并共同构建良好的刑事司法环境的境界。

刘文元：亲历律师制度恢复与发展

我是中国律师从无到有、从小到大的见证人。中国法治从无到有、从不健全到逐步健全的过程,我也是一个见证人。

1969 年,我从北京政法学院就是现在的中国政法大学毕业。那时候,毕业生要响应毛主席的指示"知识分子必须接受工农兵的再教育"。因此,我毕业后就被分配到河北省文安县一个村庄参加劳动,接受贫下中农的再教育。

1971 年 12 月,我被分配到河北省三河县(今三河市)工作。那个时候,因为公检法被砸烂,检察院和法院都不存在了,执法机关只剩下公安局。我被分配到"中国人民解放军三河县公安机关军事管理委员会"工作,就算当警察了。

那个时候,遇到案子,领导说:"小刘,这个案子你去办吧。"我接受案子之后,从侦查、破案、抓人、预审、审查起诉、起诉、判决,整个程序就一个人全部做下来了。

当时,判决书的名称很长,叫"中国人民解放军三河县公安机关军事管理委员会刑事判决书"。

这种状况持续到 1974 年,因为这一年法院恢复了。在当时的河北省三河县只有我一个学法律的大学生,我就被挑选去筹建法院。法院筹建工作完成后,我就留在法院工作了,后来当上了刑庭副庭长。在刑庭庭长的任命下达前夕,我就调到北京工作了。

法院恢复之后,刑事案件由公安局直接向法院起诉。这段由公安机关直接起诉案件的历史持续到 1979 年。1979 年,检察院恢复。在恢复检察院的时候,我还在三河县法院工作,被借过去做检察院筹建工作。检察院恢复之后,我又回到法院工作。

1981 年 6 月,为了结束夫妻两地分居的生活,我调回北京工作。调到北京后,我被分配到了北京市中级人民法院。去北京市中级人民法院报到的时候,人事处让我去民庭。

在负责人找我谈话是时候,我说:"不行。我只会办理刑事案件。"之后,北京市中级人民法院的人就不理我了。他们不理我,我就到了北京市东城区。到了东城区之后,组织部的人对我说:“你来得正好,我们要恢复司法局,你去筹建司法局吧。”

我去参与筹建司法局时,加上我只有五个人。我一去报到,人家一看我的材料说:“你是刑庭庭长,正好我们要筹建法律顾问处,你去筹建法律顾问处和公证处得了。”这样,我就开始筹建这两个部门,筹建工作完成后,东城区组织部说“你就留在司法局吧”,我就这么一路走下来了。

法律顾问处就是律师事务所的前身。我和律师行业有很深的缘分,等于完整地经历了新时期律师业发展的全过程。到现在,我当律师 36 年了。

我们这代人,是为法治进步做贡献的一代。

要说我们中国的法治,它的进步我们是看得到的。比如,我原来当法官的时候,还没有《刑法》。当时,一共就两部法律,一部《宪法》,一部《婚姻法》。到了 1979 年,我们国家才制定了第一部《刑法》和第一部《刑事诉讼法》。

在实施之后,《刑事诉讼法》本身也在不断进步。过去规定,案件只有进入法院审理阶段,被告人才能请辩护律师,现在把请律师的时间提前到侦查阶段了。也就是说,人一被抓就可以请律师介入了。

当然,由于这个变化需要经历一个认识转变的过程。过去没有那么多的这个“难”、那个“难”,是因为很多程序律师无法介入,介入不了自然不存在难与不难的问题。现在,律师提前介入了,在过程当中自然会遇到一些困难。

拿 2013 年《刑事诉讼法》来说,如果执法人员能够完全按照法律规定来执法的话,那情况会有很大不同。因为这部法律的规定已经很全面了。

由于公检法机关一些人的思想观念没有转变过来,一些警察会认为“律师一参与,就会影响侦查”。

2007 年,我代理江西景德镇五青年案的时候,去看守所会见当事人。那个时候,律师会见嫌疑人还规定警察在场。我回北京后,警察给我打电话,问我:“你给他说什么了?怎么你一走,他就翻供了?”我说:“我见他的时候,你就在旁边。我说了什么话,你都听得到呀!”

那个时候，案件在侦查阶段可以会见，但是必须有办案人员在场。所以，我说有些东西的改变有个认识转变的过程。

因为公安机关是以维护社会治安为职责，所以警察看谁都会怀疑是犯罪嫌疑人。

再看检察院，它是国家公诉机关，他们有个观念，就是“我起诉了，就得成功，被告人就得被追究刑事责任”。这种观念必须慢慢转变过来。

同样的道理，法官考虑问题和律师业不一样。因为职责不一样，考虑问题的角度不一样，在认识问题上需要磨合。

我们的立法也是这样，一开始会有缺陷，后来通过修改一点点进步。

在1995年开始第一次修订《刑事诉讼法》的时候，我就一直提《刑事诉讼法》没有救济措施的问题。经过修改以后，2013年实施的第二次修改的《刑事诉讼法》终于有了救济措施，有了可以申诉控告的规定。对立法来说，这就是进步。

原来的《刑事诉讼法》里通篇都是“应当怎么办”，没有考虑后果问题。比如，律师会见的规定，如果不允许律师会见的时候怎么办，救济措施应该是如果不允许律师会见，你做的笔录就不能作为证据使用。

从法律的修改就能看到立法的进步，但是，进步是需要时间的。有的法律有一些缺陷，我们慢慢把它纠正过来，就是进步。

我们的法治现在还有一些问题，但是一直在进步的过程当中，我相信将来会好的。

王耀刚：亲历刑事法律立法与执法变迁

我在1978年当上警察的时候，我们国家还没有刑事法律。在1979年开始有了《刑法》和《刑事诉讼法》。从那时起，我们国家的立法加大了力度，每一年都会有好几部法律出台。

在我参加工作的头几年，公检法人员的法律观念还是挺强的。别看人员的文化素养不太高，就法院来说，经常讲退伍军人当法官；检察院呢，因为刚恢复，人员都是从各个单位调来的。

那个时候，虽然法律科班出身的人很少，法律专业知识不多，但是大家对法律的敬畏之心可是非常高的。在执法的时候，我不管你是谁都会严格执法。我当时所在的县公安局和县检察院在一个院子里办公，大家平常关系也不错，但是一旦听说公安局的人对嫌疑人“采取措施”了，他们马上会绷着脸过来交涉。

大家平时处得虽然不错，但是检察院的人不怕得罪人。在他们的心里，我们是执法者，我们执法的时候对所有人都是一视同仁的。你公安局的人违法了，我就是要监督你、纠正你。

其实，我们公安局的人也是非常守规矩的。当时治安拘留是行政处罚，不许给受处罚的人戴戒具，大家就真不敢给人家戴。需要拘留人的时候，我们就通知对方，让他自己来，他自己扛着铺盖卷就来了，并不是捆上戴上手铐把人家抓来。

一开始，我们县公安局的看守所和拘留所是一体的，后来发现治安拘留和刑事拘留不能在一起，领导就说“赶紧建拘留所”。

那个时候，我们对人不打不骂，没有证据不敢抓人。有一次，我们抓了一个人，程序上有些瑕疵，检察院就是不批捕，我们只能放人。我们执法是非常严格的。

从我自身的感受来说，问题出现在1983年“严打”之后。在“严打”时期，程序法变得不重要了，检察院也不怎么管了。后来，立法上在不断进步，从现在的情况看，法律应该很完备了，我认为关键在执法层面做得不够好，法律没有被严格执行。

以刑事法律执行为例，律师在会见、阅卷上还有困难，最为重要的是，在非法证据排除方面，虽然有规则了，但是不严格执行。对好多应该排除的证据，法官不敢排除。检察院又很强势，有时他们明明知道是非法证据，也拿到法庭上来出示。检察院为什么不把非法证据排除掉呢？

由于检察院不排除非法证据，法院不敢排除非法证据，就形成了很多冤假错案。在这个过程中,检察院“没有挡住”是问题的关键所在。因为检察院起诉到法院以后,法院不敢不判。一些要么死刑要么无罪的案子,结果判了“死缓”。许金龙的案子就是例子。

许金龙的案子,当初如果听了戴检察官的意见,就不会有后来了。戴检察官是做公安预审出身的。许金龙的案子在批捕的时候到了他手里,他说这个案子疑点太多,不能批捕,他就是不签字。后来,检察长找他谈,说“公安局让批捕,你看怎么办”,他说“不行”。后来,检察长又找他,他还是说“不行”。再后来,就把他换了。案件换了别的检察官办理以后,许金龙他们几个就被批捕了。这以后,许金龙他们就被起诉了,就被判刑了。

后来,案子进展到每个阶段都有人跟戴检察官说,“老戴,你看,你说不行那个案子,人家批捕了”,“老戴,你看人家把那个案子起诉了”,“老戴,你看那个案子被判了”。每一次,老戴都会无可奈何地说:“人家水平高。”

许金龙这个案子出错,主要是由检察院没有严格执法导致的。

检察院不再严格监督公安,不再撕破脸跟公安局交涉,谁也不爱得罪人了。

执法者的素质都提升了,在法院和检察院工作的人普遍是法律专业科班出身。但是,在执法上却不行了,不像我们当年那样严格执法了。

当然,我们那个时候办案也没有人干预。你办案子无论涉及谁,都绝对没有人会干预。我们办理县里某局局长孩子的案子时,照样该抓就抓,该移送检察院就送,没有听说过打招呼、关照一下怎么把事情“弄小了”或者“弄没了”的事情。

从被害人方面看,根本用不着请律师。你什么都不用做,执法机关就会把你的权益保护得好好的。现在呢,被害人从法医鉴定这边就开始不放心了,担心你把指纹什么的弄错了。在侦查这边,他们也担心该办理的不办理。

张兴梅:亲历审判方式和律师权益保障之变

我在1990年到法院工作的时候,《刑事诉讼法》还没有修改,还是在用1979年的《刑事诉讼法》。

那时候的审判方式是纠问式的,记得那个时候公诉人比较轻松。案件宣布开庭之后,在发问阶段,法官发问、公诉人发问、辩护人发问;在接下来的举证阶段,公安侦查卷中的所有材料都由法官来宣读,读完以后,问公诉人有什么意见、被告人有什么意见、辩护人有什么意见,那个时候就这么做了也没有多想,现在回过头来看,公诉机关指控犯罪,我作为法官给你宣读、还问你是什么意见,这是不对的。

那个时候的审判工作,包括出示哪些证据、对证据如何把控都是法官的工作,公诉人的主要工作就是辩论。实际上,法官既是裁判员,也是运动员。

我记得,我当审判员的时候,主审了一起强奸案。辩护律师拿着一份材料说,是被害人家属给他的,这份材料上叙述的被强奸经过和在公安阶段的叙述是不一样的。辩护人特别跟我强调说:"这是被害人家属提供给我,要求我在法庭上出示的。"我当时还在想,律师老强调当事人家属提供的干什么,你想出示证据就大大方方出示,怎么搞得战战兢兢的?

后来,我又遇到一起强奸案,是一起未成年人强奸案。犯罪嫌疑人是一个15岁的男孩,被害人也是一个十几岁的女孩。在开庭的时候,辩护人提供了他去调查那个女孩的证据,公诉人就很不高兴地要求休庭,说他们要对案子进行补充侦查。

休庭之后,公诉人就重新去做了调查。调查的时候,因为那个律师年龄比较大,头发已经花白,公诉人就问被害人:"为什么那个白头发的爷爷问你问题的时候,你的说法和今天的说法不一样?"小姑娘就说:"白头发的爷爷比较和蔼,他给了我们几个小孩每个人一颗糖。"公诉人就跟我说:"如果被害人不是小孩子,是成年人的话,我肯定要追究律师的责任。"那时候,我就在想"原来律师在办案过程中调查取证的风险这么大"。

在此之前，作为一名法官，我觉得不管是哪方提供的证据，只要按照证据的客观性、关联性、真实性三个方面考量，能采信就采信，不能采信就不采信。经历了这些事情之后才知道，律师办案是有风险的。

那时候，我刚从学校出来，就觉得法官、公诉人、律师各司其职，大家都按照相关程序去办案就可以了。

后来，我自己当了律师，觉得最大的障碍就是会见难。在侦查阶段会见当事人的时候，必须拿到公安局给你开的会见函。但是，联系上公安机关的案件承办人并不容易，他们一般只把座机电话留给律师，公安工作的性质是经常外出，律师很难找到办案警察。

因为很难拿到会见的法律手续，律师会见当事人就很困难。我到北京后，代理一个案件，我把申请会见的材料交给办案警官后，他说："在48小时内，不管是不是准许会见，我都会把结果告诉你。"结果，在48小时内没有消息。我就不停地打电话，但是电话一直没有人接听。后来，公安局的其他人接电话说办案民警出去了。眼看半个月过去了，我还没有见上当事人，就打公安局的投诉电话，没有解决问题。后来，我只好接着打办案民警的电话，可能接电话的人听了打了那么多次电话开始同情我了，就对我说："公安局有班车，那个办案民警每天早晨8点半就到预审办公区去了，大家安排一下工作就出去了。你早晨早点儿去，去堵他。"

第二天一大早，我就打车到了公安局。办案民警从班车上下来后，看到我就说："你这么早就来了？这两天，我正准备通知你呢！"这样，我终于拿到了准许会见的函。

2012年修订的《刑事诉讼法》实施后，律师会见不再难。从我自己的切身感受来看，中国法治的发展变化还是挺大的。

从审判方式的变化到律师办案方面的权益保障，变化都很大。

常铮、张雨、张宇鹏:亲历法治环境渐变

常铮——

到2016年,我做律师正好十年。在去过的十年,中国的刑事辩护在进步,律师的执业环境应该说是越来越好。当然,我们在执业过程中也会感受到一些不尽人意的地方。

2013年《刑事诉讼法》的变化就是一个例子,包括"尊重和保障人权"的原则写进了这部法律中,说明我们从原来注重打击犯罪到现在注重保障人权的理念的变化。这里的保障人权,更多地是在强调保障犯罪嫌疑人和被告人的权利、保障律师的执业权利。再比如,《刑事诉讼法》修改时,对辩护律师在侦查阶段身份的确定、对律师调查取证权的规定、证人出庭、二审开庭等规定,这一系列的变化都是进步的表现。

在实践中,律师会见当事人难的状况得到很大改变;律师阅卷、律师在法庭上的权利的保障都在不断地变化和进步。

从总体上说,是一种进步的趋势。党的十八届四中、五中全会中的法治理念,以及一些中央文件中强调的如何保障律师的权利、如何建立以裁判为中心和以证据为中心的庭审改革等,都是在推进法治进步。

近两年来,在保障律师执业权利方面,最高人民检察院、最高人民法院纷纷出台了相关规定。后来,五部委又联合出台了保障律师权利的规定。2016年4月第九次全国律师代表大会召开时,政法口的领导全部到场,也体现了中央对律师在推进法治工作中所起作用的认可。

此外,随着社会发展,出现了越来越多律师可以介入的领域,其中包括行政管理领域。

当然,在执业过程中,也会遇到问题或产生困惑。比如,原先律师常说的"三难"或者"老三难"还没有彻底解决,又出现了"新三难"。"新三难"是指出庭难、非法证据排除难、职务犯罪辩护难。

因为我们国家走法治道路的时间还不是很长,律师制度恢复也不过

30 多年，一些理念的变化需要一个时间过程。随着法律的不断健全、公检法人员素质的不断提高，我相信一定会继续向好的方向发展。

张雨——

法治环境和我们的憧憬还是有距离的。也正是因为不完美，才需要我们律师。如果法治环境非常好，像自动售货机那样，针对一个案件输入一个思路、一个法律条文就会出一个判决，律师就失去了存在价值。

也可以说，时势造英雄。法治环境不完美的阶段，正是律师大显身手的时候。这几年，我们听过的、看过的、自己参与的案件中暴露出不少问题。最大的问题，已经从“无法可依”变成“有法不依”，现在无论是官方还是民间都不再提“无法可依”，作为律师我们更多地感受到的是“有法不依”的问题。

我们碰到的最大的困难是，法律上明文规定了非法证据排除规则，但是在现实中能够被排除的情况很少，连听说的都很少。还有，律师进法院要安检，经律师多年呼吁，2016 年 5 月 1 日实施的《中华人民共和国法庭规则》的规定是律师与检察官同等检查。

法治环境的问题，让我们这些刑事辩护律师感到风险无处不在。作为律师，我们不知道风险会从什么地方出现。我恪守律师职业道德，每一步都很小心谨慎地做，但是如果这个案子在其他方面出了问题，也可能牵连到律师。

我们现在能做的，是严格要求自己。如果风险出现了，只能见招拆招了。

最常见的风险是因为对法律规定的理解不同而产生的。比如说，要不要给被告人看案卷材料，这是一个争议很大的问题。

法律规定律师有权向被告人核实证据，但是并没有规定用什么方式核实。于是，公安局和检察院坚定地认为不能把案卷给被告人看，否则就认为律师在串供。律师却认为，很多事情的细节只有被告人知道。比如，同案嫌疑人是怎么说他的事情的，我作为律师肯定会问问被告人“有没有这个事情”,如果不让被告人知道这个事情,这个事情就是板上钉钉的。只有把这个事情告诉被告人,他自己(通过卷宗材料)看了,才会给律师一个解释说“当时这个事情是这么回事,不是他说 那个样子”;如果不把这件事情告诉被告人,他怎么去向律师解释呢?如果办案机关担心串供,到法庭上等着公诉人把事情揭示出来,那个时候再让律师组织有效辩护哪里来得及?

再比如,讯问录像是不是证据的问题。在这个问题上,检察院和律师的看法也不一致。检察院坚定地认为,在审查起诉阶段,讯问录像不能给律师复制,律师如有需要只能到检察院去看。如果律师说有这样一件事情,检察官说不是你说的那样,我需要通过讯问录像验证的话,我只能到检察院一点一点地倒讯问录像。为了找到那个“点”,我可能得在检察院待上好几天。这现实吗?

在现实中,我们遇到很多这类争议性问题。

张宇鹏——

从我自身经历的十年来看,我们的法治环境在逐步改善,但是这种改善非常缓慢。我们很多法律人希望看到一个立竿见影的效果,恨不得很多东西都能一步到位。但是,毕竟国家这么大,大船掉头是需要一个缓慢的过程的。这就需要所有的人,包括律师、法官、检察官、警察共同努力。

国家提出“法律职业共同体”这个概念,我们通过和公检法机关工作人员的接触,发现他们对法治建设和律师有不同的理解。他们更能精准地看到司法运行中的问题和司法体制的弊端,因为他们和律师所站的角度不同。

律师通常是在外面摇旗呐喊,把声音传出来;而司法机关工作人员是在内部提出自己的改进或者促进法治发展的建议。大家的目标其实是一致的。

一个良好的法治环境,不仅仅指对刑辩律师来说是办案更顺畅,能更好地为客户提供法律服务;对司法机关工作人员来说,他们的工作也会更加得心应手，更有据可依，有章可循。

法治的不断进步，不光是对法律人有益，对全社会来说都是一件有益的事情。为什么现在的民众法律意识这么强？不管民众对法律的理解是对还是错，他们知道法律有用，能保护自己。

刑事辩护律师这个群体，因为和公检法有直接接触，会有一些冲突。或者说，执法者的工作中，违法行为屡见不鲜，或者侵害犯罪嫌疑人或者被告人权益的事情屡见不鲜。归结到一个层面上看，是部分法律工作人员缺乏对法律的信仰，普通群众缺乏的是对法律的准确认识。

解决这个问题，要从基础做起。对民众来说，要尊重法律，而法律人要敬畏法律。

巩志芳：对法律职业共同体的观察与思考

在不算长的律师生涯中，我对法治环境的总体感受是“越来越好”。

从案件的结果看，我感觉在往好的方向发展。但是，我认为评价法治环境一个更重要的指标是，所谓法律职业共同体之间的沟通。在这一点上，还有待提高。

现在很多人从公检法机构转行来做律师，他们从原来的执法者转身当上了律师，会对促进法律职业共同体的融合有所帮助。原因在于，他们原先在一种相对优越的环境里工作，从执法机关走出来之后，那种优越感一下子就丧失掉了。这个时候，他们就会感受到做律师的辛酸，也会去反思为什么那个时候没有善待律师的问题。当他们有了这种感受后，会反馈给他们还在公检法工作的朋友和原来的同事，这种沟通会潜移默化地对共同体融合带来正面影响，会带来刑事司法环境的改善。

刑事司法环境的改善，最大的受益者是律师。因为在律师在办理刑事案件的过程中，很大的时间成本浪费在电话沟通找不到人、会见时办手续不顺利等方面。有的时候，我们给检察官打电话，两三天都找不到人。在两三天内，我不知道要打多少个电话。这种时间成本太高了。

如果大家彼此间能做到互相理解和尊重，畅通这种沟通机制以后，我们作为律师的精力就会主要放在对案件问题的把握上了。我们作为律师的这种对案件的研究结果，提供给办案机关的人之后，对他们来说是重要的参考内容，对他们公正办案也非常重要。

其实，时间的成本表面看消耗在我们律师这边，但是结果会消耗司法公信力。因为我们的付出，当事人家属都是能看得见的。以一个女大学生委托我代理她父亲的案子为例，为会见当事人，我往看守所跑了六趟，只会见成功两次，原因是法院没有及时签字。因为第一次是这种情况，所以第二次去的时候，我打电话和法院沟通并约好了会见时间，到了那里之后他们依然没有办好手续。虽然是法院的人错了，我还是不能会见。当事人家属看见这个过程之后，怎么能相信你法院作出的判决是公正的？

当事人会去想："法院不及时办理手续，是不是里面有什么猫腻？"

从刑事司法环境来看，整体上在变好，但是有些细节上还不尽人意。因为这些问题本来不应该存在，当这些问题都成为问题的时候，对司法公信力的损伤非常大。

如果当事人的水准比较高，他们就会问："习近平总书记不是说让群众在每个个案中都感受到公平正义吗？"我们律师怎么去回答？

说到公检法和律师之间的关系问题的时候，大家都爱用"体制内"和"体制外"来表述，公检法工作人员在"体制内"，律师在"体制外"。不管是"体制内"还是"体制外"，双方需要在了解的基础上尊重对方。只有多了解，才能去尊重。

现在，彼此之间相互不信任的问题太严重了。我的感触来自亲身经历。

我和常铮一起办过一个案件，是某地一个派出所的警察和"鸡头"联合起来引诱卖淫女卖淫再进行罚款的事情。我们的当事人是一位派出所警察的朋友，这个小伙子是从国外回来的海归，警察让他冒充嫖客去"卧底"，他并知道是怎么回事就答应了，结果却被逮捕了。

对这个案子，我最大的感慨是，从证据情况看，那个警察虽然说自己不知情，但事实上给我们当事人汇过两次钱，说是经过领导批准给他的奖金，他的身份也是派出所的特情人员。因为他自己所知道的真实情况是帮助派出所"为民除害"，主观上"不明知"，应该按无罪定案。但是，这个案子经过了侦查、审查起诉阶段的"两退三延"，即两次退回补充侦查、三次延长审查起诉期限。审查起诉的时间，是法律规定的最长的六个半月的时间，在达到这个时间之后，检察院对当事人做了不起诉处理。

这个案子最终的效果还是不错的，但是不能算完美。为什么？因为对这么明显的无罪案件，为什么要等到法律程序规定不能再关下去的时候才把人放出来？在此之前，大家把卷宗材料都看完了，律师也给办案人员提了意见，并提交了取保候审的申请。在这种证据情况下，完全可以取保候审，为什么不呢？

更为关键的是，当事人家属给我们讲了一个故事，他们说就在检察院通知家属去领人的时候，对他们说："我们做了不起诉决定，你们可以去领人了。但是，我要给你们说一句话，这个结果是我们依法审查的结果，和律师没有关系，你们被律师骗了。"

听到检察院的人说了这番话的故事后，我作为律师感到很伤心。让我欣慰的是当事人家属给检察官说了一句话："我们的律师肯定不会干这样的事情。"检察官那句话为什么对我的影响很大，我想问："在你这个检察官心中，我们律师到底是什么角色？明明造成这种结果的是你，你作为案件承办人有权力对当事人进行取保候审，为什么最终还要强调案件是你依法审查的结果？如果你依法的话，当事人早就该被放出来了。"

"体制内"的人对律师的不理解、误解或者"防着你"的这种心态太严重了。我和你在沟通过程中，你如果认为我不是那种诚实善良的人，你可以善意地提醒当事人家属。可是，我们每次沟通都很好，无论是书面沟通还是电话沟通都是如此。我并不是那种浮夸的人，你怎么会对我得出这样一个结论呢？

面对这样的问题，尚权所也在做一些致力于改善的工作。比如，我们尚权所有一个青年刑事司法沙龙项目。2015年，我们和昆明市公安局搞了一次活动，主要议题是昆明市公安局要制定一个“民警执法规范(草案)”，初稿形成之后，我们坐在一起来讨论修改问题。昆明市公安局法制科的人在介绍每一条条款的制定背景时，讲了很多一线办案民警的苦衷。我在听的过程中特别有感触，感觉一线民警办案太不容易了，我们国家的法律规定太严格了，严格到民警在实践中没有办法操作的程度。

那个时候，我突然想到，以前自己在法庭上质证的时候，经常会说警察在取证时“这个做得不好，那个做得不对”，觉得那些质证意见和民警办案的艰难相比很是苍白无力。因为对有些问题法律虽然有明确规定，但在实践中是不可能做到的。这个时候，我就能体会到办案民警的辛苦，去体会他们提取的证据呈现在法庭上的时候为什么不是那么完美无缺。

有了这个经历之后，在以后质证的时候，我对有些证据的瑕疵问题就不会再去提了。对那些对我的当事人的命运不会产生实质性影响的证据，我就不去提了。

从那之后，我对警察的认识就有改观了。我之所以会对警察的认识发生改变，是因为我了解了他们办案的艰辛。我了解之前是另一种态度，了解之后就变成了这样一种态度。

目前的情况是，“体制内”和“体制外”的人缺乏对彼此的了解。这就不难想象，和我的当事人家属说律师是骗子的人是多么不了解律师。

最后，我想说的就是，大家要互相多了解，不要戴着有色眼镜去看对方，法律职业共同体才会形成，大家在共同完成刑事司法程序的过程中才能更加融洽。

冀祥德：建设法治国家和法治政府，律师的作用不可忽缺

新中国成立60多年，特别是改革开放30多年以来，我国法治建设的成绩非常巨大。1999年3月14日，《宪法修正案》第五条的第二款增加规定“依法治国，建设社会主义法治国家”的内容，而此前相当长一段时间，我们的提法一直是“建设社会主义法制国家”。由“制”到“治”的转变，这是一个历史性的进步。以此为标志，我国的法治建设有了一个质的飞跃。党的十八届四中全会，中共中央作出了《关于全面推进依法治国若干重大问题的决定》，以党的文件形式专门研究了依法治国问题，这又是一个里程碑式的事件。从总体而言，我国这些年法治建设的进步是不言而喻的，且值得我们大书特书。但是，在肯定成绩的同时，也必须承认，在我国法治建设整体推进的过程中，一些社会公众和机构组织对律师在法治建设中的地位和作用的认识还很不到位，更遑论在法律实践中对律师权利的充分保障。

苏轼有句诗说“春江水暖鸭先知”，我说“法治状况律师知”，就对一个国家法治状况的感受而言，和公安局、检察院、法院、司法局包括监狱工作人员相比，律师的感受应该是最直接和最深刻的。目前，在我国，律师这个职业做起来仍然比较难，尤其是在刑事辩护领域。有相当一部分政法机关的工作人员对律师这个职业的认识还存在较大的偏差，他们的认识还停留在自己是“刀把子”，而律师就是来“捣乱”的这个阶段，他们还没有学会从法治和权力制约的角度来看待权力机关和律师的关系，以及律师在整个国家法治建设中的意义。

所谓权力制约，就像我们小时候玩的“老虎吃狼、狼吃狐狸、狐狸吃鸡、鸡吃虫、虫吃棒子、棒子打虎”游戏，老虎、狼、狐狸、鸡、虫、棒子之间后者制约前者，且老虎—狼—狐狸—鸡—虫—棒子—老虎形成了一个完整的、闭合的环路，权力制约与此相似，其最终的目的就是要在各种权力(利)之间实现这样一种相互制约的关系，而这也是法治的应有之义。反观我们现在的公权力运行现状，其欠缺的恰恰就是这种制约。具体到司法权力的运行，检察院拥有监督权，可以监督公安、法院，但是检察院由谁来监督？权力制约在这里就出现了缺口。不但如此，从某种角度而言，政法委、公安局、检察院、法院的权力具有“同质同向”性，即都姓“公”，都在一定程度上偏重于打击犯罪，且这些机关之间多年来已经形成了相互分工、相互配合、相互制约，且以配合为主的关系。具体而言，公安认为犯罪嫌疑人有罪才实施抓捕，检察院也是在认定有罪的基础上才会批准逮捕犯罪嫌疑人，在此基础上，检察院起诉到法院后，法院判有罪就也在情理之中了，就如前些年流传甚广的一句话“公安机关做饭、检察机关端饭、法院吃饭，法院吃什么饭取决于公安机关做的什么饭”，从这个角度说，在刑事司法过程中司法权力的运行在总体上都缺乏有效监督，而究其原因，还是因为权力制约的闭合环路根本没有真正形成，其中缺了一项重要内容，即姓“私”、追求保障人权的“异质逆向”律师权利的充分保障以及在此基础上对权力制约的有效参与，也只有充分保障律师的权利，才能有效对抗公权力可能的恣意和任性，而这正是律师在我们整个国家法治建设中不可忽缺的地方和应该起到的作用。

对我国的法治建设，我的总体认识是：坚信我国到2020年能够建成法治政府，到2050年能够建成法治国家。但与此同时，我也希望我们的党和各级政府、各权力机关，尤其是政法机关，一定不要小看或者忽视律师在法治国家、法治政府、法治社会建设过程中不可忽缺的作用。我要强调的是，这个作用不是重大作用，也不是重要作用，是不可忽缺的作用。如果不能认识到这一点，法治国家、法治政府、法治社会是建不成的。

二 领军者说

到 2016 年，尚权所已经走过十年发展道路。

尚权所走过的这十年，也是中国律师业高速发展的十年。如今，尚权所开创的刑事辩护律所专业化的道路上已经有了众多同行者。

作为领跑者，在这十年当中，尚权所看得见的变化是，张青松把律所主任的担子交给了“80 后”律师常铮；常铮在担任律所主任一职不久，又将律所管理的接力棒交给了执行主任白雪。

在此过程中，尚权所已经完成了两次“律所管理”工作的交接棒工作。

作为跑“第一棒”的人，张青松为何急于将律所管理的接力棒交给常铮？年轻的常铮在“第二棒”跑了很短时间，为何便将接力棒递给了律所的专职管理者白雪？作为一位非律师出身的律所管理者，手持尚权所“第三棒”的白雪，将带着这家专业从事刑事业务的律事务所跑向何方？

管理经 1

尚权管理第一棒，既敢放权也能让利

对话人物：张青松（北京市尚权律师事务所创始合伙人）

代表性案例：刘汉和刘维涉黑案、陆勇销售假药案、刘晓庆涉税案

2006 年 9 月，张青松发起成立了中国第一家专业从事刑事辩护业务的北京市尚权律师事务所。在尚权所成立之初至 2013 年，张青松一直担任律所主任。之后，以尚权所管理委员会成员的身份参与管理工作。

作为一名有十年中小型兼专业型律师事务所管理经验的管理者，张青松和我们分享了他的管理经验、智慧和心得。

张青松说："不管律师事务所或律师界的业态是什么样的，如果专业不过关，你什么竞争力都没有。"

律所管理专业化

李:十年前,在国内绝大多数律师事务所还处在各种律师业务都承接的“混业经营状态”的背景下,你就通过创办尚权所率先带领团队走上了律师事务所和律师专业化的道路。到2016年,你亲手创办的尚权所已经走过十年发展历程。站在这个时间节点回望过往,你觉得自己的目标实现了吗?

张:这十年,你基本上是盯着尚权所成长的。应该说,你对尚权所是非常了解的。

从总体上说,尚权所的发展还有很多不完善之处。如果完善了,也就完蛋了(笑)。

记得多年前接受采访时,我说过自己的梦想是,有一天,让尚权所的律师能在一个窗明几净的环境里工作。

如果做一个简单的描述,就是2016年下半年我们就从广渠家园搬到望京办公了。搬家后,我们的办公环境大为改善。在我心目中,尚权所发展的“外在理想”就实现了。我们也能够像那些有钱的律师事务所一样有个好的办公环境,甚至有比他们还好的硬件。

作为天天奔波在各级各地看守所的“苦命律师”,尚权所的律师也能够在舒适的办公室里“享受”一下了。

我感觉我们很多目标都实现了。这当然是我的一种主观表达。这十年,一切都是按照自己的想象往下走。

在尚权所发展当中,最为关键的是利益模式。这方面,我们一直在探索中。

我已经退出作为律所主任管理律所的位置两三年了。一开始,常铮管了一段时间,现在是白雪(尚权所执行主任)在管。我个人认为,后继有人,是一个律师事务所能够持续发展的最基本条件。

李:请你解释一下尚权所管理上的“后继有人”。

张:我们不能说,一个掌门人一辈子站在一个山头上。这样的话,如果这个掌门人做不动了，估计这个“山寨”也就没了。其实，在律师业内，掌门人占山头的例子挺多的。有一些律所，因为掌门人上了年纪或者精力不济等原因做不动了，律所就难以为继了，曾经很有名的律所就消失了。对这种情况，我觉得特别惋惜。

我就在想，我们不说打造一个百年律所，但是，希望尚权所在刑事辩护领域甚至是在中国法治这条路上留下一些印记、留下一点儿痕迹。

实际上，尚权所现在这种管理模式，我个人觉得不一定是最好的，但一定是有持续能力的。

说到可持续发展，从律所发展的原则上，我们还是要秉持“缓慢发展”的原则，不能着急。

李：你刚才说到尚权所的管理模式，能介绍得具体一些吗？

张：我们现在有 6 个合伙人。像我这样的合伙人(创始合伙人)，在合伙人中不担任任何职务，只是在每一年的两次合伙人会议上，行使我的一票表决权。除此之外，对律所所有的管理工作，我都不介入。

在平时，我就是一个普通律师。也就是说，在尚权所，合伙人是没有任何特权的。尽管我是一个创始合伙人，我也没有别的权力。

尚权所主任的角色，对外代表尚权所参加一些活动，对内就是主持合伙人会议，除此之外，没有其他权力。律所的运营和管理，全部由执行主任按照合伙人会议确定下来的内容组织落实。在这个过程中，任何合伙人都不能对执行主任进行干涉。我们对这方面的要求，是非常严格的。

除非通过合伙人会议讨论，合伙人不能干涉执行主任的任何工作。你如果想干涉某项工作，你可以提议召开临时合伙人会议。

我们这样做的目的，是要让每个律师专心办案，不让他再去做自己的经纪人了，不用操心律所管理的事情了。律师只要把自己承接的案件办好就可以了，把自己的业务水平提高就可以了。

这就是说，律师事务所的管理、运营、客户服务都由律师事务所来负责，而做这些工作的人都不是承担律师业务的人。

李：如此说来，尚权所的律所管理和律师业务已经完全分开了。

张：律师事务所要实行专业化，不仅仅指业务的专业化，内部管理也要专业化。就是明确分工，让恺撒的归恺撒，上帝的归上帝。在这方面，我们合伙人的观念是一致的。

尚权所以这种方式运营一年多以来，我们明显感觉到了这种运作模式的好处。我们不再操心律师事务所的其他事情，从内部事无巨细的管理到外在的大政方针的决策都由白雪带着各个部门在处理，包括财务部、行政部等。

我们作为合伙人或者其他任何律师，只要白雪需要我们做的，她下命令我们配合就可以了。这样的一种管理模式，让我们律师感觉到有条不紊。

这种有条不紊可能是真的，也可能是一种错觉。因为我不去管了，就发现不了问题。

在一开始的时候，我们对非律师管理律所也有很大的担心。现在也有很多人在质疑，一个不是律师的人，你是不是了解律师行业？虽然你与律师打交道多年，你也不一定真的对刑事辩护有多深了解。一个不是律师的人，对律师这个行业的特点和运营有多少了解？能不能做好？这是很多人表示质疑的一个问题。

我们的观念是，经营和管理一定是另外一门科学。

律师的最大毛病，也可以说通病，是认为自己什么都懂，几乎所有律师都觉得没有什么是自己不懂的。律师和经济学家相似，经济学家认为除了自己谁也不懂经济。搞法律的人也是这样，认为哪有我不懂的东西？我们虽然有这种思想，但是肯定有我们不懂的东西。

李：就是基于这样的认识，尚权所的合伙人同意让白雪一个非律师出身的人来负责运营和管理的？

张：我记得我们一开始开会讨论这件事的时候，有这样一种基调，大家认为一个律师事务所的经营管理谁都可能搞不好，都可能搞砸。我们让白雪去试试，她搞砸了又有多大关系？只要不把这个律师事务所"搞没了"

就行了。

因为我们也给白雪一些股份，她也是合伙人。我们不相信一个股东会有意把一个公司“搞没了”。

事实证明，我们是幸运的。一开始那半年，我们也是揪着心，经常会问白雪，“这个事情做得怎么样了？”“那件事情进展怎么样了，有没有落实？”“那台电脑怎么又买了？”“某某某的工资为什么又涨了？”

我们老是问这样的问题，一是弄得自己提心吊胆；二是白雪也无法大胆去做工作。那段时间，我们经常会修改白雪已经下达的命令，会不断开会对工作进行调整。后来，我们几个合伙人意识到，地球离开谁都会照样转。

其他合伙人还好一点儿，我和常铮都是长期管理律所的人，我俩对尚权所的每一针和每一线都特别了解，所以特别容易发现问题。

后来，我俩“一闭眼”不管了，也就发现不了问题了。

李：你们放手让白雪去做管理，给她放了多大的权？

张：我们开年终合伙人会议时，要把第二年的预算做出来。2016 年的预算，我记得是 900 多万元，只要在预算范围内，她签字就可以了。

白雪的工作，任何人不能干涉。比如说，律所办公室要搬家，选择场地、房租，只要是在预算内，她做主。又比如，白雪现在出差，去山东参加一个活动，我们根本不会去管。

可以说，白雪的权力是非常大的。你该掏钱就掏钱，你该做事就做事。

李：这种管理模式的效果如何？

张：这样一种管理模式，给我的感觉就是，能让律师全身心地去做业务。你不用操心别的事情，你操心也是没用的。

做一个纯粹的律师，我想这是绝大多数律师的追求。

这样一个运营模式会不会像我们想象得那么好，虽然还要经受一定时间检验，但是，我认为对一个律师事务所来说，只有设立了一种规则，才能继续下去，才能成为一个铁打的营盘。

律师业务专业化

李：刚才我们谈到了尚权所的“律所管理专业化”，现在能否谈谈“律师业务专业化”的问题。

张：尚权所这种把律所运营和律师业务分开的管理模式，它的好处是让律师全身心地去做业务。我们的律师见当事人的时候不用谈钱，律师只负责办案就可以了。

当事人来到我们律所以后，有律师专门负责接待，对案件进行分析，给出一个建议。如果当事人希望让我们律师代理案件，我们也决定接手这个案件的话，客服部门负责谈钱。

这样做，可以把律师从多重身份中解脱出来，做一个特别纯粹的法律人。这样一种运作方式，给我的感觉是，能让一个律师事务所走得很远。

李：你能具体说一下尚权所律师团队专业化的情况吗？

张：常铮的成长就是一个典型的例子。

常铮作为一名“80后”律师，她的成长几乎颠覆了我对律师成长的想法。过去，我一直认为一名青年律师做好律师并且在将来有所成就，(在起步阶段)必须接触各种各样的案件，要在综合业务的律所代理各种案件。有了比较丰富的经验之后，然后再选择适合自己的专业化道路。到现在，我都认为这样的观念是正确的。

但是，常铮简直就是一个奇迹。她学的专业是刑事诉讼法，研究生一毕业就进了尚权所。她毕业以来，连一个民商事案件都没有接触过，连一个民商事法律问题都没有考虑过，就做了一名刑事辩护律师。现在，她已经成了尚权所顶梁柱式的人物。

常铮对案件的把控能力很强。在个人发展方面非常好，比如收入方面，在律师界应该进入高收入行列了。而且在律师业内，她也能被认可，可以说已经有了一席之地。

我觉得，这就是专业地从事一项律师业务对于一名律师发展的好处。

当然，自己的天赋和努力也特别重要。

尚权所还有其他一些成长得非常好的年轻律师，比如高文龙律师。

高文龙在大学毕业后，进了北京大学一个公司，干的是和法律没有太大关系的工作。在那里工作了几年后，学的那点儿东西基本上都还给老师了。

高文龙到尚权所的时候，我和他开玩笑说："你就是一个法盲。"说实话，当时我不想要他。但是，当时是北京大学一位教授推荐他过来，我就让他进来了。他大概是2010年进来的，进入尚权所后发展非常快，现在已经是6位合伙人之一了。

如果你采访高文龙的话，你会发现他对刑事辩护的理解非常到位。我尤其欣赏的是，他操作每一个刑事案件的专业化程度都非常高。虽然他现在在律师界的名气与常铮相比还有一定差距，但是他操作案件的成熟度，在周围能超过他的寥寥无几。

这就是让我感觉到特别欣慰的地方，就是我们尚权所律师成长的模式。

我们尚权所还有一位律师叫巩志芳。他现在虽然还不是合伙人，但却是一位非常优秀的刑辩律师。他来尚权所之前，在别的律师事务所做了四五年律师。到我们所来的时候，我们开始不是特别想要。但是，由于他自己特别执着地想进来，我们就收下了。但是，现在他对于刑事案件的操作尤其是审前程序的操作，我可以说他已经达到专家级的水准了。

像巩志芳这样把律师业务精细化做到这种程度的，我觉得在律师界也不多见。

李：你刚才讲到了尚权所年轻律师的成长，讲到常铮、高文龙、巩志芳这样的年轻律师已经具备了专家级别的水准。他们的成长，对尚权所来说意味着什么？或者说，尚权所未来准备给这些优秀的年轻律师提供一个什么样的舞台？

张：现在，我们想在律师业务方面进一步分工。对专业化分工的具体方法，我们也是摸索着进行的。

就目前律师事务所的专业化趋势，多数律所都是把内部业务团队分为刑事业务部、家事业务部、金融业务部、知识产权业务部等，大家都是在按照法律部门来划分业务部门。

尚权所的业务分工和大多数律师事务所不一样，我们现在业务上分工的趋势是按照法律服务的阶段来进行业务分工。

在尚权所，有的律师对实体法的把握特别到位。比如，张兴梅律师，她是一位资深律师，她的特点是不太善于表达，可是，她的阅卷能力特别强，对实体法的把握特别到位。你交给她一本案卷，她看完之后给出一个建议。主办律师根据她的建议看一下案卷，再跟她一沟通，办案思路就基本形成了。然后，在开庭的时候，让那些会表达的律师到法庭上去表达就可以了。

再如，我们律所的陈泓宇律师、巩志芳律师，他们在会见、审查起诉、和检察院沟通、和当事人家属沟通方面都是非常厉害的。在开庭审判前的阶段，他们两个基本上都能处理得很好。

在这种情况下，我们尚权所就出现了一种状态，就是一个案件到了尚权所以后，先后会有好几位律师介入。但是，好几个同时介入一个案件的律师，会出现在案件进展过程中的不同时期。

这样的办案模式，颠覆了一种概念，就是颠覆了“诉讼律师不可以团队作战”这样一个概念。

律师界有一个共识，就是律师团队合作是去操作一个项目，而不是去做诉讼。我们尚权所现在自然而然形成了一个模式，就是刑事诉讼的团队合作。我们发现，刑事案件如果没有这样一个团队去合作，不可能做得很精细。

这样一来，案件能做到最好的效果，当事人自然也会感到满意。

现在，尚权所有一些案件会和别的律师事务所的律师进行合作。在办理案件的过程当中，这些和我们合作的律师就会发现一个问题，用他们的话说，就是“和你们合作办案，你们经常会把我们叫过来开会，不断去讨论案件下一步怎么做”。

我们开会，是讨论案件下一步怎么去做。比如，我们现在在太原代理一个案件，因为被告人太多了，我们律师事务所的人手不够，就邀请其他律师事务所的律师和我们一起代理。接受案件之后，我们要进行讨论，讨论出来“第一步”，我们又会开始讨论下一步怎么做。比如，怎么和当事人沟通，怎么和检察官沟通，对案件有一个什么样的基本判断。

这样的会议，在我们所里会经常开。

由不同的律师负责不同阶段的工作，这样一种团队合作模式，让我们感觉到非常有用。这种模式，几乎不需要去形成制度，是自然而然形成的一种合作模式。

现在，这种团队合作方式，在尚权所已经成了一种常态。

李：律师也很乐于通过分阶段合作去办案吗？

张：对呀。我们尚权所在办案的时候，一般有两三个律师在操作。一个案子一般有一个主办律师，主办律师会先简单看一下材料，然后把参与各个阶段的律师召集到一起讨论。在大家说的过程中，主办律师会发现还有什么问题没有解决。找到问题后，再回头做补充工作，马上把问题解决掉，案件就做得很到位了。

这样一种内部合作和专业的团队分工的工作方式，是让我感到骄傲的事情。这种方式虽然还不是太成熟，但大家已经感觉到离不开它了。

李：在这方面，尚权所有长远规划吗？

张：下一步，我们会这样做，就是让这种自然而然形成的合作方式标准化、流程化。

我们尚权所出版了一本书，书名叫《尚权刑事辩护指引》。这本书的后面，附着我们尚权所刑事办案规范，这是我们律师一个字一句话地写出来的。这本书，把我们的经验都总结出来了。

下一步，我们就是要把这样的经验和规范不断扩充，把我们在实践中形成的经验、遇到的问题和困难、解决方法都写进去。

有了这样的操作规范后，律师在办理案件的时候照着它一步一步往下走就没有问题了。

我刚才说到的事情,现在还是一个想法,一个正在落实中的想法。

这样一种指南，应该能够达到基本上解决实践中遇到的大多数问题的目标。所有问题都解决,可能太理想化了。

我想,如果把刑事辩护这样一种工作,我们这样一种办理刑事案件的服务模式当成一种产品的话,当律师在实践过程中遇到问题的时候,这个指南就相当于一个说明书。律师拿着这个“说明书”,就能找到之前别人解决这种问题的途径。如果又有律师创制出了新的解决问题的办法,我们也可以写进去;遇到新的问题,我们不断去扩充。我们想做这样一件事情。

李:尚权所这样做,对于整个刑事辩护行业都有价值。

张:我们现在把这样一种模式往下推,将来如果能够实现的话,应该会对刑事辩护行业带来影响。

据我所知,我们这本《尚权刑事辩护指引》已经被一些大学教师当成教案了。有几位老师,在讲刑事辩护实务的时候,必定讲到这本书。厦门大学一位教授跟我说,我讲刑事辩护实务的时候,就用你们这本书,一条一条地对照着去讲。

我觉得,这也是我们一个小小的收获。

全国律师协会的刑事辩护规范、北京市律师协会的刑事辩护规范,还有北京市一个未成年人案件操作规范,都是把《尚权刑事辩护指引》作为蓝本进行了修改。

这也可以说是我们对行业的一个贡献。

李:那当然了。

律师工作的定量管理

李:据了解,尚权所在业务层面有一个特色的东西,就是通过计算机软件对业务进行把控和管理。

张：尚权所有个后台，由我们律所的张宇鹏律师负责管理。这个后台会把每个律师办理了哪些案件，每天做了哪些工作、工作是怎么做的，以工作日志的方式输进电脑里去。于是乎，尚权所的后台里，就不断会出现律师做了什么事情的信息。比如，谁哪天到哪里去会见了哪位当事人、花了多少时间，案件办理过程中做了哪些事情，等等。

这样一来，律所就掌握了每位律师的行踪、案件操作上的每一个步骤。这个时候，我们就很容易发现哪些行为可能不规范、哪些操作有问题，这样就可以随时给律师指出来。根据这个记录，我们每个月做一次总结。这样就可以让律师尽可能地安全，在案件质量把控上也会比较到位。

对年轻律师，我们会关注得多一点儿，对成熟的律师会关注得松一点儿。

我们大概在 2009 年前后买了一套办公软件，开始做工作日志。做这个系统的初衷，并不是为了对律师进行管理，而是为了对案件质量进行把控。当时，我们有一个特别朴素的想法，就是一个律师，在一生当中会办理很多案件，会做很多事情。如果你办完一个案件，把案卷一装订就扔在那里，但是你每天干了什么事情，卷宗里并没有记录，将来你去回忆都不一定能回忆起来。如果你把每天做的事情，像记日记一样记录一下，哪怕是几句话，这样将来去回忆的时候至少能够找到一个线索来回忆当年做过的事情。当我们老了的时候，可以翻翻看看。

出于这样的目的，当时我们就做了这件事情。

李：对“工作日志”，律师们持什么态度？

张：一开始的时候，我们律师不理解，觉得挺复杂。大家说，我们每天忙得很，忙了一天晚上还得往电脑上写这些东西，哪有时间写？但渐渐地，大家意识到这些东西是有用的，并不是律师事务所在控制大家。

我来举一个典型的例子。王耀刚律师写了一篇《最高法院上访记》，这篇文章在网络上流传了很久。因为这篇文章，最高人民检察院副检察长胡泽君派人专门来尚权所座谈，了解刑事案件申诉过程中律师的权益保障等方面的诉求。

王耀刚律师这篇文章记录了一起案件三年的申诉过程，文章中写的法官的表情这些细节，就是从电脑上直接复制下来，对文字进行了一些润色。

有一次，我和王耀刚律师闲聊的时候，他说："我很感慨，又看了一遍办案过程的记录，才发现为了办理这个案件，三年来受了这么多苦难。"我说，你写一篇东西放到网上去。他开玩笑地说："要不是当年做这些无聊的事情，怎么可能记得三年前的几月几日在最高院见过谁？怎么可能分辨出来三年时间你见过十位法官？还能记得每一个法官的性格和表现？"

我们的记录虽然支离破碎，看上去干干巴巴，但是具体去总结一件事情的时候，还有什么比这个记录更有说服力吗？所以，我常常跟我们的律师说，你做一个刑事辩护律师，如果你要求不高，这个职业是可以挣到钱的，虽然未必像做别的业务的律师挣得那么多。但是，最重要的还是要对自己的履历和历史负责。你把看到了什么、听到了什么、想到了什么，这些灵光一闪的东西记录下来，人会死亡，这些资料可不死呀！

李：对律师个人来说，"工作日志"可以说是工作记录；对尚权所来说，这些资料有什么价值和意义？

张：现在，我们的"工作日志"已经形成了一种机制。大家已经养成了记工作日志的习惯，这样一种东西改变了我们所的分配机制。

因为系统里面有一个功能，就是记录工作时间。后来，我们在考虑律师分配方式的时候，就想到了"计时分配"。律师在每个案件上的工作量的大小与律师所花费的时间有关，你花费的工作时间和你收的律师费是有关系的。

对民商事案件，律师都是按照诉讼标的来收费的。但是，在办理具体案件的时候，律师未必要花费很长时间。如果按比例来进行收入分配，就不一定合理。

我们从电脑上发现律师办理案件花费时间的规律后，就开始尝试"计时分配"。考虑工作一个小时给律师支付多少钱，把一个小时的时薪作为工资基数，乘以一个月的工作小时数，就是律师一个月的收入。

现在，我们对一部分律师用计时的方式发放工资。很明确，就是你完成多少小时的工作量，就拿多少工资。我们规定一个月最大工作量是110个小时，超过110个小时的部分就算加班。加班工资，就是按时薪的两倍计酬；如果完不成工作量，你只能领到70%的工资。

这样一来，律师的收入分配就相对合理了。

当然，律师最终能拿多少工资，和他的基础工资是有关系的。基础工资和律师的工作水平、工作年限等有关，这样综合计算下来，相对来说比较公平。

这种"计时分配"模式已经运行了两年时间，大家已经比较习惯了。

李：你如何看待这些因果关系？

张：这些年来，尚权所发生的变化，给我的最大的感受就是，做一件事情的时候，你只要坚持下去，它会给你带来想象不到的收获。

现在，律师事务所的分配模式、分配机制让大家很头疼，原因在于有些历史形成的东西很难改变。但是，我们发现有些事情在尚权所会变得很容易。因为我们一直在做，到必要的时候稍微做一个调整就能完成。

我的观点是，只要这个事情有好处，你就要去做。你去做了，自然而然就会产生好处。

在很久以前，谁能想到葡萄可以酿酒？后来，有人专门去种葡萄、去酿酒了。首先是要种葡萄。我们种了葡萄，才可能有葡萄干，有葡萄酒。把一件有用的事情坚持做下去，自然而然会得到更大的好处。

在收入分配这方面，我们在白雪担任执行主任之后，有了各种想法，以后会根据这些想法进行调整。但是怎么调整，我还不知道。有合伙人分级等一些我听不懂的名词。现在正在做方案，我听那意思，就是让我牺牲一点儿利益(笑)。意思是，你赚那么多钱，拿出一些来分给大家，我说可以。只要对律所发展有好处，我让一点儿利没有问题。

李：可以说说你们的收入情况吗？

张：原先，所有人都认为刑事辩护律师是赚不到钱的。从世界范围看，比如美国的律师,收入最低的也是刑事辩护律师。刑事辩护律师名气大,但是收入低。但是,不知你注意到一个势头没有,北京市的律师平均创收为一年 54 万元,我们所的人均创收是 108 万元,正好是平均数的 2 倍。

谁说刑事辩护律师不赚钱?(笑)

其实,这也是专业化带来的好处。

我一直有一种观点,就是不要把刑事辩护定位太高,说成为了促进法治建设,为了追求公平正义。其实,它就是一种法律服务,和其他法律服务没有任何区别,就是一种律师业务。而律师就是一种向别人提供法律服务的职业,把服务做好就会有报酬,你做得有多好报酬就有多好。

在给实习律师做培训的时候,我曾经说:"你把一件事情做好,先不要去考虑这件事情的收益。卖茶叶蛋的利润从表面看不高,但是要看你卖出去多少。"

曾经有一个年轻律师问我:"张律师,我手头没有多少业务怎么办?"我说:"告诉你一个特别简单的道理,你手里没钱,我借给你 5000 块钱,你到报纸上打广告,打上三个月,你就只办离婚案件,甚至只办女方的离婚案件。这个时候,别的任何案件你都不接。剩下的时间,你就研究离婚案件,研究女性离婚心理和权益保障问题。三个月之后,你能接到第一单业务,你就成了。"我说的方法,也许没有人敢去试,但道理是不错的。这就是专业和专注。

我们一些大的企业做得比较好,也是因为专业和专注。山东东营有一家上市公司,是专门做锂电池里面的一种溶剂,因为就做这一种产品并且做得好,它在世界上基本已经处于垄断地位了。很多做得很好的企业之所以会垮掉,是因为有了钱之后会去投资其他行业,比如房地产,突然间资金链断裂后,一切毁于一旦。

为什么做律师,为何办律所

李:在律师业内,是不是有一种心态,就是攀比谁赚得钱多。大家也会

把赚钱多作为一种成功的标志？

张：是这样。有的律师一进入律所的门槛，就说我想赚钱。我们有个合伙人就说了："你什么都不会，就想赚钱？我不想赚钱的事，我就想怎么干活。"

最近一段时间，我也发现一个问题。有一天，我问常铮："我们做律师，真的就是为了想办法挣钱吗？"我们是不是需要算一笔账，自己究竟需要多少钱？如果想办法去赚钱的话，我们是不是就不用做律师，而是想办法去做个生意人了？

另一个与赚钱相关的问题是，赚到钱之后怎么办？

有一天，尚权所一位年轻合伙人对我说："张律师，我突然感觉失去方向了。"我就问她："怎么突然就会失去方向呢？"她说："你看，我现在也有一些存款了，房子也买了好几套了，车也买了好的了，挣那么多钱干嘛去？"

她的这种情况，在律师界有一定代表性。就是赚了不少钱，接下来继续辛苦地去赚钱，不知是为了什么了。

因为我们这位合伙人提出了一个让我震惊的问题，我就对她说："我们能不能定一个目标，就是我们每个律师从作为一个人的生存角度去看，当钱没用了以后怎么办？"

一个人的生命是有限的，而一个律师是靠耗费自己的时间来赚钱的。当一个律师有了钱，有到什么程度呢？就是有了车，有了两套房，存折上有了大把钱又不敢投资怎么办。

这个时候，我们就不得不去考虑一个问题了，就是"我们究竟需要多少钱"？

以尚权所为例，一个普通律师一年有50万~100万元收入，而且是每一年都如此。我们一年花多少呢？以我为例，我是一个既不大方也不抠门的人，包括把孩子送到国外上学、旅游、招待等都算上，一年50多万元足够了。这就是说，一个人的生活需要是有限的。记得多年前，有记者采访我的时候，我说过，奔驰车和富康车的区别，就是奔驰更费油；80平方米的房子和180平方米的房子的区别，就是180平方米的房子需要多拖100平方米的地板。

也就是说，当你的收入能够满足你的需要，而且收入比较稳定的时候，就不应该只考虑赚多少钱的问题了。如果一个律师的眼睛只盯着钱，那你可以转行不做律师了。

李：问题又回到尚权所成立的初衷上了，当初你们怀揣着把刑事辩护做精做好的理想创办了尚权所。今天，面对律师业快速发展这样的机遇，你们还会坚守当初小而精的规模定位吗？

张：我们原先的设想，是尚权所的规模不超过30人。现在，白雪担任执行主任后，提出了开设分所的发展思路。比如，在5年内设立20家分所。

面对这个问题，我们也在思考一个，就是我们真的需要那样去做吗？我们尚权所这样一个专业化的律师事务所，是不是需要一定的规模？

近期，对巴拿马文件泄密事件，大家有各种各样的猜测。我们律所的律师在议论这件事的时候，我说我们可以这样去考虑，要不要研究一下巴拿马那家律师事务所，它究竟有多大的规模？它是如何把世界各国那么多政要和富豪吸纳为自己客户的？它怎么不声不响就做了那么大的律师业务？我想巴拿马不止一家律师事务所，这家律所靠什么样的魔力吸引了客户？

作为一家律师事务所，它只有一项业务，就是离岸公司事务管理。我还了解一家法国的律师事务所，这家事务所只有6个人，他们是为航空公司或飞机制造商服务。他们不做任何宣传，谁也不知道这家律所的情况。这些律所，是我们研究的对象。

尚权所的定位是，要做综合性律师事务所的刑事业务部。你们大型律师事务所搞规模，我们给你打工，我们把最好的刑事辩护业务展示给你。我曾经跟盈科律所的主任梅向荣开玩笑，说你在全国各地设立了那么多分所，在你的每个分所给我们提供一两个隔间，我们把尚权所的人派过去，人归你管，我们把最好的刑事辩护技术展示给你们。

尚权所的律师胃口小，成立这家律所的初衷也不是为了赚大钱。

当初，我们想把规模控制在 30 个人，就是因为我们不求大。这个律师事务所需要 3~5 个大律师，这些大律师都是独当一面、叱咤风云的人，这些律师每个人有 3~5 个助手。这样一支律师队伍，再加上 5~10 个人的行政服务和运营团队，这就是 30 人左右的规模的团队。

现在，我们努力了十年了，还做不到有 3~5 个大律师。

李：对尚权所的发展，你是不是也有过担心？

张：前几年，我特别担心的事情是，尚权所别做来做去就剩下一个张青松了。你可能有印象，曾经有两年左右时间，我们没有做任何宣传。就是因为一个记者对我说了一句话，他说“你做得不错”。

我让他给我说句实话，他说：“我感觉尚权所就你一个人。”我一听，心想“坏了”。如果一个律师事务所做来做去就剩下一个人了，那就完蛋了。我就在想，不能这样下去了，必须把人才培养出来才行。因为尚权所是一家律师事务所，不是张青松律师的办公室。

此后，有两年左右时间，我们律所就没有去做任何宣传，直到常铮慢慢地成长起来了，我才稍微松了一口气。

李：你在自己还非常年轻的情况下把尚权所主任位置交给常铮，是不是就是因为上面说到的原因？

张：是。把律所主任交给常铮，时间是早了一点儿。在 2013 年的时候，我把律所主任的位置交给常铮，就是为了改变一切由我来管理，一切由我说了算的情况。

我把位置交给常铮之后，一切都交给她来处理。那个时候，她的业务处于上升状态，案件本身也多，律所管理千头万绪，再加上是个女孩子，遇到问题，暴脾气腾地一下就起来了。但是，在这个过程中，她也成长了。我也不用担心尚权所只有一个张青松了。

律师的师承问题

李：我刚才跟常铮聊天时，问了她一个问题。让她作为一个优秀的徒弟，说说师傅，说说师承。

张：这些年，我有一个特别深的感受，就是把一个年轻律师培养成一个优秀刑事辩护律师是一个特别艰苦的过程。

我记得跟你聊过，尚权所自成立以来，我就和律师界的很多优秀的刑事辩护律师，包括一些刑辩大律师聊，做他们的工作，希望他们到尚权所来。但是，一次都没有成功，一个人都没有过来。后来，我就完全放弃这样做了。

为什么呢，以钱列阳和许兰亭为例，当初成立尚权所的时候，我们几个在一起商量过。大家说，我们一起成立一家律师事务所，只做刑事辩护。我们找个小区，选在同一个单元，每人买一套房子，在楼道门口挂上一个律师事务所的牌子，公章随便放在谁的家里，自己赚钱自己花。

当时，大家有个担心，就是只办刑事业务行不行。我说："这样，我先搞，我搞起来以后，你们觉得行的话，就过来呗。"结果，我搞了三年，让他们过来，他们就没人说来了。这些刑辩大律师都是我的老师级别的人物，我说你们过来后，我把律师主任位置给你们，你们当老大，他们都不相信。

还有一种情况就是，我们发现人品和业务都非常不错的律师，希望他们过来。但是，他一年创收几百万元，有一多半来源于民商事案件。他们来到尚权所，就等于要扔掉一百万元以上的民商事业务。开个玩笑说，这不符合基本的人性要求。有的人对我说，我退休了跟着你干。

这样的事情经历得多了，我就放弃了，再也不和别人去谈加盟尚权所这样的事情了。同时，我们决定从年轻律师里选中苗子，自己慢慢地培养。等于我们只能从内部培养了。

李：你刚才说，从内部培养是一个特别艰苦的过程。我想问，常铮可以复制吗？

张：常铮能够走出来，真的就是在一张白纸上画图。当然，她自己确实是努力，最重要的是，她的法律功底很到位，她也很上心。

我们律所也有人说，咱们再培养出几个“常铮”来，要是有俩“常铮”，咱们所就火了。（笑）

我说：“好的。俩‘常铮’。咱们继续努力。”但是，一个律师的出头是需要时间的，常铮能够走出来，也是在近两三年时间。

我们一直在努力。刚才我给你点名的几个年轻律师，将来都没有问题。我们再耐心地等上三五年，他们就成长起来了。

从培养人才的角度，我们尚权所在控制规模，加上我一直以来“节约一分钱就是一分钱利润”这种想法，对年轻律师的录用就比较严格，不敢招太多的人。但是，你要想培养人才就得找好苗子，可是好苗子就贵。

我们今年的招聘计划就是招收实习生，这些学生全部是来自北大、清华、西南政法这样的名牌大学刑法和刑事诉讼法专业的研究生。有的年轻人，对来尚权所实习有强烈的愿望。那我们就把报酬定得高高的，只要他们愿意来，苗子又好，就容易培养。

一个很有天赋的学生，能看出来前途在两三年内，能为律师事务所做贡献是在五年后，能不能成大律师在八年后。这是一个基本规律，在这个过程中，需要付出的成本比较多。

中小律师的管理与发展

李：近年来，我一直在观察律师业的发展。我发现有一种观点是，在律师服务业这片蓝海上航行，高度专业化的中小型律师事务所和巨无霸型律师事务所相比，更具前途和潜力。你怎么看待这个问题？

张：这是一个见仁见智的问题。

这几年，中国律师业处于一个蓬勃发展、随时转向的阶段。受互联网和新技术的影响，人们的思想在开放。但是，律师业究竟向哪个方向走，我不敢去预断。但是，无论发展到什么阶段，中小型律师事务所，尤其是小所,会成为律师界的主流。

李: 互联网风潮也极大地影响到了律师业。在律师普遍感到恐慌的背景下,有的人清醒地指出,互联网不过是一个工具。那些把"互联网+"玩得比较好的律师事务所,比如天同律师事务所,是在地面上把律师业务和管理都做得很专业化之后,加上互联网后产生了化学反应。并不是把现实中解决不了的问题搬到互联网上,让互联网帮我来解决。

张: 中小型所虽然会成为主流,但主导律师业的,还是大型律所。因为大型所的话语权比较充分。但是,在互联网的背景下,大型所的优势可能会不断弱化。

原因来自于哪里?来源于互联网技术发展,随着信息沟通的便捷化,会导致大型律师事务所的优势不再那么明显。

我记得上次开"互联网+背景下专业律所发展与变革"会议的时候(注:此次会议于2016年3月20日召开)说过,互联网对律师业的影响,可能首先表现在会把律师事务所的字号消灭掉。大型所的优势是人多、资源广,但是这种优势会被互联网条件下的律所联盟削弱。

如果把大型律师事务所比作航空母舰,一些同样专业的小型律所或者不同专业的小型律所之间的联合体就是战斗舰群。我们可以想象,战斗舰群和航空母舰作战的结果会怎样。一种可能的结果是,战斗舰群"围"都可能把航空母舰"围死"。

我们国家的多数大型律师事务所,有一种先天不足。很多大型所,事实上是若干小型所的联合体。这样一种联合体,很难说是一个真正的大型律师事务所。当我们这些专业化程度比较高的小型所形成一种联盟的话,可能对大型所的冲击会比较大。这也可能是我作为一个小型所律师的臆想(笑)。

我虽然总是去想自身的优势,但不容回避的是,小型所面临的压力很大。记得有律师在公开场合说过这样的话,他说"像尚权所这样的律师事务所早晚会被大型所吞并的"。我不敢说这种说法的对错,但是有这种可能性。

我是觉得,未来是什么样,不用去管它,要紧的是把现在的事做好。但是,有一个道理是对的,就是无论你怎么发展,不管律师事务所或律师界的业态是什么样的,如果专业不过关,你什么竞争力都没有。

李:对未来的律师事务所来说,核心竞争力一定是专业能力。

张:对。像尚权所这样的律师事务所,在一个非常窄的专业领域里走下去,就像专业的骨科或者神经外科医院,我们的律师会是“老中医”。

你要成为“老中医”的话,在哪个医院问诊就不重要了。

LV 这个牌子的商品,摆在百货大楼里,或者在百货大楼旁边开一个专门的门店,你都是 LV。关键是,你得是真的 LV。

我的意思是说,律师事务所将来的发展模式,完全是商业的东西,是市场把一个行业推向一个地方。你不去也得去,你去也得去,不能逆潮流。

在潮流面前,中小型所有自身的发展优势。一是制度上的优势,船小好调头;二是人少,容易形成专业化。当然,如果没有专业化,一般小型所是没有生命力的。

团队合作的刘汉和刘维案

李:刘汉和刘维兄弟的案件是近年来影响比较大的刑事案件。在这起系列案件开庭的时候,尚权所四位律师出任辩护人。你是刘汉案的一审和二审辩护律师之一,毛立新是刘汉案二审辩护律师,蔡华和常铮担任刘维的辩护人。这样的一起案件,可否理解为尚权律师在刑辩舞台上的一次集体亮相。在这个为公众瞩目的法庭上,尚权律师展示出了一种什么样的专业水准?在这场被常铮称为“教科书式的审判”中,尚权团队的综合实力经受了什么样的检验?

张:这个案子对我个人的心态影响非常大。

这些年,尚权所在推动立法等方面做了很多工作,很多领导也对我们表示赞赏。这次开庭,很多法学家级别的人旁听了整个庭审过程。

作为一个名案，整个案件对一个律师的名声、对一个律师事务所的知名度的影响，毫无疑问是一件加分的事情。这个案件也带来了一些好评，一些领导对我们的业务水准非常认可。一位全程旁听了庭审的官员对我说："你在开庭时的表现改变了很多领导对律师的看法，包括公安部的领导。他们都说，律师是有作用的。"

一次，深圳一位律师给我打电话说："张律师，我特别激动。我们和一位领导吃饭时，他说你是他见到的中国最好的律师。"这样的评价，让我内心有一种很特殊的感觉。

对我们在这起案件中的表现，官方和民间都给了律师非常正面的评价。

案件办完之后，公安部刑侦局请我们去给刑侦专家讲了一次课。他们说："我们认为我们办案很规范，是优秀民警严格依法办理案件，但是没想到你在法庭上给我们指出了那么多问题。"

这就是说，办理这个案件，至少在某些方面对法治进步会有所推动。

李：你刚才说到个案推动司法的问题。我记得你有个观点是，推动中国刑事法治进步半毫米。

张：在办完刘汉这个案件后，我去了一趟欧洲。在那里看到的两个建筑，对我触动很大。在巴塞罗那，有一个建了100多年的教堂，叫圣加大教堂。这座教堂在1852年开始设计，后来一直在修建，但一直到现在还没有完工。

修圣加大教堂的第一代设计师早就死了，但是教堂现在还在不停地施工。我就在想，第一代设计师当时难道就没有想到，自己这一生根本看不到这个完整的建筑吗？

第二个建筑物在海牙，就是国际法庭的司法宫。在第一次世界大战之前，有人提出建立一个国际法庭，来解决国家之间的争端。建立这个法庭的目的，在于消灭战争。于是，就开始建设司法宫。司法宫还没有建完，第一次世界大战就爆发了。后来，接着建的时候，又经历了第二次世界大战。

面对这座建筑，我就在想，当初提出建司法宫这个想法的人，他们有没有失望过。正是因为他们没有放弃,才有了今天的国际法庭。

我看了国际法庭里的一些案例，发现有些事情完全可能引发一场战争,但是因为国际法庭的努力,把矛盾化解了。

站在司法宫前,我就在想,什么是理想？理想就是那些实现起来比较艰难的目标。我想起了自己当年的目标是办公室“窗明几净,每个律师都有一个漂亮的办公室”。这个东西不能够称为理想。理想是那些我们值得为之奋斗的东西,而且人应该死在奋斗的路上。

回头再说刘汉和刘维案，这个案件确实检验了我们律所的实力。其实,不光是这个案件,当年的小河案,我们所的王耀刚律师展示了专业化的水准,也受到了好评。

我们律师给他人的感觉是,他“真的懂”。我们代理刘汉案件的时候，是做律师该做的事。不该律师做的事情,我们不做。

对我们来说,这就是最宽松的政策。通过这些大案,真的检验了我们的律师的专业化水准。我们代理案件,就是一种专业化的东西在支撑这我们。

我们做这个行当的目的,真的不是为了建设法治,是为了办理案件。我们把每个案件的质量办到极致,就是促进了法治建设。

在办理刘汉和刘维案件的过程中，湖北咸宁律师协会让我去讲了一次课。当时,我打了个比方,大家有没有见过一个厨师做了一份宫保鸡丁,说这是为了促进人类的健康事业？他肯定没有那么想,但是,他把这道菜做好,真的有促进健康的作用。

我们律师业是这样,不要想得太大。把案子办好,别人认为法律没有用,你通过办案让他们觉得法律有用,就可以了。让法条“活”起来,让人觉得法律不是没有用,而是很有用。

人物志

张青松，创始合伙人的团队真经

2016 年 4 月初，一个微风吹拂的中午。张青松领着我和我的助手铁铮来到尚权所楼下一家西餐厅，准备在午饭后一起聊一聊尚权所这十年走过的发展之路。

西餐厅在室内和室外都摆了桌椅，我们选择在室外坐定。饭后，面对东道主“回律所会客室聊还是在这里接着聊”的两个选择，我们选择了后者。一是室外可以直接接触鸟语花香；二是张青松可以无拘无束地抽烟了。

张青松的烟瘾不小，放开抽的话，一天两包的量。

我初次接触张青松，是在 2003 年。当时，刘晓庆税案被炒作得一派热闹，我想听听这个系列案的律师怎么说。当时，在由钱列阳、许兰亭、李肖霖、张青松四位律师组成的律师团中，30 岁出头的张青松年龄最小。

如今，张青松由当年的帅小伙变成了中年人。岁月在他的面庞上洒下些许沧桑印迹的同时，也将丰硕的成果馈赠于这个拿得起放得下的人。

律师生涯起始之 1993 年

张青松是个有故事的人。故事梗概是，他从检察官变身律师，从山东律师变身北京律师，皆因多年前怀揣一个律师梦想，或者说他和律师这份职业有一份深厚的缘。

在几年前接受《方圆律政》杂志记者采访时，张青松说自己的律师梦源于童年。在七八岁的时候，他就想当一名律师了。那时，这个乡村男孩认为律师就是电影里演的“衣着整齐、线条笔直”的国民党军队中副官的样子。他梦想着将来有一天，自己也穿着笔挺的衣服成为一名律师。

童年的律师梦给了张青松非凡的勇气，让他在少年时期就有了第一次做“律师”的实践。那是他读高二的时候，他的一个亲戚和村委会起了纷争。亲戚家承包了一个果园，但村委会无故缩短了果园的承包期。他觉得亲戚家占理，便站出来替他们去处理这起纠纷。

在当地的司法所协调这起纠纷时，张青松据理力争。虽然他至今都为“没处理好”那件事遗憾，但也就此激发了他以后做一名真正的律师的决心。

作为一名农家子弟，张青松对乡邻的疾苦感同身受。那次“律师”经历过后，他甚至产生了退学摆个地摊替乡亲们“打官司”的想法。

1989年，张青松参加高考。在填报志愿时，他选择了法律专业，并顺利入读西南政法大学。

四年后的1993年，张青松从培养了成千上万法律专业人才的西南政法大学毕业。他的第一个工作单位，是按照当时的大学生就业政策分配的家乡所在地的山东省平邑县人民检察院。

成为一名手握司法权的检察官，是很多出身底层的年轻人的梦想，张青松的志向却不在此。这个目标明确的年轻人，在大学期间也始终没忘将来当一名律师的初心。

到山东省平邑县人民检察院报到那天，张青松手持大学毕业生报到证明找到检察长，问了一个让对方惊讶的问题：“我不进检察院工作行不行？”

望着面前这个帅气的年轻人，检察长的脸上立刻浮现出惊诧的表情。在当时，山东省平邑县是一个国家级贫困县，别人是求着检察长想进检察院，没想到来了一个求着放行的人。得知张青松的志向是当律师后，对方答应了他的请求。

被检察长放行后，张青松骑着自行车来到了司法局。面对司法局局长,他问了一个和检察长那边相反的问题:“我进司法局工作可以吗？”在对方还没有来得及回答的时候，他抛出了自己的条件:“如果你答应我来司法局工作,必须让我进律师事务所。”

在当时当地,科班学法律尤其是名校毕业的专业人才可谓凤毛麟角。当年,加上张青松,平邑县政府机关才有两个法律专业本科毕业生。面对从天而降的人才，喜出望外的司法局局长当即答应了张青松进司法局的请求,而且满足了他当一名律师的愿望。

就这样,从踏入社会开启职业生涯旅程时,张青松的第一个初始职业便是律师。

起步后,年均办案过百起

张青松进入律师行业的时候,律师还是“国家法律工作者”,即归各级司法行政机关管理的政府公职人员。

踏进平邑县司法局大门的第三天，张青松就以律师的身份跟着一名老律师走上法庭,开始了真正的律师生涯。

张青松至今都清楚地记得当时的情景。在法庭上,他只说了寥寥几句话。作为一名初学者,他更多的是在听师傅怎么说,看师傅怎么做。从师傅观点清晰的滔滔雄辩中，他近距离地感受到了律师职业散发出来的魅力并被这种魅力深深吸引。

由于具有良好的法律专业素养、清晰的逻辑思维能力和语言表达能力、勤奋好学的精神,再加有老律师的“传帮带”,张青松很快就可以独立办案了。

在独立办案不久,张青松就成了深受普通民众欢迎的律师。渐渐地,不仅民众“有纠纷,找张律师”,连县人大和县政府遇到法律难题也会向他求教。

“在司法局的门外，摆上桌椅，打官司的人排着队，一个一个来咨询，虽然做的是免费服务，却相当有感觉。”张青松曾这样向《方圆律政》杂志记者描述自己当时的工作状况。

为了方便办案，张青松购买了一台在当时绝对属于奢侈品的电脑，直接用电脑来写起诉书、答辩状和辩护词等法律文件。

那时，由于手头需要处理的案件太多，张青松常常在平邑县人民法院楼上楼下奔忙。“我那时去开庭，先到一层刑庭质证，然后跑到二层民庭念起诉状。在二层念完起诉状，马上跑到三层开另外一个庭。这样，一上午就能开几个庭。”他在回忆那段忙碌而充实的时光时说。

由于普通民众对法律知之甚少，张青松意识到自己如果不去用法律知识保护他们，他们“会吃大亏”。但是，由于案件太多，他即使每天加班加点写起诉书和答辩状，一个上午同时参加两三场庭审，前来找他代理案件的父老乡亲还是要排队等候。

因为不忍心收他们活命的钱，张青松代理的案件有 30%没有收费。为此，常有当事人跪倒在地上表达对他的感激之情。那一刻，他的内心一样充满感动。对他来说，当事人的信任和满意就是对律师的最高奖赏。

在这种状态中，张青松度过了三个年头的律师生涯。1996 年，由于工作出色，他的名字出现在“山东十佳律师候选人”名单中。这意味着，作为律师，他已经开始在山东省律师业内崭露头角。

入选上述名单，给了张青松极大的信心。

“看了推荐材料，突然有点自我膨胀。我心想，在县里干都可以做得这么好，如果去省里干，岂不是更了不得？”张青松在一次接受记者采访时，如是描述当时的心态。

1996 年，对张青松来说是一个重要的时间节点。这一年，地处经济发展前沿地带的山东省的司法厅领导意识到，应该将律师行业整体水准加以提升才能更好地服务于经济发展。为此，山东省司法厅决定从全省律师队伍遴选 30 名律师到山东师范大学进行为期一年的脱产培训，以期培养出一批“懂法律、懂外语、懂电脑”的高端法律服务人才。

张青松凭借过硬的个人条件,成为 30 名幸运的律师学员之一。

在完成在山东师范大学的培训后,1997 年到了。这一年,香港将要回归祖国的怀抱。为了迎接香港回归,司法部组织了一个内地和香港两地律师的交流活动。作为山东省司法厅“懂法律、懂外语、懂电脑”培训班学员的张青松,被山东省推荐参加选拔考试。

此时,张青松对自己的职业生涯已经有了新的规划。他来到北京之后,并没有参加选拔考试,而是考察北京的律师事务所。他通过和同行交流,有一种耳目一新的感觉。仔细一想,是北京律师和山东律师观念上的差异。

正是这次北京之行,让张青松明确到北京做律师新的目标。他雄心勃勃地想,到北京来当律师,一定做“全国十佳律师”。

不得不说的是,在此前的 1993 年 7 月至 1997 年 6 月这 4 年间,张青松每年代理的案件数量都在 100 起以上。这四五百起案件,为他构筑一座律师业的大厦打下了坚实的地基。

从“北漂律师”到律协委员

1997 年 7 月,张青松告别了家乡,告别了亲人,只身来到了酷热中的北京。

到北京之后,张青松开始寻找出路。在北京,他入职的第一家律师事务所是金诚同达律师事务所的前身——北京同达律师事务所。和这家事务所的主任刘红宇等律师成为同事后,他发现自己会使用电脑等优势在这里竟然算不了什么。这里的律师,几乎各个都会用电脑写各种法律文件。

与此同时,张青松发现自己在山东时代理的案件类型和北京差别很大。在受到强烈的心理冲击下,他度过了在北京做律师的最初那段时光。

不久,张青松从北京同达律师事务所跳槽到了北京普华律师事务所。在这里,他的律师事业进入上升通道。由于工作出色,他在很短时间内从普通律师晋升为律所合伙人。

正是在北京普华律师事务所,张青松的律师事业开始“术业有专攻”。

在最初做律师的时候，张青松和当时的大多数律师一样既代理刑事案件,也代理民事案件。但一段时间做下来之后,他发现自己对情节跌宕起伏、关于人的生命和自由的刑事案件情有独钟。他在一次接受《方圆律政》杂志记者采访时说,早在来北京之前,他就想专门代理刑事案件。在北京普华律师事务所,他的业务开始向刑事辩护转移。

北京普华律师事务所的业务发展方向是非诉讼，这里的律师一般都不愿意接收入偏低的刑事案件。张青松正好相反,他把这家律所的刑事案件几乎承包了。因为这样的机缘,自 2000 年起,他代理的案件基本上只剩下刑事案件这一个类别。

在普华所,张青松曾代理过一起贩毒案。案件发生在 1998 年,当时,三位新疆人带着 700 克海洛因,在火车上被抓。开庭时,他被聘请为其中一人的辩护律师。按照《刑法》的规定,贩卖海洛因 50 克以上就可以判处死刑,但张青松的当事人被判处有期徒刑 15 年。

这样的案例,对张青松来说并非孤例。

“有很多次,我看到戴着手铐走上法庭的当事人在宣判后自由地走出法庭。这时,面对当事人感激的神情,我总被公正判决所感动,同时更加对刑事律师存在的重要性充满信心。”在 2003 年接受我的采访时,张青松如是说。

正是在北京普华律师事务所期间,因成功地代理了许多刑事案件,张青松成为京城律师圈里知名的刑事案件律师并成为北京市律师协会刑事业务委员会委员。

当时,因为复杂的原因,多数律师对刑事辩护业务“敬而远之”。但是,在北京的律师圈子里,有一些律师和他一样对刑事辩护业务情有独钟。比如,日后一起组成律师团代理刘晓庆税案的钱列阳、许兰亭、李肖霖。

由于刑事辩护业务水准出众,再加上都愿意承担一些公共事务,钱列阳、许兰亭、李肖霖当时都在北京市律师协会刑事业务委员会担任一定职务。在成为刑事业务委员会委员后，张青松有了更多机会和许兰亭、钱列阳、李肖霖等致力于刑事辩护业务的优秀律师打交道。

有的时候，他们也会联手办案。张青松和钱列阳共同代理的“德国牙医案”就是一起在当时家喻户晓的案例。

和这些志同道合者在一起，张青松觉得找到了“组织”。在他眼里，许兰亭忠厚，李肖霖活跃，钱列阳的言谈举止中透着睿智和魄力。他们首先是老大哥，其次才是高水平的刑辩律师。

“我们这些人鼓着劲儿，只要是公法方面的司法改革，都非常关注。”张青松如是描述当年岁月。

刘晓庆税案后，创建专业刑事所

2003 年，对张青松来说，又是一个重要时间节点。

这一年，是他从事律师职业十周年。这一年，他因参与代理刘晓庆税案而一战成名。

2002 年 6 月，因为涉嫌逃税，刘晓庆和其妹妹刘晓红、妹夫靖军被限制人身自由。之后，刘晓庆等三人和北京晓庆文化艺术有限责任公司一道被提起公诉。

案发后，曾有外地律师跃跃欲试想代理此案。最终，刘晓庆的亲友为他们选择了北京律师——许兰亭、钱列阳、李肖霖和张青松。

2003 年 1 月，四位刑事辩护律师组成律师团。

律师以一个团队联手代理案件，在当时还是一件新鲜事。按照钱列阳的说法：“这种合作，知识上取长补短，能开阔思路，还能避免办案中可能出现的违法问题。”

在团队中，他们既密切配合，又有明确分工。其中，钱列阳担任刘晓庆的辩护人、李肖霖担任刘晓红的辩护人、张青松担任靖军的辩护人、许兰亭则是靖军任总经理的北京晓庆文化艺术有限责任公司的代理人。

经过张青松他们的努力，刘晓庆税案柳暗花明。最终，审理此案的北京市朝阳区人民法院以偷税罪对北京晓庆文化艺术有限责任公司判处罚金人民币710万元，以偷税罪对公司总经理靖军判处有期徒刑三年。而对刘晓庆姐妹，检察机关则决定不予起诉。

2004年5月10日，在刘晓庆姐妹收到北京市朝阳区人民检察院作出的《不起诉决定书》后，历时近两年的刘晓庆税案落下帷幕。

在当年接受《法律与生活》采访时，四位律师更多地从专业的角度谈了对案件本身的看法。在张青松看来，无论刘晓庆姐妹在开庭前被取保候审还是最后没有被起诉，对司法进步都有推动作用。从法律执行的角度，他也看到了问题所在。他特别指出了刘晓庆税案一个程序问题，即“行政执法与刑事司法相冲突”。

原来，在这起案件于2002年4月立案侦查时，张青松的当事人靖军就被采取强制措施关进了看守所。次年1月，北京晓庆文化艺术有限责任公司的财产被税务机关拍卖。在这起案件办理过程中，税务机关和司法机关的调查工作同时在进行。“这就存在对同一个案件，是依据行政程序执法，还是依据刑事程序执法的问题。税务和公安两个机关同时在调查案件，就出现了一个人犯了错误，会受到行政和刑事法律双重追究的问题。”张青松说。这个在今天已经消失的执法情况，在当时却是真实存在的。

书归正传。刘晓庆税案，让更多人认识了张青松。代理这一案件成名后，张青松又踏上了既埋头办理案件，又抬头看路的职业旅程。他抬头看的“路”，是刑事辩护的前景。

自2003年代理刘晓庆税案起，张青松基本不再接手刑事案件之外的案件。他这样做，是在酝酿着一次“变革”。只是在当时，变革的目标还不甚明晰。后来，一次出访美国的机会，让张青松的刑事辩护目标变得明确起来。

那是2005年的时候，张青松应邀到美国访问。在美国一家专业代理刑事案件的律师事务所，他切身感受到刑事律师的前景。那家美国刑事律所只有几名专职律师，但是他们在人权保障方面做出了卓有成效的业绩。

那一刻，一个梦想在张青松心中萌生。那就是联合几位优秀刑事律师，在中国开办一家专业的刑事律师事务所。

回国后，张青松把自己开办一家专业刑事律师事务所的设想说给钱列阳和许兰亭等人时，对方也听得心潮澎湃。他们半开玩笑半认真地说，几个人在同一个单元买房，律师事务所就开在附近。但是，在张青松真正开始筹办这家事务所时，他们却选择了送上祝福而非加盟。

2006 年 9 月，中国第一家专业从事刑事业务的律师事务所呱呱坠地。张青松为这个新生儿取名“尚权”，寓意“崇尚人权”。

开创这一先河时，张青松 37 岁。

附

刑辩律师如何处理纷繁复杂的关系

在刑事辩护中,打官司也就是在打关系。

听起来耸人听闻,为什么这么说呢?因为法律是调整人们之间关系的规则。在律师服务的各种内容上,每一个服务的内容都是社会矛盾集中点。而在刑事案件中,任何一个刑事案件都是最为尖锐不可调和的社会矛盾。律师应用法律的过程,其实就是将这些矛盾化解的过程,为这些矛盾定性,并且用法律解决这些矛盾,所以他就是协调人与人之间关系的过程。因此,刑事辩护过程实际上就是刑事辩护律师处理各种关系的过程。

那么,作为刑事辩护律师该怎样处理各种关系呢?

律师在刑事案件处理过程中,永远成不了主角。但律师是非常重要的一个角色,是协调公检法与当事人、律师与当事人之间的关系,包括犯罪嫌疑人与社会之间的关系的一个纽带角色。所以,律师的主要工作就是处理关系。

律师在刑事辩护过程中处理的关系主要分为五方面。第一,律师与委托人的关系;第二,律师与侦控审之间的关系;第三,律师与律协和司法行政机关之间的关系;第四,律师与媒体公众舆论之间的关系;第五,律师与政治的关系。在所有的关系当中,律师与委托人之间的关系就是刑事辩护的核心关系。

与委托人的关系是核心

刑辩律师与委托人之间应当是什么样的关系？在刑事辩护过程当中，律师经常所犯的关系处理不当的错误包括了哪些内容？怎么样才能与委托人处理好一种最恰当的关系，方法是什么？这几个问题解决了，刑事辩护的核心问题也就解决了。

刑事辩护和民事诉讼过程不大一样，民事诉讼过程往往是当事人直接委托授权，但是刑事辩护当中因为绝大多数都是自然人犯罪，多数都是他的近亲属委托、付钱，服务的对象是看守所的犯罪嫌疑人。所以，这就使得处理与当事人之间的关系变得比较复杂，尤其是一些家庭背景比较复杂、兄弟姐妹比较多的当事人，律师会疲于奔命，因为要对很多人负责，这些关系都要处理。

彼此信赖是基础

当事人与委托人之间的关系是一种委托关系。委托人委托律师去为当事人依法辩护，接受公民或者单位的委托为其提供法律服务的内容。

辩护人和委托人之间的关系，是辩护律师最应当做到的一种关系。两者应当是一种信赖关系，不仅仅是信任，要信任并且相互信赖。

只有达到信赖的关系，律师所做的工作才可以得到他的理解，律师不做工作的理由他也可以理解，案件得出这样一个判决结果出乎他的意料或者出乎律师的意料才能够得到他的理解。然后，刑事辩护才能够真正的做到是我们《律师法》所规定的，以及我们的职业道德所规定的刑事辩护是接受当事人的委托为其提出无罪、罪轻、减轻处罚、免予刑事处罚的理由的这样一个过程，才能得到他的充分理解。

如果律师的职责范围得不到委托人的理解，毫无疑问律师就走向了一个包打官司、承诺结果的“怪圈”。最后，死无葬身之地的必然是刑事辩护律师，辩护的结果必然是律师与委托人之间的关系破裂，导致刑事辩护彻底失败。

最好的关系是亲密有间

律师因为基于不同的风格，和当事人处理的关系不一样，但是总体的一个概念就是要和委托人之间达到信赖，方法不一样，但最终的结果都是把信赖关系掌握到合理的度，要亲密有间。

律师不可以太强势，说“不行就拉倒”，这样钱也拉倒了，工作还得现实；律师也不可以太亲密，亲密过度的结果就是律师有可能会变成当事人家属甚至是当事人，让感性占据了头脑，理性色彩就会下降。而法律是理性的，失去了理性的律师是打不好官司的。

律师的工作是服务

换一种角度来说，律师的工作是服务。为委托人提供服务、使之满意，才是律师存在的意义。而怎样使你的服务对象满意？想必并不难理解。在尽心尽力的基础上，先于委托人提供服务、把委托人的感情和情绪考虑在内、彼此信赖却亲密有间，这是律师要努力的方向。

刑辩律师如何与委托人建立信任关系

首先要确立一个概念，就是刑事辩护律师是什么？刑事辩护律师和当事人之间是一种委托关系，其核心的表现是律师和委托人之间的关系是一种服务与被服务的关系。委托人之所以委托你，他购买的是法律服务，而不是判决结果，这个必须得明确，律师有责任、有义务去引导我们的客户要去正确理解，这是一种服务。我们《律师法》所规定的，律师是法律服务人员，那么我们就是服务人员。

我们有一个观念曾经被律师批过，说对律师界不敬，我仍然还是坚持这样一个观念，要想做好刑事辩护律师，就要把刑事辩护律师的职业想得够俗。你要想把这个职业做好，就要把它想俗一点儿，不要想得太“高大上”。你是法律服务者，你和其他的服务行业是一样的，只是你提供的方式和内容不同而已，从这样的角度你就知道该怎样服务了。办案的时候，真正从事刑事辩护，律师首先心态上要把自己放低，你就是一个服务人员，收了别人的钱，就给别人做好服务，尽职尽责地做好辩护。

现在刑事辩护律师最为头疼的事情就是和委托人打交道。我们比较喜欢的做法是把材料拿回来之后我认真的阅卷，然后引经据典把它分析得很透，口若悬河，想一展风采。有的律师就是有这样的水平，但是他做得不好。这也是我们实践当中律师自己的一种困惑，我们很多律师找不到一个职业的荣誉感，觉得自己特别狼狈。

实际上每一位律师在法庭上展示所谓雄辩风采的时候，背后都流下了多少被怨妇缠着的泪。但是我们很难去诉说，我们为什么和公检法发火，为什么跟他们较劲？内心当中有这样一种触动，就是我们也不容易，你凭什么跟我们争？其实有这样一种心态的影响。但是我觉得这种才叫刑事辩护，法庭上不叫刑事辩护，办案不叫刑事辩护。

我们很烦我们的委托人、我们的当事人家属，很烦他们的一个原因，就是因为你怎么能够不懂呢？我跟你说一百遍了，你怎么还不懂，怎么还问呢？两种可能，第一种，你根本没有解释清楚，或者认真的解释；第二种，你以为他来找你对这个问题反复的问，真正的原因是他没有听明白，不，因为你是他信赖的人，或者说在整个诉讼过程中，你这个律师越优秀，水平越高，你就越是他值得信任的人。他要倾诉，因为他内心有很多的苦闷，你必须得在那听，必须得给他解答。这就叫刑事辩护。

这个问题实际上我们公检法内部人员没有一个人能够理解，只有律师能够理解这样一种作用。构建和谐社会，化解社会矛盾的重要作用，就体现在这个地方。一个律师、一个刑事辩护做得最顺畅、做得最好的律师，就是整个过程对你无限信任，你说什么是什么。但是我可以给大家说这么一个方法，我的律师事务所是这样做的，就是不能让委托人先给律师打电话，一定是让律师先给委托人打电话。我们考核的标准就是委托人不给你打电话，你就是优秀，委托人给你打一次电话就说明你做得不到位，如果委托人缠着你不放，天天打电话，就算了，你根本不行，这就是我们的规矩。我们要的是作为服务行业律师，要走在当事人的前面。

实际上委托人需要律师什么？第一，需要你这个律师很认真、很敬业，你真的在给他办案，你在关心他的案件，经常在想他的案件，你要告诉他。第二，你这个律师是非常勤奋的，他有任何的消息会通知你，他会关心你，这两个方面怎么做？我们知道一个刑事案件，尤其是侦查期间，往往一年、两年、三年甚至更长时间。这个过程中，被告人的家属、犯罪嫌疑人的家属和他被限制人身自由的亲人很长时间不能见面。他要了解案件的进展会经常给律师打电话。案件做时间长了，律师就会觉得他有可能来找你，或者有可能给你打电话。这个时候，你就先给他打一个电话，跟他说“你那个案子没消息，还在等”，这一句话他就不会再给你打电话了。

如果情况是相反的：“张律师，我们孩子的案子怎么样了？”“没消息，还在等。”“什么时候有消息？”“不知道，还得等，还有很长时间。”很长时间是多长？永远是多远？过一段时间，他又给你打电话，还是没消息。第三次、第四次不断的催，你就得火了。实际上在你发火之前，他早就火了，“什么律师？我把事情委托给他，他说得等，而且没什么工作可做，这不是骗我吗？”所以，你无法理解，这种信任感在削弱。大家注意到没有，刑事辩护当中在侦查阶段就把律师换了，侦查阶段换两三波律师，这很正常。一个比较大的案子，家属比较难缠的案子，在侦查阶段换几波律师很正常。审查起诉期间换律师的情况也很多，审判阶段换律师的比较少。侦查期间换律师的频率最高，审查起诉期间相对比较少，审判期间基本不换。为什么？这个规律揭示出来就是我们律师还是有一个误区，忘了服务即办案。侦查期间你没案可办；审查起诉期间你看到卷宗材料了，跟当事人说是这样的，按照这样或的那样的思路；审判阶段你可以展示你的各种风采，案件分析、法律调查辩护，这是我们最黄金的阶段，说明这还是一个服务。

事实上，委托人不仅仅是想知道你是不是关心这个问题，更想知道这个事情可能往哪个方向走。一个案件侦查的时间很长，可不可以过一段时间给委托人打一个电话，我们要设身处地地为他想一想。如果你自己的亲属和朋友被抓进去了，很长时间没消息，尽管你是刑事辩护律师，知道经常要七八个月时间，但是一点儿消息都没有，你会坐在那个地方泰然处之吗？当然你也很清楚，如果说你的兄弟被抓了，涉及恐怖犯罪，又不准会见，你给他请了律师，你会在那无动于衷地等吗？你当然得和律师沟通，这就是一种服务。所以说不能让委托人着急，电话打在他前头，表示你在想着这个案子。告诉他进展，是在告诉他这个案件可能会走到什么样的程序，什么时候大概有什么样的情况，不逮捕怎么样，逮捕怎么样，这就是你的计划。委托人把一个事情委托给律师，律师能够时刻掌握事情的进展，不断考虑这个问题，并且有计划，这个律师就是令委托人放心的人。那么，委托人也就不会一直追着律师了。

有的当事人，尤其是女性家属，她会倾诉，犯罪嫌疑人和被告人本来是家里的顶梁柱，她突然就跟天塌了一样。这时候你要把情况告诉她，但是这样的信息往往不够，需要什么？需要和她约谈，她要对你倾诉，她需要有人倾听她的苦闷。你主动的和她谈一次，她就会少和你谈三次。你总是要抽出时间听一听，告诉她这个事情的进展。这是我们尚权所工作的一种方式。

具体细节上，我觉得有一项工作，我建议可以去做一下，我们的律师可以稍微调整一下。这项工作就是倾听。我知道我们的律师在委托人面前具有天然的专业优势，别看法律这点儿东西，在我来讲无所谓。但是对于那些不学法律的人，或者说他虽然学了法律，但是他自己成了当事人那样的人，法律就是一种专业。有些律师比较忙，不愿意听委托人说话，当事人说两分钟还没说完你就打断他。你说得完全不对，法律是怎么规定的，然后你能讲两个小时。我们律师有这样的习惯，我觉得这是我们的缺点。

有一本书，是中学时候读的《人性的弱点》，口才好的人是最容易让人不信任的人，你在一个人的面前夸夸其谈，口若悬河的时候，你的信任度是会打折的。一个语言不多的人才最容易取得别人的信任。一个人在别人面前说起来没完没了，容易引起别人的不信任，就是我们说的“滑头”，人们对你的信任感就会打折。所以，从技术上讲，这是获取信任；从服务方式上讲，就是要倾听。从整个代理过程中，倾听不仅仅可以排解对方内心的郁结，实际上她说的对你没有任何意义，但是她说完了，她痛快了。所以，你要让当事人、委托人跟你说，她跟你说三个小时，你不吭声，她会觉得这个律师太好了，好在哪个地方，她说不出来，这个律师就是好，很值得信赖、很值得信任，就是因为她跟你说了很多话，那些话虽然没有用。

对律师评价好的最直观的评价就是这个律师特别好，虽然这个律师的话不多，但是句句到点上。这不是技巧，这是一种规律。你也可以试一下，这个人话不多，但是很在点上，他跟你说了很多，你认真听了，中间至少你插一句话，你话虽然不多，但是句句说到点上去了。人性的弱点就是容易接受赞美，虽然是假的也接受。不是因为你赞美他，而是因为你用这样的话来证明你真的是在听了，我觉得这是非常非常重要的一个建立与当事人信任的方法。(本文系张青松在在尚权青年律师刑事辩护技能培训活动中的讲话实录)

管理经 2

尚权管理第二棒，“80后”律所管理领军者

对话人物：常铮（北京市尚权律师事务所主任）

代表性案例：刘汉和刘维涉黑案、陕西房姐系列案、前空姐韩国走私化妆品案、江西打黑第一案

在北京市尚权律师事务所成立那年，常铮完成刑事诉讼法专业硕士学业从中国政法大学毕业。她的第一份工作，就是进入尚权所当律师。在此后的十年里，她完成了从律师助理、律师、知名刑事辩护律师的职业发展之路。

由于能力出众，她不仅成为尚权所一名年轻的合伙人，而且自2013年起担任尚权所主任。作为一名年轻有为的女性律师，常铮在此和我们分享自身的成长经历和中小型兼专业型律师事务所的管理心得。

常铮说:“我们这个律师事务所的管理不是靠某个人的权威，靠的是制度的建立健全。”

从“千里马”到伯乐

李:作为尚权所管理“第二棒”,你在这么年轻的时候就担起了管理一家律师事务所这么重的担子。当初得知你担任尚权所主任这个消息的时候,我的第一反应是一个“80后”挑起这么重的担子。你不仅要完成繁重的律师业务,还要管理律师事务所,这双重任务对你来说意味着什么?

常:尚权所成立十年了，在这个时间节点上应该进行一下回顾和总结。

张青松律师是个比较理想化的人，他没有把开办律师事务所作为一个谋生的手段,更重要的是把它当成一份自己喜爱的事业来做。当初,尚权所成立的时候,他没说这个律所一年要挣多少钱,而是希望把刑事辩护这件事情做好。

张律师希望这样一个专业的律师事务所有一个传承，希望这个律师事务所在刑事辩护方面能留下一笔,让尚权所成为一个百年老店。不管这个律所的主任是张青松还是常铮,将来还是其他人,他的唯一目的是希望这个律所能够一直传承下去。

李:听说,你和张青松律师是西南政法大学的校友。

常:我和张青松律师是西南政法大学的校友。我的本科是在西南政法大学读的，研究生是在中国政法大学读的。我的硕士生导师是许兰亭老师。我在读研的时候,许老师和张青松律师他们一起代理刘晓庆的案子。我就是在那个时候认识张青松律师的，也是在那个时候知道了我们是校友。因为他比较忙,我还是个学生,认识之后,双方也没有太多交流。

在我快毕业是时候，张青松律师正好筹建一家专业的刑事业务律师事务所。他当时问我:“你愿不愿意加入,来试一试。”当时,他跟我说的是“试一试”。事后,他跟我说,当时他对我来尚权所并没有抱太大希望,也不知道我是不是适合做刑事辩护业务。

当时，我正在找工作。因为学的是刑事诉讼专业，这个专业出路相对来说比较窄，主要的就业渠道就是公检法，做法务的话专业不对口。那年，各个司法机关招聘的时候，没有明确说不招女性，但基本上还是倾向于招男生。因为我先生已经当了公务员，我找工作就没必要盯着公务员这一条路了。所以，张律师跟我说来尚权所的时候，我也是抱着试试看的想法就来了。

张律师跟我说了来尚权所做刑事辩护后，我就觉得做刑事辩护律师和我的专业很对口。那时的考虑就是，做一个与专业对口的工作很重要。一方面，只有专业对口，我才觉得那么多年没白学，也没有荒废学了三年的刑事诉讼专业。另一方面，对做律师是什么样的，对一个专业的刑事业务律师事务所的未来是什么样，我也是充满憧憬的。所以，当时就说来。

到尚权所以后，张青松律师就开始培养我，这么多年也一直在培养我。一开始，他带我一起办案子，让我各方面受益很大。

李：你能在工作不满十年的时候，就当上尚权所主任，和这种“传帮带”有关吧？

常：我能成为合伙人，后来又当上尚权所的主任，我们所又有新的合伙人晋升，包括现在白雪当上事务所执行主任管理这个律所，主要是因为张律师这个人的心胸宽广，愿意去培养年轻人。他的初衷就是希望我们这个律所能够传承下去。

当时，在我拿到律师执业证之后，他就逐渐不让我跟这他办案了，基本上就把我“推出去”了，让我自己去发展。当时，因为要自己去拓展案源，我挺有压力的。对律师来说，最大的问题是案源。没有案源，就意味着你没有饭吃。一开始，我对自己有没有能力，有没有案源也没有信心。但是，现在回想起来，我还是非常感谢张律师。他越早地把你放手，你才能越早地去成长。如果我长时间地跟着他办案，到今天才放手，我未必能有今天的能力，能走得这么快。

李:你大概从什么时候开始独立办案的?

常:我是2006年11月正式到尚权所来的,大概在2009年的时候开始独立做业务。独立做业务后,收入在逐年提升,这是得益于尚权所这个平台。

在尚权所这个平台上,我一方面能展示自己的能力,另一方面也交往了很多人,获得了很多资源。我独立办案以后,得到同行、司法实务界和学术界认可,他们也会给我推荐一些业务。渐渐地,我觉得自己可以独立了。

我独立做业务以后,张律师就跟我说:"这个律所不能只有我一个人,希望我们尚权所是一家真正的合伙制律所,能吸纳其他合伙人。"后来,他就开始考虑我"入伙"(成为合伙人)的事情。

李:你是什么时候成为合伙人的?

常:2010年,我怀孕了。生了宝宝之后不久,就成了合伙人。具体时间是2011年11月。此前,张律师一个人投资尚权所,等于他一个人在为律所做贡献。我成为尚权所合伙人之后,我和张律师两个人之间就重新洗了牌。

成为合伙人以后,律师事务所管理方面的工作主要由我来承担。

我其实并没有什么管理经验,因为一毕业就在尚权所,也不知道别的律师事务所是怎么管理的。就沿用了过去的各种方式,摸着石头过河。

到2013年的时候,尚权所又增加了合伙人,高文龙律师"入伙"了。有了新的合伙人之后,张律师就有了很多想法,他希望重新选举律所主任,这是他高风亮节。

这样,我们三个合伙人之间就进行了一次选举。因为大家比较信任我,我就当上律所主任了。

我成为律所主任后,张律师对我说,他不希望尚权所一直是张青松一个人,而是希望大家知道尚权所,知道尚权所更多的律师。我们希望尚权所建立一种规则和制度,让律所按照这种规则和制度往前发展。

"不管这个律所的主任是张青松,还是常铮,还是其他人,这个律所都能持久发展下去。"张律师是这样说的。他从大的方面希望律所长久发展下去,对我本人他也希望有历练的过程,通过历练有个飞跃。

对我来说,这种希望也是一种压力。我确实感到压力很大。

李:尚权所主任这个担子,对你这个年轻的律师和年轻的妈妈来说意味着什么?

常:我当上尚权所主任后,面临的问题是既要做律师业务,又要做律师事务所管理,而我在管理上又没有太多的经验。当时,有一段时间,就感觉比较焦头烂额(笑)。

因为我常常要出差,很多日常管理工作就会搁置,很多事情就会久拖不决。

在干了一段时间之后,我的感觉有两点:从自己的角度看,等于"自己什么都干,什么都干不好";从律师事务所的角度讲,对这种管理方式大家会感到混乱。因为大家要处理事情,经常会找不到我。长久下去,我觉得肯定不行。

在这种情况下,我越来越深刻地意识到对一家律师事务所来说,还是应该专业的人做专业的事。你是律师,你就去做律师业务;律所的管理,你就交给他人来做。一个律所的管理者,至少要保证能时刻在律师事务所。有什么问题,能够快速地去决策、去解决、去实施。

李:这就是白雪担任尚权所执行主任的背景吗?

常:在这种情况下,我个人觉得自己不太适合去做律所管理了。我自己本人的发展方向,本身也是倾向于做律师业务,希望自己成为一名优秀的律师,一名优秀的刑事辩护律师。

最近几年,有不少律师事务所在引进 CEO 专门进行律所管理。面对别的律师事务所这种管理方式,我就在思考,我们尚权所是不是也可以这样做。

我们也在考虑,律师事务所的合伙人是不是一定都是律师?是不是也可以考虑非律师"入伙",把律所事务所管理者的利益和律所结合在一起?

在律师事务所，管理层是被边缘化的角色。如何让一个行政人员也感到自己也是这个律师事务所的一分子，让他们能够在一个律师事务所找到自己的发展前景或空间，让他们能够感觉到自身价值的实现。作为一个行政管理人员，在公司工作的话，他们可能会做到高管；如果在律师事务所做行政管理，他可能就看不到希望。因为他们感觉不被重视，被认为是打杂的。所以，我们就想让尚权所的行政人员有一个发展机会。

当时，白雪来尚权所已经两三年了。她的学历比较高，其他各方面表现也都很优秀。

李：白雪是什么专业出身？

常：白雪是学金融和管理的，她进入尚权所之后，一直在做行政工作。一开始做行政主管，后来又做财务主管。她生完小孩之后，就"入伙"了。

我们当时也是看中了白雪这样一个人。我个人觉得她学历等各方面条件不错，像她这样的人才，如果在律所不给她一个机会，或者让她在律所没有前景的话，很难留得住她。

从留住人才这样一个角度，我当时就在合伙人会议上提议，能够吸收非律师"入伙"，让白雪有机会加入尚权所合伙人行列。之前，我也和白雪聊过，她对律所管理也挺有兴趣的。

如果给白雪"入伙"机会的话，她就会成为尚权所的合伙人。这样的话，就让她担任律师事务所执行主任，负责律所的行政和运营管理。

当时，我们有三位合伙人。我的提议，也得到了另外两位合伙人的同意。后来，白雪就"入伙"担任了尚权所执行主任。

面对年龄层次丰富的团队

李：在担任主任之前，你已经开始对尚权所进行管理；在推荐白雪担任尚权所执行主任之前，作为律所主任对事务所进行了两年时间管理；在白雪担任执行主任后，你作为合伙人也要参与尚权所管理工作。我想说的是，尚权所律师的年龄结构是"老中青三结合"，有不少律师比你的年龄要大,有的人和你年龄差不多,还有一部分律师比你的年龄小。面对这样一个年龄层次比较丰富的团队,你作为一个年轻人律师是如何去管理的?

常:我参与尚权所管理工作的时间相对来说比较长,尚权所的三人小组、管委会,我都参与过。尚权所团队的年龄结构,在律师界确实比较有特点,老中青律师都有。上到70多岁的律师,下到“90后”都有。像我们所的刘文元律师已经75岁了,我们的财务主管是一位“90后”,中间的话,“60后”、“70后”、“80后”都有。

我参与律所管理,时间上看确实比较早。一开始是作为合伙人参与管理,后来是作为主任真正去执行管理工作,现在作为合伙人也参与管理工作。虽然白雪现在是执行主任,但是我们所是有合伙人规则的,也是有协议的,规则规定,有些事情是要合伙人一致通过才能实施。包括律师事务所每一年的发展、预算、决算都是需要合伙人会议审议通过的。合伙人会议通过之后,白雪作为运营管理人再去执行。

从目前来看,合伙人会议是尚权所最高的决策机构。由合伙人会议对律所的整体规划做一个决策之后,由事务所的管理者进行落实。

那么,对于律师事务所不同年龄层次的人进行管理,或者大家的意见之间达成一致的问题,也是我在这些年来通过不断摸索、通过自身成长得到的一些感想或者说感悟。

我们尚权所毕竟是一家律师事务所,不是国家机关。没有人把律所主任看成多么重要的一个职位,或者看成一个官位。作为律所主任,我认为最重要的还是“人和”。

这些年来,尚权所的人员流动性不是很强。一方面,这对于我们来说是好事,反映出我们尚权所有一个好的氛围,其中最重要的因素是,作为律所主任也好,作为合伙人也好,是去让利的,对大家是包容的;另一方面,也说明我们的淘汰机制不健全,造成大家虽然在这里呆得半死不活,但是觉得还可以。

李:在你遇到困难的时候,张青松律师是怎么做的?

常：这些年，我在管理过程中，也得到了张青松律师的很多帮助和理解。在工作中，我也得益于他给我讲的一些道理。

我一开始当律师事务所主任的时候，感觉就是所里的老同志未必买我的账，同龄人也会有你凭什么管我们的想法。到底用什么方式去和大家相处和交流，是让我困惑了很久的事情。

我这个人本身可能比较强势一点儿，一味地用强势的方式处理问题并不合适。后来，我逐渐地认识到，真正让大家信服你的话，不是靠你去强调你是主任，而是让别人从总体能力上、业务上、做人上真正认可你。你能做到这样，大家自然愿意和你沟通、愿意去努力，和你一起去打造律师事务所的品牌。

这些年，我有个非常深的感受，就是主任的权威不是你喊出来的，也不是靠强势取得的，更多的是靠踏踏实实做事情、去做人赢得的。大家看到了你的进步，或者看到了你的能力以后，自然而然地去配合你的工作、接受你的管理。

更重要的是，我们这个律师事务所的管理不是靠某个人的权威，靠的是制度的建立健全。我们一直在做律师事务所的各项规定，这样一来，我们对很多问题的处理，不是靠拍脑门、不是靠谁说一句话，而是有章可循，有制度可循。

李：一个不容回避的问题是，很多中小型律师事务所的管理靠“人治”。今天，我了解到尚权所不仅在业务方面做得很专业，而且在管理上也是靠规则，是“规则之治”或者“法治”，十分难能可贵。

常：其实，我们所也经历了从“人治”到“法治”的过程，从一个人说了算逐渐地向民主过渡。一开始，我们靠个人进行律所管理，后来成立了律所管理委员会，现在成立了合伙人会议。

现在，我们有 6 个合伙人，合伙人会议是我们所的最高决策机构。合伙人会议下设主任、执行主任。主任的任务主要是对外代表律师事务所进行外事活动，用张青松律师的话说，主任相当于主席，执行主任就相当于总理。执行主任下面，又设立了各个部门。我们所的部门包括宣传、行政、财务、业务、客服、研究中心等部门，机构设置大体是这样一个框架。

这个框架运行的核心，是权力下放。我们的合伙人会议把权力下放给执行主任，执行主任把权力下放给各个部门。就是合伙人会议把权力下放给白雪，白雪把权力下放给各个部门主管。

这种一层一层地下放和行使权力的运行模式，不能说是最好的，但目前是最适合我们所管理的一种模式。当然，我们也知道这种模式中也存在很多问题，我们也在通过运行不断对它进行摸索和改进。

改进的方面，包括尚权所的分配机制。

李：分配机制是最近被律师群体议论的热门话题。

常：分配机制是目前困扰各个律师事务所的最大的问题。如何保障分配机制的公平合理，通过分配机制吸引人并留住人，对律师事务所来说是一件非常重要的事情。

对分配机制方面的事情，我们所也是在不断探讨当中。

从总体上看，尚权所目前管理上运行体系的雏形已经形成。这个体系在运行中，也能让我们看到未来的方向和希望。

十年间，自己和尚权共成长

李：尚权所这十年，也是你自己律师职业发展的十年。我作为旁观者，觉得你自己的命运已经和尚权所紧密地联系在了一起。你如何描述你自己和尚权所共同成长这十年历程？

常：我记得2016年元旦的时候，律师事务所让我写一篇新年献词。我起了个题目叫《心怀法治　放眼未来》，后来发在“尚权刑辩”微信公众号上了。

在写献词的时候，我就想到了自己和尚权所密不可分的关系。尚权所走过的这十年，也是我在律师事务所成长的十年。我在文章中写到了尚权所的发展和成就，其实，是律师事务所的发展成就了我的成长。

这十年，我能够有所发展或者说取得了一点儿成绩，首先要感谢张青松律师。他是我进入律师行业真正去做一个律师,进入实战门槛的启蒙老师。

在尚权所起步阶段,业务量不是特别大,大家的时间比较充裕。那段时间,大家在一起交流的机会和学习的机会很多。现在就不同了,由于都很忙,有时彼此之间两三个月都不一定能见到面。相比之下,以前的学习机会就非常多,可以说是耳濡目染。

那个时候,张律师经常会和我们在一起聊天。大家聊律师事务所的发展,聊律师对自己的业务定位,或者张律师会提醒我应该在哪些方面有所加强、有所改进。在办案过程中,他也会告诉我案子应该怎么去做,在法庭上应该怎么发问,辩护词应该怎么写,等等。这些东西,对我的成长非常关键,起到了非常大的帮助作用。

说到张青松律师对我的帮助,又让我想到尚权所律师事务所这个平台。有人曾经说过,"常铮是对尚权所这个平台用得最好的人"。

李:为什么说你是把尚权所这个平台用得最好的律师?

常:因为尚权所在建立的时候,张青松律师就致力于把它打造成一家高端的刑事业务律师事务所。尚权所做的品牌和形象宣传,走的都是高端品牌路线。包括举办论坛、开展律师培训活动、举行讲座和研讨会等学术活动。在这些活动开展的过程中,我就接触到了刑事法律领域顶尖的专家和学者;司法实务层面的警官、检察官、法官和这个领域的最高领导等人。

换句话说,尚权所这个平台比较高。在这个平台上,如果你有一定的条件或者说善于把握机会去展示自己,而且又能得到大家认可的话,对你今后的成长和发展也是非常有好处的。

在尚权所这个平台上,律师事务所给了我很多展示自己的机会。我也是借助展示自己的机会,结交了很多很多人,有了更广的人脉资源。这对我来说,无论是业务上的发展方面,还是个人成长方面都有很大帮助。

师傅的重要性

李:律师是一个讲究师承关系的职业。你刚才也讲到自己的成长过程中，得到了张青松律师的很大帮助。我的同事，《法律与生活》杂志社记者李云虹采访你的时候你也说到，你有两个好师傅，一个是你的导师许兰亭，另一个是张青松律师。前者帮你奠定了理论基础，后者把你引进律师业门槛。这意味着你的起点很高，而你自己也通过自身努力和师承关系成了律师业内有一定知名度的律师。你对师傅重要性的理解，可能对年轻人有一定启发。

常： 作为律师来说，能够找到一个好的平台，得到一个好的老师的引领，应该说对一个律师是非常重要的。有师傅的引领，能让你避免去走一些弯路，从而加快你的成长步伐。

一个年轻人，如果在成长阶段主要靠自己去摸索，可能会走很多弯路，会浪费很多时间。如果又一个人去指导你，你会减少很多试错的过程。这一点非常重要。

在律师界，师傅带徒弟是一种很好的传承方式。但是，每个人的想法又不一样。大家都认为传承需要带徒弟，但是往往会有这种情况，师傅把徒弟带出来之后，徒弟就另辟蹊径了。徒弟离开的话，师傅就会很受打击。

因为培养人是一件非常辛苦的事情，很多资深律师因为受过徒弟离开的打击，就失去带徒弟的积极性了。

李： 你是怎么想的？

常： 从整个中国刑事辩护的发展来看，因为专业去做刑事辩护的律师很少，需要更多人专业去做刑事辩护。从这个角度看，需要培养年轻人。对师傅或者培养者来说，需要有更宽阔的胸怀。在带徒弟的时候，不要去考虑你是否能够把他留得住。因为能不能留住人，受许多因素的影响。

即使一些徒弟离开师傅了，他其实还在做刑事辩护。我们尚权所就是这样，有一些律师走了。但是，因为他是从尚权所出去的，对我们来说也是一种骄傲。

如果把这个问题想开了，从中国刑事辩护的整体去看，培养人才这件事情是值得去做的。

因为我自己有老师，对师傅带徒弟有深刻感受。这两年，我也有意识地想去培养年轻律师。因为张青松律师对我的影响比较大，我就希望把自己从他那里学习到的或者感受到的东西、自己的一些经验传给比我更年轻的律师。

现在，经常会有年轻律师跟我合作办案。我们之间虽然不会称为师徒，对外我不会说他(她)是我的助理，会说是我的合作律师，但是因为大家经验方面有些差别，我的经验相对丰富一些，在办案过程中，如果有机会，我会聊一聊自己的成长经历，给他们提一些建议。

在做律师业务的时候，我也会专门对年轻律师做一些事情。比如，帮他们修改法律文书。原来，我是不愿意去改别人写的东西的，因为改的时候非常麻烦，我觉得与其去改还不如自己去写。但是，现在对他们写的辩护意见或者其他法律文书，我会去做一些修改。修改完之后，我会去给他们讲，为什么要这样改。当然，我也会告诉他们，我改过的不一定是最好的，但是可能会给他们带来一些启发。

我也会对他们提出要求，对我改过的东西，不能看都不看就交给法官了。我并不是强调你要跟着我学多少东西，而是你在看的时候，可能会从中领悟出点东西来。这样，会对你将来的写作有很大帮助。

李：师傅对辩护词的修改，可能会反映出师傅的办案思路。

常：我原先写辩护词的时候，张青松律师帮我改过。他改过的东西，对我有很大帮助。可以说，我今天的提高得益于他当初“手把手”地去教。

工匠精神与律师专业化

李：现在，中国在国家层面提倡工匠精神。由于每个案件都是与众不同的“作品”，律师也应当归入工匠行列。尚权所不仅一直致力于刑事辩护方面的精耕细作，而且一直有师傅带徒弟的传统，是不是更好地契合了工匠精神的提法？

常：是。把律师比作工匠是恰当的。

尚权所一开始成立的时候，我们就想做一家集律师业务、学术研究于一体的高端专业律师事务所。我们当时设想的律师事务所人员规模在二三十人，核心律师在5个左右，有一些律师助理和行政人员。对年轻律师，一拨一拨去培养。通过培养，让他们一步一步顶上来，这样就能让律所有个传承。

从业务上来说，既然是专业化律师事务所，一定要做到精、做到专。我们做的刑事辩护是一种纯技术活儿，怎么把这种技术活做到极致，也一直是我们追求的目标。现在，我们在做的刑事辩护标准化流程，就是想做出一个刑事辩护的标准，通过标准把刑事业务做到精细程度。

李：“用工匠事情做事”和“把规模做大”，应该是一对矛盾。

常：现在，律师事务所到底怎么发展的问题又重新摆在了我们面前。现在，互联网对各个行业都造成了冲击，包括律师业。

在大数据的时代、“互联网+”的背景下，很多律师事务所通过规模化来应对。通俗地说，就是走扩张的路子，不断开设分所、不断增加人员数量。

我们所怎么办？在今年召开合伙人会议的时候，大家也在讨论这个问题。有的合伙人提出，我们也要通过开设分所扩大规模。

尚权所刚成立那几年，张律师和我都没有想把律所规模做得多大，也没想设立分所的事情。现在，大家提出通过规模扩大品牌的影响，同时也能给律所带来一定的利益。

前两天，我和张律师还在聊这个问题。原来，我们的思路一直是把尚权所做成一家百年老店，像你说的具有工匠精神，通过把律师业务做到精和专来完成不断传承(的目标)。但是，我们也在自问这个思路是不是适合现在的形势？如果就这样继续下去，尚权所是不是就像一个手工作坊一样？

现在，我们必须面对尚权所是否规模化这样一个问题。大家都在思考我们所是不是也去开设一些分所的问题。

我和张青松律师聊天的时候,也提了自己的想法。我个人觉得,虽然很多律师事务所在搞规模化,出现了亚洲最大、全球最大律师事务所,但是对于我们尚权所这样的只做刑事业务的律师事务所来说,还不太适合规模化发展。

因为规模化发展的话,首先要统一管理。统一管理的话,是不是要直接投资?如果是加盟的话,从管理和风险控制上都存在很大难度。如果直营的话,意味着要进行大量的资本投入。大量资本投入是一个钱的问题,还有精力的问题。

目前,我们管理北京总所和深圳分所这两家所已经有很多方面是需要不断探索和总结的。如果再增加几个分所的话,我们有没有这个精力和能力去做好?

李:你怎么去看"互联网+"背景下的律师事务所发展?

常:现在这个互联网时代,规模化已经不是律师事务所发展的趋势了。现在,一家律所把互联网这样一个宣传平台用好的话,已经完全可以超越设立十家八家分所带来的影响力了。

我觉得,影响力和规模之间不是一个正比例的关系。影响力完全可以通过其他手段来实现。在这种情况下,我们不如把我们这一家律所控制在一定规模,把它做精做好,做成律师业内一个真正的精品店。

如果把律师行业作为一个市场的话,刑事辩护这个业务虽然有很大市场,但是你一个律师的精力是有限的。就拿我和张青松律师来说,你手头的案件再多,你的精力也只能够保证在一年之内做十几个或者最多20个案件。

说到律师事务所的发展,我倾向于做精品律所,就是你说的这个所要有工匠精神。

这种工匠精神是从一家律师事务所的传承方式上、做业务的极致上、从律师事务所具有传承性——将来能够真正成为一个老字号的角度来讲。我们所就是要朝这个方面去努力。

李：我很认同你在律所发展方面的观点。如果一味去追去规模，在发展过程中，人员的业务水准达不到一定高度的话，反过来会影响律所的声誉。

常：我的想法也是听了蒋勇律师的一次演讲后，受到启发形成的。

刑事辩护业务风险还是挺高的，对我们尚权所这样一家专业做刑事辩护的律师事务所来说，风险控制就很重要。从风险控制的角度，对律师素养的要求就会很高。在全国各地铺开去做，真的可能不一定适合我们尚权所。

李：从师傅带徒弟的角度看，如果徒弟分散在全国各地，师傅带起来可能也力不从心。

做女律师的滋味

李：还有一个问题，就是人们经常会把律师和医生来做类比。这样的话，刑事辩护是不是相当于医学中的外科？我们看到，在医院的外科，大多是男医生主刀；在刑事辩护的舞台上，大多数律师也是男性。你作为一名女性，选择了刑事辩护律师这样一个职业并且能够在这个男性为主的行业里脱颖而出，你所付出的艰辛可能是外人难以想象的。

在做刑辩业务的同时，你在律所还要做一定管理工作，在家里还要承担母亲、妻子、女儿这些角色。在我们这个时代，不倡导一个人以牺牲生活的方式来成就一份事业。你在律师这个对专业技术要求极高、以男性为主导的行业是如何在几种角色之间做好平衡的？

常：很多人都会去问，一个女律师怎么会去做刑事辩护？因为在律师当中，女律师本来就不多，做刑事辩护的女律师就更少了。拿北京来说，现在一共有 2 万多名律师，其中女律师只占到 1/3，就是只有 6000 多人。大家很难把刑事辩护这个职业和女性联系在一起。

很多人见到我之后，在知道我是律师的时候还好，在知道我是刑事辩护律师之后，就会觉得不可想象。

我觉得做任何工作其实都一样,女性都会面临着一定的挑战和困难。最主要的还是在各种关系的处理上,在家庭和事业的平衡上要有一个好的心态。还有一个很重要的因素是你的家庭对你的支持程度。

我的家庭对我的支持程度是高的。我的父母一直帮我带孩子,解决了我这方面后顾之忧。再加我们这个职业比较自由,平常有时间的话,会尽量在时间的分配上倾向于孩子和家庭。我的先生对我的工作也非常支持和理解,我们都做法律工作,是法律职业共同体内的成员。因为在工作中接触了很多律师,他对律师工作也比较了解。他也很忙,我们之间在事业上相对比较独立,在生活上也比较独立。这样的话,我把更多的精力投入到工作上,他也不会有太大的意见。

每个家庭的情况不一样,我的家庭比较民主、自由,我受到的束缚很少。

李:你刚才说到了心态的问题,但是没有展开去说。

常:我自己没有更多地去关注自己的性别,没有去考虑性别上有什么弱势的问题。当然,年龄上可能会让我有一些弱势。

刚才我们说到律师就好像医生,律师的年龄或者说资历越深,他受到的认可度就越高。因为律师这个职业非常依赖经验性的东西。

在最开始做律师的时候,我面临的问题是人家看见你这么年轻,对你自然会产生一种不信任感。当事人会觉得,我把刑事案件这么一件重大的事情、一个涉及自由甚至生命的事情交给这么年轻的一个女性律师去做,可能会觉得不太可靠,会有一种不踏实的感觉。

记得刚开始做律师的时候,有一个申诉案件找到我,是法律业内一位教授把案件推荐给张青松律师来做,我帮张律师写一个材料。当事人见到我的时候没有说什么,我就把材料给他写了。张律师事后跟我说,那位当事人说:“张律师,你当时给我安排一个年轻的小姑娘去写,我心里还真不踏实。她写完后,我觉得她的专业水平还是挺高的。”

当时,我面临的是这方面的问题。其实,包括现在也还存在这方面问题。所以,作为律师我们是怎么显得成熟怎么去打扮自己。你看我平常穿得最多的是职业装,颜色也是比较深的那种,好让自己显得更成熟和稳重一些。

我在这个行业已经做了十年。十年这个时间段,对刑事辩护律师来说已经算相对成熟了。虽然许多资深律师比我做律师的时间长,但是在刑事辩护这个专业领域,他们做这方面业务未必比我时间长。

天然的外表特点,加上自己是女性,可能在这方面存在一个怎么让别人去认可你的问题。但是,如果你专业水准真的高的话、专业能力够强的话,还是可以赢得当事人的认可的。

很多时候,我都是通过和别人交流、让他们了解我的专业能力,最后还是获得了当事人认可的。

前不久,有一个重大案件的当事人家属来见我。在见我之前,他们已经和很多律师聊过,包括和我们业内一些前辈聊过。后来,别的朋友向他们推荐了我。最终,他们还是选择让我来代理这个案子。这样的经历,对我来说就是一种鼓励。这样的当事人选择了我,让我越来越觉得年龄、性别在你的执业过程中可能会有一点儿影响,但是如何把这些因素转化为对自己有利的因素、怎么样让这些因素成为一种优势可能很重要。

当然,最重要的还是你的业务能力。

刘汉和刘维案,一场教科书式的审判

李:刘汉和刘维案开庭的时候,我们都在电视上看了这场从时间长度上堪称史无前例的审判。在这起系列案件中,张青松律师和著名刑事辩护律师宣东为刘汉辩护,你和尚权所深圳分所的蔡华律师为刘维辩护。在这么有影响力的一起案件审判时,你和你的入门师傅一起参与其中,而且尚权所有四名律师同时站在这样一个审判的大舞台上,无论对尚权所还是对刑事辩护律师业来说都是一个标志性的个案。那么,你作为审判活动亲历者对这场审判有什么思考和感悟?

常：这个案件确实称得上中国刑事审判历史上一个重大案件，因为它号称“全国打黑第一案”。无论是案件的重大程度，还是影响力来说都称得上大案。作为一名刑事辩护律师，能够参与到这样一起案件中确实是一件可遇而不可求的事情。

在代理这起案件的过程中，我自己有这么几点感受。

第一，处理好这样一个全国上下关注的重大案件，对我来说有一定压力。压力在于如何去更好地展示自己作为一个刑事辩护律师或者说代表这个群体的能力和形象。当时，有很多法律业内人士坐在旁听席上，其中有不少是司法机关的领导，我留给法律职业共同体成员的印象关系到律师整体形象的好坏。

第二，通过代理这个案件也感受到中国司法制度中进步的地方或者说变化的地方、也感受到了法律上一些不健全的地方。

第三，在这个案件中，如何把握好律师既要维护好当事人的合法权益，又能够避免自己的职业风险，也是一种重要的问题。

李：能描述一下案件的具体情况吗？比如，你们作为律师是怎么展开工作的。

常：我们从接手这个案件到开庭，中间只有不到一个月时间。这个案件的材料很多，光案卷就超过了1000册，我们的时间非常紧张。开庭后，开庭过程长达17天时间。对律师来说，这是对我们脑力和体力的一次锻炼或考验。

这个系列案是以“分案”方式审理的，在我们这个法庭，刘维是第一被告人。对其中大部分事件，刘维都需要承担责任，其他人或者是参与到这个黑社会案件的某几个事件或者某一个事件。这意味着，在开庭的大部时间都是我和蔡华律师在参与庭审，别的律师没有自己的事情就不用出庭了，只有我和蔡华律师在法庭上整整坐了17天(笑)。

这对我们也是一个很大的挑战。这种挑战不仅指体能上的挑战，更重要的是因为时间的原因我们准备得不是非常充分。这对律师的临场应变能力是极大的考验。那些天,我们每天都是白天开完庭,晚上再去做第二天开庭的准备工作。

除了临场应变能力,对律师驾驭庭审的能力、法庭上紧急情况的处理能力、不确定因素的处理能力都是一种锻炼和考验。比如,有一个证人,一开始他说不出庭,后来又改变主意要出庭作证,我们就要做好对证人的发问等事情。

对我来说，参与这个案件对我作为一个辩护人的辩护技能和技巧也是一种锻炼和考验。

李:你参加了那么多庭审,这一次的庭审有什么特别?

常:在我看来,这次审判是一场教科书式的审判。整个审判过程可以称为一个刑事诉讼的教材。

因为，在这次审判中能够反映出中国的刑事诉讼程序特别是庭审程序中所涉猎的问题。比如,在这个案件中,出现了很多新的词汇,如“分案”、“同案犯罪嫌疑人”、“同案被告人”。类似的词,在《刑事诉讼法》中都没有出现过,可以说是这个案件办案人员的一些创造。

由于这个案件是“分案”审理,就出现了与“分案”相关的词汇。顺便说一下“分案”,对同案的被告人做“分案审理”这种方式对当事人的辩护权、质证权等权利到底是好还是不好有待商榷。

具体说这个案件的“分案”,就是整个案件分成“刘汉系列案”和“刘伟系列案”在两个不同的法院同时开庭审理。这样做好的地方是提高审判效率,给当事人充分的辩护时间等;对当事人不利的地方是,对当事人表达权的一些影响。比如,有的事情我们的当事人刘维根本没有参与,事情可能是刘汉那个案件中的人干的,不是刘维这个案件中的人干的,但要刘维去承担责任。这个时候,法庭对这个事实怎么去查明、怎么去认定?我们作为律师怎么去质证? 这些问题,都是新的问题。

李:你刚才说到这个案件中进步的地方,请具体说一下。

常:比如,证人出庭。虽然不是律师提出的所有证人都被允许出庭作证，但是大部分证人能够出庭，能够接受控辩双方的询问。在整个庭审中，能够保障辩护人发问的权利、质证的权利、辩论的权利。

在这个案件中，公诉人是挑选出来的优秀公诉人。在这个案件中抗辩过程中，控辩双方“同台竞技”对自身能力的展现和提升都是有很大好处的。

李：你最大的收获是什么？

常：代理这个案件，我有两点最大的收获。

一是获得业内人士认可。案件开庭时有很多人旁听，包括最高检、最高法、司法部及全国律协相关人员，庭审结束后，我从各个渠道听到的对我们的评价都是正面的。换句话说，就是在律师业务上我们得到了很大认可。这对我来说，是意外的收获。

二是获得了当事人家属的认可。刘维的女儿一直在国外学习和工作，案件开庭时，家里人没有让她回来。因为要通过我来了解她父亲的案件，她和我之间有一点联系。

这个案件结束一段时间后，我去美国参加一个访问项目时。刘维的女儿通过微信了解到我在美国之后，就发微信说想跟我见个面。我在旧金山，她在洛杉矶，她就从洛杉矶坐飞机赶到旧金山来和我见面。她和我见面，一方面是为了对我们所做的工作表示感谢，另一方面她也是想了解她的父亲所涉案件的真实情况。

见面之后，我们之间做了一些交流。在交流过程中，我对她做了一些带有正能量的疏导工作。我告诉她，在哪些案件中她的父亲有过错和责任，对有些问题她需要正确理解。她听了我讲的一些实际情况后，释然了很多，这对她今后的人生会有一定帮助。对我来说，等于做了一件好事，也是一个意外的收获。

关于刑事辩护联盟

李：刚才你谈到了律师业应对互联网冲击的问题，给我的感觉是，在互联网环境下，律师业的竞争更为激烈。在这种背景下，尚权所发起成立了中国刑事律所联盟。我的观察是，尚权所以一种开放的姿态来联合同业。你自己在发起做这件事的时候是出于一种什么样的考虑？

常：我一直比较信奉“胸怀有多大，你就能走多远”这句话。尚权所的理念就是“打造一家没有围墙的律师事务所”，对我们来说，这句话不是一说了之，事实上我们这些年一直是这么做的。

未来的律师事务所是一种什么模式真不好说，会不会打破律所与律所之间的边界，会不会成为一种没有边界的律所？对尚权所来说，我们一直没有秘密。全国各地热爱刑事辩护的律师来到我们所参观学习、了解我们所办的案子、了解我们的规章制度甚至我们所的分配机制等，我们都会毫无保留地和大家进行分享。包括对我们的一些职业经验、一些做法，像我们搞的沙龙、我们做的一些调研、我们做的执业规范都拿出来和大家分享。

我们一直觉得，做刑事辩护的律所之间不一定完全是一种竞争关系。所以，我们联合全国各地的专业刑辩律所发起成立了中国刑事律所联盟。刑事律所联盟成员中，每家律所面对的客户群是不一样的。他们的客户群主要在当地，我们尚权所做的主要是面向全国的业务，我们到他们所在地承办的大多数是疑难、复杂或者重大案件，彼此之间我拉不走你的客户，你也抢不走我的客户。也就是说，我们所和其他成员所之间不会形成竞争关系，更多的会形成一种协作关系。

如何把刑事律所之间的资源进行整合去实现共赢，这对我们尚权所来说也是有好处的。

李：成立刑事律所联盟，对尚权所来说好处是什么？

常：我们不能说是去做老大，既然我们是全国第一个成立刑事律所的，我们希望尚权所成为刑事辩护领域的一面旗帜，能够在业内起到引领方向的风向标作用。

什么是“老大”？其实和我讲到的尚权所主任的道理一样，不能光去叫嚣自己是“老大”，是让大家接受你，从内心认可你是“老大”才可以。我们所一直是这种想法和理念。这方面,跟张青松律师的胸怀、和他对我们这样一种教导和理念灌输有关。作为尚权所的律师,我们应该有这样的胸怀和远见。

李:刑事律所联盟的成立,与其说是为了尚权所,不如说是为了刑事律师业的共同进步。

常:我们尚权所毕竟是第一家专业的刑事业务律师事务所,发起成立刑事律所联盟是出于专业化的考虑。包括我们的专业培训、律所理念能够得到传播,也希望更多律师去参与刑事辩护。

在刑事律所联盟这个平台上,如果每家律所都能真正团结、资源整合在一起的话,对大家的宣传、品牌推广都是非常有好处的一件事情。

人物志

常铮，美女律师的刑辩王国

她是一名外表看起来稍显柔弱的女子，但却是一名律师——刑事辩护律师。在伯乐张青松的点拨下，她日渐成熟、老练。在刑事辩护律师行业中，她如一颗璀璨的明珠，发挥着自己的光亮。她就是北京市尚权律师事务所主任、合伙人常铮。

2012 年 5 月 10 日下午，在北京大学南门外的一家名叫听雨轩的茶社内，记者见到了一袭黑色职业装的常铮。干练与职业是她留给记者的第一印象，这同她颇显年轻的娃娃脸，形成鲜明对照。

对此，常铮不禁莞尔一笑道："为了应对这张娃娃脸，我现在一般都穿成熟的职业装啦！"但从随后的专访中，记者逐渐明晰：如今，娃娃脸不再成为她的职业羁绊，反而使她更容易同被代理人亲近。因为，她内心秉承着的职业素养与对刑事辩护的热爱，由内及外地散发着光芒，感染着她周围的人。

幸遇伯乐

在常铮的嘴里，幸运成为了她回顾自己过往时用得最多词汇。上学时，她幸运；考研时、她幸运；初入职场时，她幸运；找到自己的职业定位，她幸运……但这一切，都源自她内心的满足感与幸福感！

对于自己的职业之路，常铮直言不讳地说："每个人的经历都具有无法复制性，在那个特定的时期，我的幸运帮助了我。"但实际上，幸运的背后，却是她不断的努力与进取。

当年，常铮以优异的成绩考入号称法学教育“黄埔军校”的西南政法大学，攻读法律与国际贸易专业。在那里，她获得了法学和经济学的双学士。不满于此的她，继续选择了深造——攻读研究生。尽管当时，中国银行天津支行已经向她伸出了橄榄枝——一份不错的工作，但她没有选择留在那里。

在2003年“非典”到来之时，她正经历着研究生入学考试的磨砺。那一年，研究生考试的笔试与面试时间都非常长，身为天津人的她不愿意离父母远。于是，她选择了中国政法大学——这所法律院校的“排头兵”。

当时，有着法律与经济双学士的她，完全可以选择比较热门的经济法等专业，但她却笑称自己选择刑法专业的原因是“当时选择这个专业的人少，容易考”。另外一个很重要的原因是，她的师哥师姐们建议，要么选择实务类专业，将来搞实务；要么选择学术类专业，将来读博后做教授。

于是，权衡了自己性格的常铮毅然选择了实务这条路。此时的常铮坦言，对于自己的未来，她颇感茫然。她自己并不知道，这一选择造就了她与刑事辩护的“姻缘”。

在政法大学，她师出刑事法律“大碗级”教授许兰亭。同时，许兰亭也是刑事辩护方面的著名律师。对于走实务之路的常铮而言，导师许兰亭提供给了她更多接触实务的机会。而且，她的起点远比其他人要高出许多。这也正应了尚权所“掌门人”张青松所言的“常铮有三高，第一是起点高”。

当年，正值轰动全国的刘晓庆税案开庭，而她的研究生导师许兰亭正是该案的律师团成员之一。该案的律师团更是涵盖了号称刑事辩护领域的“京城四少”——钱列阳、李肖霖、许兰亭、张青松，这对于初涉刑事辩护领域的常铮而言，是个难得的学习机缘，也使得她有幸亲身感受“四大名辩”的风采。从整理卷宗到制作提纲，从专家论证到庭审观摩，在许兰亭的带领与指导下，以一般律师遥不可及的大案“高调”掀开了她的职业生涯之路。

从理论知识到实践经验的累积，导师许兰亭对于常铮的成长起到了不小的作用。因而，每每谈及她的学业与导师，她都会连用了多个幸运来涵盖。

不难看出的是，常铮骨子里的那股“愿意接受挑战”的劲头，让她与刑事辩护越走越近。

研究生即将毕业那年，常铮拥有了一个去北京市人民检察院第一分院实习的机会。在不到一年的实习经历中，她辗转在公诉处等多个部门实习，跟着检察官从零学起，审查案卷材料、公诉、出庭应诉、审结后案卷归档、死刑案件监督执行……整个案件的流程，她一一参与并学习。

这段宝贵的实习经历，对常铮日后的影响尤为重要。站在公诉人的角度，她理解案情。日后，站在辩护人的位置上，她更能体会案情。

如果说，许兰亭是常铮刑辩王国的指引人，那么，尚权所的创始人张青松，无疑就是常铮的“伯乐”。

2006 年暮夏，常铮研究生毕业，当时正值尚权所筹备创办之初，张青松律师看重了常铮的踏实与人品，力邀她来律所做他的律师助理。当时，还有一家在北京规模较大的综合律师事务所，邀请常铮去工作。

在当时，国内尚无一家专门从事刑事辩护的律师事务所，自己的专业是刑事诉讼，导师是刑辩律师，起点是刑事案件，自己与刑辩如此有缘，而且，自己也更愿意跟着这个“第一个品尝螃蟹”的人——张青松工作。正是愿意接受挑战的心理，让常铮最终选择了尚权所。一不小心，还成为了尚权所的创始成员之一。

对于在尚权所的头两年，她作为张青松的律师助理，跟随着张律师转战南北，参与他代理的各种刑事案件。“当初，由于案子并不是很多，张律师有更多的精力，手把手地教我、锻炼我、提携我，让我成长迅速，更是坚定了我一辈子做刑事辩护律师的决心。”常铮动情地说。

2007 年 4 月中旬，在张青松律师的带领下，她赴杭州开始了执业律师生涯的第一次会见——杭州长宝公司董事长吴毓秋涉嫌诈骗案。随后，常铮又转道江西宜春，参加江西打黑第一案——刘世波涉嫌黑社会性质组织案的开庭。该案案情异常复杂，庭审持续4天。

常铮以辩护人的身份参与了全程的庭审。“尤其是在举证、辩论阶段，张青松律师顶住可能来自当事人的非议，让我个人独立发表意见。庭审结束后，被告人家属和江西律师同行们的一致赞许让我信心倍增。”回首那段刑辩生活，常铮表示新颖的案件类型，灵活的辩护思路，层出不穷的复杂案情和始料不及的突发情况，都使年轻的她迅速、充分地得到了历练。

也正是在“江西打黑第一案”后，京城刑辩圈中悄然流传开：尚权所有个专办大案的“美女律师”。这就是张青松形容常铮“三高”中的第二高：定位高。

起初，人们很难将“黑社会老大”的辩护人与优雅端庄的女子联系在一起。任何事物总有两面性。刘世波这样的“坏人”也有跳出人们固定眼光的一面。他读书不多，但说话却极有感染性。谈到女儿，他也会泪光涟涟。常铮收放自如的沉稳与她时尚的造型对比鲜明，“犯罪嫌疑人也是人，公正地对待他们，是法律的要求，也是对我们自己的尊重”。

打造刑辩王国

作为班上唯一一名当了刑辩律师的女生，常铮拥有了独特优势：更容易同当事人接触，自身的细心与耐心更能沉下心来，耐得住寂寞，这些都是身为男性辩护人无法比拟的优势。

2008年6月，常铮拿到了“律师执业资格证”，这个小小的红本，对于她而言，意味着自己要出山单打独斗地办理案子了。

“当时，我还比较紧张，但张青松律师对我的鼓励让我有了信心。”常铮告诉记者。

轰动全国的万里大造林案，最终嫌疑人被判处缓刑；中国出口商品基地建设总公司副董事长王某贪污、行贿案，最终嫌疑人被减轻处罚；武汉中铁公司春罗铁路工程副指挥长林某职务侵占、妨害作证案，最终申诉成功；安徽凤阳教育局局长单位受贿、受贿案，最终嫌疑人被从轻处罚；北京刘某职务侵占案，最终嫌疑人被取保候审；北京某高校大学生诈骗案，最终嫌疑人被判处缓刑；北京打工女溺死婴儿案，最终法院减轻处罚；北京温泉工地抢劫案，最终嫌疑人被减轻处罚……

在这些重大案件的背后，蕴含了常铮的执着与辛苦。甚至于为了开庭应诉，她不顾刚刚怀孕的身体，背着98本案卷，出现在了延吉一家法院的法庭内。一开庭，便是几天。常铮精彩的刑事辩护，最终赢得了公诉人以及主审法官的敬意。

"起点高、定位高、目标高"是张青松对常铮的经典描述。在她的一篇随笔中，记者见到了她对职业的热爱和思索——

在律师界，刑事辩护被公认是个高风险的职业。刑事辩护律师的执业环境难，有人总结了"三难"、"五难"，甚至"十难"；再加上《刑法》第306条，又是悬在律师头上的一把利剑。"李庄案"后，更是谈"刑辩"即"色变"。

诚然，"李庄案"对刑辩律师产生了不小的影响，但它也敲响了警钟。律师不是商人，他肩负着社会责任，在运用专业知识维护当事人合法权益的同时，应当去解决社会矛盾、化解社会矛盾，而不是制造矛盾。

我们在抱怨执业环境给律师带来困惑时，也要检视自己是不是真的做得很好。简单的抱怨，不如努力的提升，通过实际工作去推动法治的进步。

刑事辩护，其实也没有想象中的那么危险。掌握专业知识，规规矩矩在法律框架内办案；提高风险防范意识，不打擦边球；明确自己的角色定位，规范自己的执业行为，风险自然是可以避免的。其实哪个职业都是有风险的，刑事辩护总要有人去做，既然选择了，还是值得坚持。

这些年来，我体会，刑辩律师的服务对象，表面看虽然是犯罪嫌疑人、被告人，但更重要的是与当事人家属建立良好的信任关系。

虽然我们是为犯罪嫌疑人、被告人直接提供法律服务，但在整个办案过程中，更多的还是在和他们的家属打交道。对当事人家属提供法律服务的水平，以及对家属情感方面的疏导和帮助，某种程度上更加能够决定刑事辩护的质量。

一个好的律师，可能没有在最终的结果上达到当事人及其家属的理想要求，但整个服务的过程却让他们感觉到了律师的执着和敬业。这时，结果已不是最重要的，他们依然会对律师充满谢意。

刑事辩护给了我做律师的感觉和激情，我会在刑辩的道路上一直走下去。一个人的旅途虽然并不寂寞，但我希望有更多的人同行。

我们的印迹

在对新《刑事诉讼法》的修改过程中，尚权所举办了多次研讨会，并将他们的意见通过各种渠道，递交个给了全国人大。令人欣喜的是，在这次新《刑事诉讼法》中，他们的意见有4条变为了现实。而常铮参与其中。

《刑事诉讼法》的修改，从讨论到最终的真正修订和实施，可谓是经历了一个很漫长的过程。从取得的过程来看，常铮觉得很有惊喜。当然，在网上，她也看到了很多人对此的批评与抱怨，但在常铮看来，她更愿意看到这部法律修订的进步意义。

“现在，法律已经是这样了，我们再去过多批评它，恐怕现实意义不是太大。因为这部法律不可能再改了，至少很长一段时间不会再有变化。”常铮说，“作为律师，站在刑事辩护的最前沿，我们需要有种务实的方法，通过司法落实和将来执行司法工作，去发现法律中的不足和缺陷，然后，我们用实证的方式提出建议，对于将来的法律再修改具有更现实的意义。”

在《刑事诉讼法》公开征求意见阶段，尚权所曾多次召开研讨会，内部就形成了很多修订的版本意见。随后，尚权所召开了多次专家研讨会，请行业内的专家、学者、律师“大碗们”参与讨论，最终形成了《北京市尚权律师事务所关于刑事诉讼法修正案(草案)的修改意见稿》，并通过各种渠道，提交给了全国人大。最终，通过后的新《刑事诉讼法》还是“采纳了意见”。

“其中，第一个就是近亲属可以委托，这是我们当时提的，这次修订中加上去了。第二个是阅卷权。第三个就是律师伪证罪的问题。当时我们觉得仅仅是实体上的规定没有意义,我们更注重程序上的规定,提了很多的建议,最终采纳了异地侦办。第四个就是死刑复核的问题。因为在实践中发现死刑复核的结果,我们是不知道的,很多时候很尴尬的是当事人都被杀了,我们律师还不知道案子什么结果,所以我们当时提出来要么送达律师,要么把这个复核结果送最高人民检察院,他们采纳的结果是送最高人民检察院,而没有送达律师。我觉得将来我们用实证的方法以及实践经验来提出修改建议会更具现实性。"常铮告诉记者。

让常铮欣喜的还有,对于律师来讲,表面上看给律师增加很多权利,但是能不能落到实处是个问题。从法律规定上来看,这部法律的修订,程序公开透明性有所加强,同时律师的参与程度有所加深。

在常铮和公检法朋友聊天时,朋友们的感觉是,今后律师好干了,给律师的权利挺多,好多律师都可以参与。但是,常铮却觉得,"不要太局限于它的进步和退步的问题, 可能更重要的还是看将来具体落实的情况",这是一个关键。(本文原载于《法律与生活》,作者为李云虹)

管理经3

尚权管理第三棒，非律师出身的掌门人

对话人物：白雪（北京市尚权律师事务所执行主任）

因为机缘巧合，金融专业出身的白雪加入尚权刑辩团队。在非法律专业人才很难脱颖而出的律师行业，她成为一个特例。

从一名律师事务所行政人员到律师事务所执行主任，白雪的经历为律师事务所的管理提供了另一种可能。

作为一名从律师事务所成长起来的律所管理者，白雪和我们分享了她的管理方略、智慧和心得。

白雪说："我给自己的定位是，在幕后做好统筹和协调工作，让尚权所运转更高效、业务更专业。"

非律师出身的管理者

李:担任尚权所的执行主任,对你来说意味着什么?

白:尚权所执行主任一职,对我来说是一个很大的挑战。

我之前负责的很多工作相对于律所管理来说纬度比较低，现在的工作需要我在自身定位上做很大的转变。说实话,在2015年上半年,我一直处于一个比较纠结的状态,角色迟迟没能转变过来。

一方面是管理角色定位上存在误区，另一方面在管理规划与方法上没有找准方向。对于这种工作中出现的迷茫与困惑,张青松律师与我进行了几次深入的沟通与交流,常铮律师、高文龙律师、张宇鹏律师几位合伙人都给了我很大的鼓励和协助。在大家的帮助下,我逐渐地找到了自身工作的定位和责任,也意识到要从具体的事务性工作中抽离出来,更多地去思考律所未来发展和与运营的问题。

李:你想到的第一个问题是什么?

白:2016年,尚权所已成立十年。我想我们可能遇到了发展“瓶颈”期。

无论从刑事法律服务市场的大环境方面分析，还是从尚权所自身问题去思考,我们面临的竞争和挑战非常多,时代变革让第一家刑事专业所开始去思考未来该何去何从。

“互联网+”对律师行业带来很大观念上的冲击。有人甚至说,未来可能就没有律师事务所了。对我们尚权所这样一个从事传统业务的律师事务所来说,在信息不对称的情况下,大家普遍感到有些茫然。那么,未来将如何“洗牌”?

李:除此之外,你还被哪些问题困扰过?

白:律师行业的公司化管理与分配机制改革问题。

谈到公司化管理必然要谈到利润分配的问题。尚权所在十年的发展中,已经有了公司制律所的架构,但真正的核心,也就是利益分配机制问题,并没有实现真正的公司化管理。所以,进行公司化改革必须要改变目前的利润分配问题。

传统的律所分配制度，其实根本谈不上“利润”这个概念，所有的律师与所有的合伙人都是独立的创收个体。传统制律所主要看个人的明星效应，刑事专业律所更加明显，刑事专业往往能成就大律师、名律师。所以，传统的刑事专业所，从律所的角度去规划长远，必须要进行管理制度和收益分配机制的改革。否则，十年二十年后，律所品牌甚至是实体，将随着律师和合伙人的迭代而弱化，甚至可能消失。

李：你能分析一下尚权所自身发展的“瓶颈”问题吗？

白：人才储备不足，新人成长慢，是我们所发展过程中遇到的“瓶颈”之一。

在尚权所刚成立的时候，张青松律师有时间和精力去培养年轻律师，不只是业务技能的培养，更重要的是刑辩律师综合素质的提高。随着律师事务所的发展和业务量的提升，更多的律师投入到案件办理中，新律师的培养和文化传承需要通过律所管理机制去不断提升和丰富，形成完善的新人培养规划和制度，这样才能解决人才培养的机制问题。

同时，如何吸引人才，也是尚权所发展中遇到的另一个“瓶颈”。

由于专业相对狭窄，很多律师不愿意放弃可能带来更多收入的民商类业务，在执业理念方面，已经成为很多律师不会选择尚权所的第一道屏障。另外，在人才培养、分配机制、合伙人晋升等多方面，我们都存在很多问题，这也是优秀律师放弃掉来尚权所执业的另一方面的阻碍。

“人”的问题是发展“瓶颈”之一，也是核心问题。

2015年年底，我把尚权所的问题“想清楚”并在年底述职时“拎出来”。当然，对于很多问题的认识和理解比较粗浅。在此基础上，我也大胆尝试地设计了尚权所第一个五年发展规划和2016年的年度工作计划。

尚权的第一个五年规划

李：我对一家律师事务所的五年规划非常好奇。

白:对于这个五年规划,准确来讲,应该是我对尚权所未来发展的一种预判与期望,它应该是随着合伙人团队管理理念的不断提升,而不断修正与完善的。

规划首先分析了刑事法律服务市场,通过数据来分析,“在刑辩律所遍地开花的情况下,市场份额的饱和程度”。结果发现,刑事法律服务的市场需求是很大的,而且潜在可挖掘的利润空间更令人充满期待。

同时,市场主体多元化的发展,刑事法律服务产品的细分与创新,互联网加法律推动法律服务行业全面升级等多方面的环境驱动下,刑事专业所的未来发展充满机遇与挑战。

当初,张青松律师将尚权所的发展规模定位于一家不超过 30 人的精品律所。在经过对市场较粗浅的分析后,我想,精品小所可能难以应对当下激烈的行业竞争和技术变革。从长远来看,要有针对性地发展一些分支机构,实现资源互补,从法律服务广度和深度方面将刑事业务做到极致。另外,规划中对实施方案也做了初步的规划。

李:你是尚权所专职执行主任,对管理的规划一定在尚权所第一个五年规划中占了重要位置吧?

白:对管理的规划,确实是尚权所五年规划的重要内容,主要体现在管理架构设置和分工方面。我们有一个规划图表。

最高决策机构是合伙人会议,同时未来几年内将设立监事会和管委会。管理分工也体现在行政部、财务部、业务部、客服部、品牌推广部、发展研究中心几个部门的职责分工上。业务部下设的刑事非诉部门也是我们为未来发展新设立的部门,希望在架构方面打下基础。

李:能介绍一下这些部门吗?特别是与律师业务有关的部门。

白:客服部门是 2016 年成立的新部门,我们成立这个部门的初衷是协助律师洽谈业务,做好案件承接的服务工作,同时大力发展公共案源,给律师提供案源保障。

业务部门的组织结构进行了细分,这个部门的介绍可以由负责业务工作的张宇鹏律师来介绍。

李：律所的客服人员如何能接到案源？

白：尚权所三年前就暂停了所有的商业推广，一方面是因为我们不擅长走这种商业化运作的模式，没有商人的思维；另一方面是因为我们要重新审视律所的定位，集中主要精力做应该做的事情。

这样，公共案源的开拓就变得很难了，我们希望与更多的第三方平台合作，在所际间拓展更多的合作空间。

李：刚才我打断了你的话，现在接着介绍业务部的情况。

白：以前，我们尚权所的业务部主要进行传统业务管理。我记得在五年前，点睛网主编刘卫老师就曾提过"刑事业务进一步细分"的建议。现在，随着律所规模的扩大和业务量的增加，我们不得不考虑细分业务的问题了。也可以说，是市场倒逼我们细分业务类型。刑事诉讼业务这块，我们所以前就有各个专业小组，在人员扩充之后，顺理成章就形成了各个部门。

业务部下设的刑事非诉部门，分为产品研发部、市场推广部和法律顾问服务部。所谓的刑事非诉业务，就是目前很多律所在推行的刑事法律顾问服务、企业刑事风险防范等多样化的服务产品类型。

比如，其中的企业刑事风险防范，其实应当算是一门学科，其中涉及的问题非常复杂，不是讲几堂课就能解决的，需要通过成体系的刑事法律专项服务来解决。我说的"成体系"，是指我们有成体系的成果用于这项服务，包括授课、风险防范、应急预案等。

李：看得出，你们在这方面已经有所准备了。

白：准备得不够充分，很多方面都需要大家的帮助和支持。

我们所一个叫张旭华的年轻律师，目前负责刑事非诉产品的研发工作，在这方面可谓全情投入。在参与的刑事法律顾问服务过程中，他总结出了很多关键点，这为他进一步研究奠定了基础。深圳分所的陈国庆律师，负责非诉部门的推广工作，不是营销类的那种推广，是以授课方式为主的刑事风险防范讲座。陈律师在讲课方面是比较有经验的,关键是他有自己独特的想法。

由于有深入研究,我们的非诉业务按行业进行了细分。现在我们所的非诉业务有不少企业客户,其中包括一些知名跨国公司。总之,刑事非诉业务的需求空间是很大的。

对于刑事非诉业务领域的研究,我们不仅仅希望有所收益,更希望能够带动市场需求结构的调整和行业产品的升级。

律所公司制的"蛋糕"

李:对年轻律师来说,起步之初的困境是案源。你能介绍一下尚权所是如何为年轻律师解决这一问题的吗?

白:尚权所接到的案件大多数是复杂案件,这样的案件需要业务团队共同处理。这样的复杂案件到了尚权所后,一般会有一个主办律师,几个协办律师一起来办理。有的负责阅卷,有的负责出庭……在办理案件的过程中,大家经常要进行讨论。

没有做过刑事案件的律师也许会认为,刑事案件不需要团队办理。对尚权所来说,一般情况下都是团队办案。

在尚权所第一个五年规划中,有一个关键词是"合作"。所谓"共享经济时代已来临",共享的前提是合作,是以开放的姿态进行合作。我说的合作,既指尚权所内部的团队合作,比如有的人负责案源,有的人协助办案;同时也指外部合作,比如我们所发起成立了刑事专业律所联盟,我们还加入了领络律所联盟、中国百强专业律所联盟。

李:能介绍一下尚权所参与领络律所联盟和中国百强专业律所联盟的初衷吗?

白:领络律所联盟的参与者都是公司制律所,成立的初衷是为了推广律所公司制管理的理念。尚权所虽然还不是一家完全的公司制律所,但是我们正在向公司制转型,其实是在成员所的支持下提前加入了公司制律所联盟。

中国百强专业律所联盟是全国专业律所之间的联盟。尚权所因为只做刑事业务,也是成立最早的一家刑事专业律所,所以也得到了联盟发起机构的认可。

李:能介绍一下尚权所公司制的规划吗?

白:公司化管理的核心,是利益分配模式。

传统的利益分配机制如何转变,这是我们目前遇到的困惑之一。目前国际通行的LOCKSTEP,就点位制分配方式,像金杜所等一些大型所都是采用这样的模式,每个律所都略有不同,都根据律所的实际情况做了一些调整。我们现在也有意向这类模式去探索,同时调整律师分级的制度,这样带来的好处有:可以为律师个人的执业规划指明方向,为律师事务所进行人才储备和人才培养,合伙人之间可以形成有效的分工协作,在资源整合的基础上更大地发挥律所品牌效应,将收益蛋糕做大,大家都能获得更大的利润空间。

李:对你来说,这个问题意味着什么?

白:在今年五一前,我参加了一次培训,在与一些律所主任进行交流时,受到了非常大的启发。参加培训之前,我已经有了一些关于律所公司化管理与分配机制改革的想法,也有一些困惑。带着问题参加培训之后,收获很大。我把所见所闻及所想整理之后,发给了我们尚权所的所有合伙人。

我的目的很明确,希望大家都能了解到公司化的理念,然后共同探讨这样一种模式是否适合于尚权所。因为,新模式的探索与研究,可能影响到尚权所未来的发展与变革。

李:尚权所改变收入分配方式的参照系是什么?

白:没有固定的参照系,主要是参考其他律所先进的分配模式,不能照搬照抄,要根据我们自己的特点探索适合我们的一种方式。

我们也许会将收入分配方式从"提成制"改为"计点制"。像美国等西方国家的顶级律所、国内的金杜律师事务所、君合律师事务所等大型所也采用了这种分配方式，并且都具有自己的特色。

对照分析了尚权所的情况后，我发现我们所可以尝试采用“计点制”进行收入分配。因为计点制比较适合“利益共享、分工协作”这种工作模式，而尚权所律师采用的正是这种类似的工作模式。

这种工作模式如果与“计点制”结合起来，一方面，它能够更好地保证办案质量，资源得到统筹协调。对于一个案件的办理，律所可以调动最优质的并且是最适合的资源去协助，每个人能够全心全意将服务质量达到最好的效果。同样，这样的方式，理论上会实现成本最低，结果就是，所有人的利益最大化。

另一方面，这种点位制与律师的内部管理密切相关，比如律师的内部评级。尚权所的律师人数并不多，貌似没有评级的必要，但是如果我们尝试点位制的分配模式，律师内部评级就显得格外重要。不仅仅是为了改变分配制度的需要，同时也是对年轻律师职业规划与晋升的一种鼓励与制度保障。

李：愿景很好。什么时候落地呢？

白：我希望 2016 年就落地。当然，这需要一段时间去试用与论证。

李：我比较好奇的是，张青松律师对“计点制”能接受吗？

白：对创始合伙人张青松律师来说，新的制度可能在实施前期直接影响到他的收入。因为他这样的合伙人创收能力强，实行“计点制”初期对他来说意味着要“奉献”很多。当然，我们进行制度设计时也会参考其他律所的“黄金降落伞”等制度，确保律所合伙人“退休”后的利益。

张青松律师是一个很有情怀的人，对我的很多创新的想法，他都很支持。常铮律师也是这样，她的眼界比同龄人要开阔很多。

不是管理，是“建平台”

李：尚权所任用你担任执行主任本身就是创新，你现在正在设置的管理模式也是创新。

白：在杭州参加一个培训活动做自我介绍时，我介绍自己不是律师，专职负责律所管理工作。结果，参加会议的很多律所主任与我交流，认为这种非律师成为管理合伙人的模式就是一种创新，并肯定了尚权所在探索管理模式方面的大胆尝试。

对我个人来说，担任尚权所执行主任后，我并没有设定任何个人目标，唯一的目标就希望与其他合伙人共同把尚权所经营和管理好。我很认同张青松律师的观点，“不是管理，是为律师们搭建一个平台”。

做好这份工作，对我来说确实是个考验。一些大型律师事务所招聘过专业管理人才，但是成功案例很少，我并没有合适的参照系，难度系数很高(笑)。我给自己的定位是，在幕后做好统筹和协调工作，让尚权所运转更高效业务更专业。

李：看得出，你对尚权所倾注了很多感情。

白：加入尚权所已经近六年了，“尚权”这两个字在我心里是“有血有肉”的。

有的律所负责人让我给他们出一个招聘管理负责人的建议，我给他们的建议是：“在管理团队中去培养”，不仅是因为我属于这种情况，而是所谓的“管理”不是纯技术性问题，是要“走心”的。

李：能评价一下尚权团队吗？

白：我们的大团队包括律师和非律师。我主要介绍一下非律师团队。

律师团队中，包括老中青三代律师，最年长的刘文元律师已经 75 岁高龄了。每一位尚权律师都有各自的性格和特点，业务专长也不同，我能看到他们每个人身上的闪光点。在我看来，尚权律师，都是满怀浪漫主义情怀的美丽舞者。

律所经营运转离不开的一群人就是非律师团队。尚权所的非律师团队逐步在向专业化方向发展。专业的人做专业的事，这是我们希望实现的。目前我们的各个部门成员，以及深圳分所的非律师团队，都是相关专业毕业或者是有相关工作经验的优秀人才。

新成立的客服部门，现任主管是苏飞，也是目前管理团队中的“老人”了。当年苏飞加入尚权所，是我面试的。有时不得不承认“眼缘”这回事，只是经过简单的几句沟通，我就认准了她就是尚权人。工作中的苏飞非常干练，雷厉风行，对工作的投入也是尽120%的努力。苏飞今年有一个很重要的任务就是筹建客服部门，虽然在去年的工作中已经基本梳理出了业务洽谈的经验，但这也是客服部门筹建中最基础的工作。对于这个冰雪聪明的美丽女孩儿，我完全相信她能够胜任这样的工作。

行政主管吴小迪，目前是尚权所的大内总管，包揽了大大小小的行政事务。纤弱的身体，承载了那么大的工作压力，真的为她捏把汗。小迪虽然年纪轻、工作经验尚不丰富，但是各项工作都能考虑周到，有条不紊。人力资源专业出身的吴小迪，梦想是成为一名优秀的HR。我想，尚权所有这样一个平台，能为每一个人点亮希望。

品牌推广部目前有四位同事，这算是尚权所管理部门中的“航母”部门了(笑)。主管刘丽琦是资深法律媒体人，当年参与创办了《方圆律政》，做过多年的写实记者，加上西北政法大学的专业背景，虽然加入尚权所时间不久，但俨然已成为尚权所宣传推广的掌舵人。

深圳分所的刘平律师兼职负责网络技术方面的工作，是我们的“网络运营总监”。目前尚权所的两个网站“尚权所官网”、“尚权所刑辩网”的架构设计、技术支持、网络维护等工作都是由他负责来完成的。今年开始，随着宣传工作逐渐步入正轨，律所也有意让刘平律师将工作重心逐步转向业务。所以，目前接棒的技术与编辑人员是陈江。陈江虽然年纪轻，有时毛毛躁躁，但是工作起来的“韧劲”值得我们很多人学习。

专职负责美工的是陈富海，一个性格随和人又帅的“90后”小伙儿。2015年面试时，同一批的应聘者有很多人，因为临时有会，我与小海交流的时间只有几分钟，很不礼貌地提前结束了面试。但是最终录取他的原因非常简单，因为他是最注重自己仪表的一个，并且沟通无障碍。试想一个不修边幅、打扮老土的美工设计，能设计出美的东西吗？事实确实证明了一点，你的仪表反映了你的工作态度和能力。

财务部门主管景嘉惠，是尚权所第一个有专业背景的财务主管。小景工作踏实，任劳任怨，在工作实践中仍不断充电学习提升自己。入职后，小景提出了很多财务管理制度方面存在的问题，规避掉了很多以前被我们忽视的潜在风险。在财务工作管理方面，小景也逐渐意识到自身工作的重要性和肩负的重任。

深圳分所的行政主管彭莉，一人身兼数职，不仅是行政工作、财务工作和客服工作都由彭莉负责，她还与总所进行对接。彭姐工作经验丰富，做事认真踏实，性格随和，小景一直称她为“彭妈妈”。

尚权所的所有人，大家都非常努力，即使工作压力再大，都能从容去应对。也许现状远未达到我所预想的完美，但是大家都在成长和历练，我也是他们其中的一员，对未来充满希望。

人物志

白雪，我的昨天、今天和明天

在律师业内，白雪的存在是个例外。

白雪的本科专业是金融，硕士读的是经济专业。

“作为一名非法律专业背景的人士，你是如何和尚权所结缘的？”

在回答这个问题时，这位文静的女子微笑着讲述了自己的故事——

在来尚权所工作之前，我在金融行业工作了六年。在这六年当中，我在各方面都得到了历练，不仅得到了领导的认可和同事的赞许，也收获了很多校园里无法学到的实践知识和管理经验。

机缘巧合，我来到了尚权所。那是2010年的秋天，我从当时工作的一家金融机构离职，在家休假。一位记者朋友提议我到尚权所来帮忙，如果觉得合适，可以留在这里继续发展。我以前从未接触过律师事务所，不仅是专业不对口，而且我对律师这个行业比较陌生，所以一开始并没有想过来工作。这位记者朋友名叫申欣旺，当时是一家全国知名刊物的记者，后来转行去了另一家更加知名的企业（笑），中伦律师事务所的《中伦的秘密》就是他编著的。

我在2010年11月加入尚权所，当时，第四届“尚权刑事辩护论坛”刚刚结束不久，律所地址还在东四环路的金长安。来到所里的第一天，刚好是陈泓宇律师替外出办事的邓青友接待的我，现在想来，仿佛是昨天发生的事情一样。当时，所里的行政和财务工作还未分开。当时的行政主管邓青友告诉我："你来了以后，咱们所就有条件把财务和行政工作分开了。我来负责财务，你来负责行政。"

据我了解，小型律师事务所一般只有一两名行政人员，有的所只有一个前台接待人员。我来尚权所后所负责的行政工作，是一个"大行政"的概念，包括"日常行政管理"和"品牌推广"。这样，我就把所里的行政工作抓起来了。渐渐地，这里良好的工作氛围吸引我留了下来。

转眼至2013年，我休完产假回到所里上班，开始接手负责财务工作，前后大概一年的时间。

2014年，常铮律师当选尚权所主任。她的业务能力很强，承接了大量来自全国各地的重大疑难案件，经常赴外地去会见和开庭。既做业务，又负责管理，当时常律师想做到兼顾并且做好是很难的。2014年年底，常铮律师对我提了这样一个建议："小白，咱们所准备补充一些年轻合伙人，你愿不愿意加入合伙人团队，负责一些事务所的管理工作？"我当时的感觉是，既有些意外，又很感动。

2015年，在常铮律师的推荐下，我以非律师身份加入到了尚权所合伙人团队中。

很多人都问过我同一个问题："作为一名没有做过律师业务的人，你被尚权所委以重任的原因是什么？"

我想原因有很多。我在尚权所的这几年，接触了多个部门的主管工作，自认为工作做得并不是很好，但却得到了大家的信任，我想，信任应该是诸多原因中最为重要的一个。

如今，经过一段时间的历练和思考，我对尚权所的发展有了一些自己的想法和愿景。如果谈梦想的话，那就是与所有尚权人一起努力，让尚权所成为专业刑事律所的百年老店。

三 刑辩专家

在尚权所，有一批专家级别的刑辩律师。

他们当中，包括见证了新时期律师“从无到有”及“从小到大”历程的资深律师刘文元、从警官转型刑辩律师的资深律师王耀刚、从刑庭庭长转型刑辩律师的张兴梅、从辩论大赛优秀辩手到资深律师的蔡华等人。

在刑辩律师这个行业里，他们因之前的公检法等行业经验而出色；在尚权所这个专注于刑辩的平台上，他们把擅阅卷、懂鉴定、长于辩护的“能力点”发挥得淋漓尽致。

业务经 1

1300 多起刑案里的“刑辩金经”

对话人物:刘文元(北京市尚权律师事务所律师)

代表性案例：厦门远华集团走私案、律师陆建中贪污案、山西假酒案、江西五青年

在尚权所，年过七旬的刘文元律师是最年长的一位律师。如今,这位在“文化大革命”期间开启法律职业生涯的法律人已渐渐退出律师业务一线。由于对刑事辩护情有独钟,在 36 年律师职业生涯中,他所代理的 1400 多起案例中多达 1300 多起为刑事案件。其中不乏厦门远华走私案、山西假酒案、江西五青年疑似错案等大案。

对这 1300 多起刑案,他几乎清晰地记得每一起案件的当事人姓名。其中不少人的命运,因他的辩护而改写。

在改写当事人命运的同时，他也积累了丰富的刑辩经验，其中部分经验通过“阅卷笔录”的方式被记录下来。

如今，这些宝贵经验早已成为尚权所的“传家宝”，或通过耳濡目染、或通过业务探讨点点滴滴播撒在尚权所年轻律师前行的路途之上。

在尚权所，通过警察、法官、律师这三个身份亲历司法和立法进步的刘文元是当之无愧的“师傅”。

一部活的“法律历史”

李：每一位尚权律师都有自己与众不同的故事，您的故事尤其丰富多彩。您在“文革”时期进入公检法机关工作，亲历“革委会”管理一切，法律机关军管化的特殊时期，一个人既当警察、公诉人又当法官的办案历史。后来，你亲历并参与了律师制度的恢复。从那时一路走到今天，您亲历了从“法治缺失”到“法制”、再到“法治”的历程。

刘：那我就从参与法律顾问处筹建工作讲起。

大学毕业后，我在河北省三河县工作了十年。

1981 年 6 月，为了解决夫妻两地分居的问题，我调回北京工作。我本来被分配到北京市中级人民法院民庭工作，由于我“只会办理刑事案件”，后面的事情没落实好。

当时，司法局的恢复工作正要开始，北京市东城区组织部就安排我去做东城区司法局的筹建工作了。参与筹建司法局的只有 5 个人，因为我当过刑庭庭长，就由我负责筹建法律顾问处和公证处。筹建工作完成后，我就留在东城区司法局，就这么一路走下来了。到现在，我当律师 36 年了。

李：法律顾问处，就是律师事务所的前身。您和律师这个行业真是有很深的缘分，等于完整地经历了新时期律师法律的过程。

刘：我在河北省三河县当警察和法官的时候，中国只有两部法律，一部是《宪法》，另一部是《婚姻法》。那个时候，刑事判决的依据是刑事政策，还没有刑事法律呢。

我在当法官的时候，就总觉得办案的时候没有律师参与缺少一块内容。原来在公安机关的时候，一个人把一个案子从头到尾办下来，就是一个人的思路一路下来；后来到了法院以后，就发现公安办案子的时候，有些东西和我们法官是不一致的。包括在证据方面的认识常常不一样。

后来，有了检察院，公检法都有了。有了律师以后，律师实际上是协助公检法防止冤假错案的发生。

到目前为止，我当了 36 年律师，办理了 1300 多起刑事案件，其中很多案件就是帮助公检法纠正错案。

李：您能举个例子吗？

刘：我代理的一个案子比较典型，被刊登在最高人民法院案例选编里了。

这个案子发生在北京，时间是 1985 年。当年，一个工程队挂靠在大红门街道，后来出事了，工程队的两个人被抓了，他俩一个姓高，一个姓穆。这两个人的工程队和大红门街道签订挂靠协议，向街道办事处交管理费和税，剩下的钱提走。

两个人把工程队经营得比较好，把管理费和税交了以后，剩下的钱提不出来。为了把钱提出来，他们用了很多假名字，通过领工资的方式把钱一点点领出来了。

后来，这两个人被以贪污和行贿两项罪名起诉，一审法院以贪污罪判处了两人七年有期徒刑。上诉后，北京市中级人民法院(那时北京只有一个中级人民法院)发回重审。再审的时候，两人被判处有期徒刑三年缓刑三年。

我们又上诉到北京市中级人民法院。我的辩护意见是那些钱本来就是他们的经营所得，做了无罪辩护。法官采纳了我的辩护意见，宣告他们无罪。

这个案子后来作为案例被最高人民法院采纳，被编辑进案例选编。原因是那个工程队涉及一个典型问题，就是因为挂靠关系戴上了“红帽子”，对因利益分配引发的刑事案件怎么判的问题。

李：您代理的案子打着时代烙印。

刘：还有一个案例也很典型。

国家地质研究所一个工程师，在停薪留职之后开办企业。这个人有能力，把企业办得挺好，解决了当地（河北省三河县）将近200人的就业问题。企业里有一个会计，因为不好好工作被他开除了。这个会计是当地组织部部长的小姨子，他把人家开除以后摊上事儿了。这个人姓李，被指控行贿和诈骗。

"受骗"的单位是航天部下属企业239厂的一个劳动服务公司。这个公司的领导很有正义感，他们出面来找我，让我为这个工程师辩护。他们对我说："他没有骗我们。"我就接下这个案子去为工程师辩护。

这个案子的一审法院是河北省廊坊市中级人民法院。因为三河县归廊坊管，我在三河县待了那么久，在廊坊地区公检法系统很有名气，那里的法官全认识我。他们一见到我就说："你来了，他死不了啦，原来内定是判死刑的。"

第二天开庭的时候，那个工程师特别能说，在法庭上把事情从头至尾说得特别清楚。审判长看他说了不少话，让法庭工作人员给他倒了一杯水。

庭审结束后，法官们说诈骗够不上，行贿勉强能判。后来，上面非让判，法院就判了16年。

一审判决下达后，我们上诉到了河北省高级人民法院。法官听了我的辩护意见以后，认为不构成犯罪，对工程师宣告无罪。

李：这个案子也有时代烙印，就是地方官员干预司法活动。

刘：这两个案子都被北京市律协作为案例发出去了。

李：你知道那位工程师当事人后来的情况吗？

刘：前些日子，他还打电话给我，说准备做一个项目。如果项目有眉目，要请我当法律顾问。我说："行。你去做吧。"

我代理了很多案子，每一个案子背后都有一个故事。

为同行维权的“打捞队长”

李： 刚才您讲到了自己的律师执业生涯的起点是创建了北京市东城区的法律顾问处，亲历了律师事务所的创立，后来又经历了律师事务所的转制。律师事务所在国为所向民办所转制的过程中，您本人是怎么转变身份的？

刘： 后来，法律顾问处自然地就变成律师事务所了，(北京市)东城区司法局法律顾问处就变成了北京市东城区律师事务所。

律师事务所的名称不能用地名命名了，北京市东城区律师事务所改成了北京市华鼎律师事务所。

在(20世纪)80年代后期，上面下达了律师事务所转制的政策。我在那个时候就提出申请要开办合作制(后来变为合伙制)律所，司法局没有批。这样，我就一直在国办所。因为是国家出资，后来国办所又叫国资所。

2000年，国务院出台了律师事务所改制的文件。按照文件规定，到2001年8月律师事务所必须全部“脱钩”转制。

到2001年9月，我就到退休年龄了。参与转制，很可能对我的退休有影响。

当时，(北京市)华鼎律师事务所有二十七八位律师。我想，不能因为自己一个人影响大家的未来。在2001年8月13日那天，我就签了脱钩改制协议。签了这个协议第18天，也就是9月1日，我到退休年龄了。

到退休的时候，我到(北京市)东城区人事局办理退休手续，但是已经找不到我的名字了。我到处去找，哪里都没有我的名字。当时的东城区副区长陈平听说了这件事后很吃惊。他说：“老刘为党的事业干了一辈子，总得有个地方给他一点儿吃饭的钱吧？”后来，在他的关心下，东城区劳动局专门下了一个文件，内容是“同意刘文元按工人退休”。

然后，我从1992年开始补交养老基金。如果我在司法局退休，退休工资是 4000 元左右;按工人身份退休后,退休工资是 1100.9 元。

为此,好多人动员我去告、去闹。我说:“我既不告,也不闹。我替别人打了这么多年官司,知道打官司是个劳民伤财的事情。”我开玩笑跟他们说,我多活十年把少了的那些退休金拿下来。不是吗?现在我的退休金已经到 5259 元了(笑)。

我知道,只要是改革,总有一些人沾光,总有一些人吃亏。

2001 年 8 月 13 日那天,我签了脱钩改制协议之后,北京市华鼎律师事务所由国资所变成合伙制律师事务所了,我也不当主任了。

这个律所原来一直在司法局里办公。到了 2003 年,司法局说不把房子租给律所了,让律所一个月内搬走。为此,大伙儿把事务所撤销了,北京市华鼎律师事务所就不存在了。(北京市)华鼎所撤销后,我去了(北京市)英岛律师事务所。

李:您和尚权所是怎么结缘的?

刘:自 1989 年开始,我就一直担任全国律协刑事委员会委员。包括张青松在内的年轻律师进全国刑辩委员会都是我推荐的。当时,全国律协的刑辩委员会主任是周纳新。

2005 年前后,全国律协刑辩委员会倡导各地律师每年在 12 月 3 日这天都要搞一次免费法律咨询活动。在参加活动的时候,我就动员许兰亭、钱列阳、张青松他们搞专业,成立一个专业的刑事业务律所。

我跟他们说:“我年龄大了,没精力办律所了。你们谁办了刑事律所,我就去谁那里。”

后来,张青松办了刑事律所后,我想去,但是我把他的电话记错了。

2008 年,大家在一起开会,我把张青松的电话号码改过来了。我立刻就想来尚权所。但是,当时西城区刚把我评选为“十佳律师”,不让我走。

2009 年,我就过来了。

李:您的故事真精彩。作为一名律师制度恢复之初就进入律师行业的律师,您亲历了律师从“国家法律工作者”到“为社会提供法律服务的执业

人员”的变迁。在亲历这一变化的过程中,您所感受的律师执业环境的变化表现在哪些方面?

刘:我们这一代律师,就是为中国的民主与法治事业做贡献的一代,为中国律师事业发展做贡献的一代。在这个过程中,我们有些律师失去自由,甚至失去生命。比如,有一位律师,在广州开庭的时候,就气死在法庭上了。

早些年,我是全国律协维权委员会委员,在维护律师权益方面还是做过一些贡献的。我亲自代理过不少为律师维权的案子,全国律师维权的第一个案子——1997年发生的山西大同付爱勤律师徇私舞弊案,以及后来的山西临汾赵大涌律师妨碍作证案、辽宁大连陈德惠偷税案、江苏常州的陆建中律师贪污案等都是我代理的律师维权案。

李:对有一些案件,我印象深刻。也是因为您勇于担当,一次又一次对落难的律师同行施以援手,《法律与生活》杂志社记者给您贴了一个标签叫“打捞队长”。

刘:这些案件也有时代烙印。比如,常州律师陆建中贪污案。陆建中原本是政府法制办的工作人员,后来辞职去办律师事务所。当时,律师事务所都是国办所,还没有个人办律师事务所的政策。

陆建中辞职后,自己拿开办费开了一家律师事务所。这家律师事务所批的是国办所,税务登记是私人企业。由于和司法局有矛盾,律师事务所开办后,司法局的人把他的公章和执照都抢走了。公章和执照被抢走后,他又另外开办了一家律师事务所。

由于原来那个律师事务所还有好多案子没有结案,陆建中就把这些案子带到新的律师事务所接着办。因为这些案子,他被指控贪污。在一审时,他被判处有期徒刑12年;上诉后,二审改判为有期徒刑8年。判得真够重的。

被判刑以后,陆建中就服刑去了。在服刑时,他表现非常好。他服刑的监狱是一个茶厂,有一次茶厂失火,他奋勇救火有功被减去一年半的刑;

后来,他获得江苏省改造模范又被减了一年半的刑。这样,他服了5年刑就出来了。

在服刑的时候,陆建中就在申诉。恢复自由以后,他接着申诉。当时的司法部部长是肖扬,他对陆建中的案子做了批示,要求司法部律师司和全国律协组织专家进行讨论。在案件研讨的时候,我参加了讨论,讨论的结果是一致认为陆建中无罪。当事人家属知道我,就希望我来代理陆建中申诉案。

我们到了江苏省高院后,江苏省高院认为他们办的案子没有问题。这样,我就到了最高人民法院。最高人民法院立案后,我们开始调卷。但是,陆建中的案卷调了两年都没有调来,江苏省不给案卷。

这样,我和全国律协工作人员就到最高人民法院去协调。最高人民法院发函,要求必须协助调卷。

陆建中案件平反的时候,肖扬已经担任最高人民法院院长。

最高人民法院认为这个案子构不成犯罪,江苏省高院坚持认为构成犯罪。最高人民法院发函以后,我到了江苏省高级人民法院。他们说:“这个案子绝对平反不了。”我说:“必须平反。”由于不想纠正这个案子,他们就说没有收到最高人民法院的函。

这样,我就返回北京,在最高人民法院查到了函件的行踪。我又到了江苏省高院后,他们只好作出了再审决定,让常州市中级人民法院再审这个案子。

后来,常州市中级人民法院宣告陆建中无罪,陆建中获得13万元国家赔偿。这样,陆建中就成了第一个拿到国家赔偿的律师。

陆建中被平反后,全国律师协会还对我进行了通报表彰。

尚权的“宝”

李:作为一名资深刑事辩护律师,您代理了1300多起刑事案件。您非常自信地说过,自己代理的每一起案件都是精品案例。事实上,您代理的案件不仅入选最高人民法院案例选编，而且因此积累的经验成为一笔宝贵的财富。换句话说，您作为一名具有丰富经验的资深律师，是尚权所年轻律师当之无愧的师傅。在尚权所，会通过哪些方式和途径和年轻律师分享您的宝贵经验？

刘：我在全国律协的时候，给很多地方的律师讲过课，讲我的办案经验。给北京律协的“阳光小班”讲过课，也给内蒙古、甘肃等地的律师讲过课。在尚权所给年轻律师讲课就太方便了。

2009年到尚权所以后，我还当过一段时间执行主任，一直都是尚权所的党支部书记。我们所一直对党支部的工作很重视，今年我们尚权所的党支部是东城区的优秀党支部，也是北京市律协的优秀党支部。我们尚权所的党支部在北京市司法局和司法部都有影响。

最近三年，我基本不代理案件了。因为所里的年轻人不放心我一个人到外地办案，我一旦外出办案，所里就会专门派人陪我去。如果当事人不出差旅费，是律所拿钱让人陪我。为了不给大家添麻烦，我就不接新案子了。目前手里还有一个案子，是几年前接下来以后现在还没有结案(的案子)。

刘汉案件开庭的时候，司法部还让我到湖北咸宁去把关。

李：律师行业特别讲究师承关系，现在流行说师傅和徒弟。因为年轻律师在学校没有学过如何当律师这门课，也没有实践经验，就需要老师来带。您来尚权后，所里大都是年轻人，再加尚权所非常注重“传帮带”，为此还专门设立了“尚权学习日”。您作为刑辩领域当之无愧的师傅，在尚权所是怎么带年轻律师的？

刘：平常所里的年轻人有什么想和我聊，我很乐意把自己的一些经验和他们说说。我们尚权所有个“尚权学习日”，我也会当主持人。今年5月，尚权所在江西鹰潭搞了一个青年刑事律师培训班，我还专门跑到江西去给培训班上课。

李：您和大家分享哪些经验？能举个例子吗？

刘：比如说，怎么阅卷。我不但给他们讲，而且把我的阅卷笔录拿给他们看。

在江西鹰潭的培训班上讲课的时候,我讲的就是如何阅卷的问题。

李:因为您不仅做过多年法官,而且在做律师的30多年办理了1300多起刑事案件。这样的经历,让您积累了异常丰富的阅卷经验。据了解,你独特而快速的阅卷方式令众多年轻律师赞叹不已,您的阅卷经验甚至可以说是尚权所的一笔财富。我好奇的是,您的阅卷笔录一共有多少字?

刘:阅卷笔录,一个案子一个样。有的案子的阅卷笔录有几十万字。

比方说,山西一个黑社会案件,我在看案卷的时候记了60多万字的阅卷笔录。

我想把我的经验留下来。我办理的1300多个案例已经整理了120多个,我想尽可能完整地整理出来,用这样的方式把我的经验传授出去。

山西那个黑社会案件,我看卷用了两个多月时间。对我来说,看卷并不难,做阅卷笔录比较难,因为我是用汉王手写录入电脑里,写得比较慢。

看卷的话,我一看就知道哪里有问题。我给年轻律师讲护如何做阅卷笔录,一般来说先看起诉书,对年龄、性别都要注意。年龄的话,主要考虑14岁、16岁、18岁,现在又有了75岁。女性的话,要注意有没有怀孕。

我每次给大家讲,效果都挺好。

阅卷的话,你如果不找到窍门的话是不行的。像我代理厦门远华走私案的时候,用板车拉了两车的案卷,2000多本,你不会的阅卷的话,怎么能看得好?

2012年2月,在我们尚权所一个"尚权学习日",我就专门讲过阅卷方面的技巧(编辑注:相关内容附后)。

人物志

刘文元，中国律师“从小到大”的见证人

在尚权所，刘文元是当之无愧的“师傅”。

刘文元是我国恢复律师制度以来的第一批律师，而且是那批人中少有的科班出身。更为可贵的是，古稀之年的他目前仍在执业。

大学毕业即被“下放”

1969 年 8 月，刘文元从北京政法学院(现中国政法大学)毕业。

当时，正处于“文化大革命”中期，由于赶上了“砸烂公检法”，所以，刘文元这名法律系的毕业生，一出校门就成了“下放干部”，直接到河北省文安县去劳动锻炼了。这一锻炼就是两年多。

1971 年年底，刘文元迎来了参加工作后的第一个转机。由于在劳动锻炼中的出色表现，加之北京政法学院毕业的专业“背景”，刘文元被调入河北省三河县公安机关军管会，成为一名人民警察。

刘文元当警察那几年，公检法还处于“被砸烂”阶段，说是警察，但从接警、立案到侦察、破案，再到起诉、审理都由一人完成。也就是说，那时的警察实际上是集“公检法”于一身。

在那个特殊的年代，从程序上讲，这种公检法“三合一”很不严谨，但这也恰恰给刘文元提供了一个学习、锻炼的绝佳机会。虽然没有公、检、法三个部门之间的互相监督及制约，但身兼重任的他对工作一点儿不敢马

虎，力求把每个案子都办得滴水不漏。

1974年，“文化大革命”接近尾声，各项工作开始走上正轨，各地法院也处于恢复阶段。正是由于在三河县军管会的那段工作经历，河北省三河县在筹建法院时，刘文元成为了法院筹备人员的首选。

三河县法院筹建完成后，刘文元顺理成章地留在了法院。直到这时，毕业五年了的刘文元，终于圆了他的法官梦。

在三河县法院，刘文元在民庭、刑庭都干过，但主要还是在刑庭。

干律师从刑辩起家

1981年6月，为解决两地分居问题，时任河北三河县人民法院刑庭副庭长的刘文元调回了北京。这一次工作调动，他又赶上了北京恢复律师制度，全市正在筹建各区的法律顾问处。

当时，他在东城区司法局负责筹建法律顾问处和公证处两项工作。

法律顾问处正式成立后，刘文元“转行”干起了律师。当年的法律顾问处即现在律师事务所的前身，但当时的法律顾问处都是国资所，律师也都是国家公职人员。

“刚开始基本都是刑事案子，1982年开始，才慢慢有民事案子。”刘文元回忆说。

不过，这倒正对了刘文元的“胃口”，毕竟在刑庭干了好几年，代理起刑事案子来倒也“顺手”。刘文元戏称，自己干律师是从刑辩起的家。

代理刑事案件逾千件

从1981年在东城区法律顾问处工作起至今，刘文元代理的案件已有1400多件之多，其中刑事案件1300余件。这个数字，在北京律师界，乃至全国律师界都不多见。

山西假酒案、厦门远华走私案和一些贪污及受贿案等大要案中常有刘文元的身影，各省市当地大案要案中有刘文元的辩护……

执业30余年中，刘文元多次成功地为被告人进行了从轻、减轻的辩护；多次成功地使被告人被宣告无罪；还有很多案件经辩护后作了不起诉、撤销案件等的其他处理。其中，有些案件因辩护成功，还被编入最高人民法院的案例，在全国出版发行。

问起在这千余起刑事案件中，哪个案子办得最精彩，刘文元笑着说，件件都是精品。虽然话说得有点儿绝对，但从中不难看出，刘文元严谨的工作态度。

一再追问之下，刘律师说，印象颇深的是河北省某地质队工程师涉嫌行贿、贪污、诈骗一案。

“当时我去调卷时，法院的人有许多都是我以前的同事，听说我来了，大家都说，‘这回他死不了了’。”刘文元介绍，当时该工程师因得罪了领导，被诉行贿、贪污、诈骗数十万元。“有人想把我置于死地。”在会见时，该工程师对他说。

那个案子一审打得很是艰难。在法庭上，刘文元据理力争，工程师表现也不错，以至于审判长还破例给被告人倒了一杯水，让他慢慢讲。不过，一审法院还是判决工程师有期徒刑16年。

一审受挫，刘文元并未灰心，工程师也表示要上诉。最终，该案二审终于“翻盘”，河北省高院宣告工程师无罪。

像这样“大起大落”、“扭转乾坤”的案子还有许多。

东城区司法局先进工作者、北京市司法行政系统先进工作者、北京市刑事辩护优秀律师、西城区十佳律师、北京市优秀刑辩律师……这些光荣称号，从一个侧面也说明了刘文元执业30余年的成绩。

古稀老人尚权一宝

出于对刑辩的热爱与追求，2009年，早已过了退休年龄的刘文元“加盟”尚权律师事务所，吸引他的，当然是尚权所“纯刑辩”的特色。

在这里，他的经验是小字辈们的“财富”，他的成功案例是学生们的

"教材",他对刑辩的孜孜追求,更激励着同样热爱刑辩的同人们。

现在,身为律所管委会主任的他又学起了电脑。虽然不会拼音、更谈不上用五笔,但这位执着的老人硬是拿起了"笔",在写字板上,一笔一画地把这些年来自己承办案件的手写资料进行整理,并分门别类地按年份输入电脑。从案件梗概到辩护词、从起诉书到判决书,目前,这些资料已经整理了120余万字。

"你别小看这个整理,这里面不是简单地将这些东西搬到电脑里存起来,实际上,在梳理的过程中,也是对这些年办案的一个总结。"刘文元说。

现在,所里的年轻律师们遇到问题都会及时向他请教,而他也绝不"留绝活儿"。遇到哪种情况应该怎么办、遇到哪些问题要小心、遇到委托人哪些不合理的要求一定要拒绝……凡是可能出现或可能会遇到的问题,被大家尊称为"刘老师"的他都会一一道来,很多时候还会举一反三。这种"一对一"的"辅导",令所里不少年轻律师都受益匪浅。

俗话说,家有一老如有一宝。无疑,刘文元就是尚权所这个大家庭里的一老,当然也是尚权所的宝。如今,这位古稀老人仍在刑辩一线,辩并进取着。(本文作者:冯霞)

附

刘文元律师谈阅卷技巧

2012年2月28日下午，刘文元律师主持尚权所学习日活动，这次学习由刘文元律师作为主讲人，向年轻律师讲授了关于阅卷方面的技巧。刘文元律师是自1979年律师制度恢复以来，我国恢复律师制度后的第一批律师，是当今仍在执业的中国资格最老的律师之一，几十年的执业经历，刘文元律师积累了大量的阅卷经验，他独特快速的阅卷方式，令众多年轻律师赞叹不已。

刘文元律师谈到关于阅卷速度时说，刑辩律师阅卷的速度非常重要，刑事案件的案卷少则十几本，多则几百本，特别这几年经济犯罪案卷，有的多达几千本。刘文元律师谈到曾经办理的厦门远华集团走私案，走私案的案卷达到两千多本。

因此，懂得如何筛选有价值的案卷的方法极为重要；另外，根据现行的《刑事诉讼法》，辩护律师在检察院把案卷材料交到法院后，律师才能复制与案件有关的诉讼文书、鉴定材料、证据材料等，但此时已距法院开庭没有多少时间，少则三日，最多不足十日。况且，如果检察院发现自己的证据有问题时，可以根据《刑事诉讼法》规定，申请延期审理；而律师没有此方面的权利，常常处于被动地位。此时，辩护律师如果能熟练应用快速阅卷的技巧，则办案质量会得到极大的提高。刘文元律师就其自己在办案时积累的技巧谈了以下几个方面——

首先，认真看起诉意见书或起诉书，看认定几个罪、有多少起犯罪事实，先有个初步印象。看起诉书时，要特别注意被告人的年龄，如14~16

周岁、16～18周岁，这些年龄问题足以影响罪与非罪、此罪与彼罪甚至生与死的判定。还要注意各起犯罪事实发生时被告人的年龄、出生年月日。刘文元律师谈到自己曾经办理的一个盗窃案，被告人因其在十六岁生日当天晚上八点多盗窃被指控，刘文元律师仔细阅读案卷发现其年龄问题后向法院提出，被告人十六岁生日当天盗窃，属于法律规定的“不满”情形，依法应当认定无罪，法院最后只能当庭无罪释放。另外，一个人的案件，供述多少起，起诉书认定多少起。看卷时，只看起诉书认定的犯罪事实的内容和相关证据情况如何。多个被告人的案件，只看起诉书认定的事实、与己有关的、涉及的相关同案的供述和有关材料。

其次，关于口供的问题要特别注意细节。注意口供的时间和地点是否合法，要整理供述的时间，分析取得的时间是否合法，时间与时间之间间隔是否符合常理。注意发现和思考口供与口供之间、口供与证据之间、证据与证据之间的矛盾，不一样的原因是什么。还要注意证人证言取得的地点是否符合法律规定。还有，要注意口供的稳定性，供述不一致的地方是会见被告人时应该询问的。另外，看同案被告人怎么供述，主要看责任大小有无区分，事实情节同否。同案供述相同的就没有必要摘抄复制下来，不同的要摘超或复制，尤其是自己当事人责任较轻的供述摘抄或复制。

再次，关于别的证据种类，刘文元律师指出要特别注意的要点。1.物证：分析涉案的是否有物证，及取得物证的方法是否合法，看是否原始物证。2.鉴定结论：要特别注意鉴定机构是否有资质、鉴定人是否有资格。鉴定机构的资质证书是否过期，及鉴定机构当年是否去注册了。无资质或者无资格的，还有资质证书过期的和未注册的机构作出的鉴定结论都是法院不能采纳的。公安机关的鉴定结论与司法行政部门的鉴定结论法律效力不同，法院所采纳的是司法行政部门的鉴定结论。现实中，物品价值鉴定是有有效期的，如手机的价格，鉴定年份不同，价格也不同，一般的价值有效期是一年。另外，被告人或者受害人与鉴定人的利害关系也会影响鉴定结果的公正性与合法性。3.书证：是否原件，字盖印、印盖字的问题，有无涂改,还要注意原件修改后复印的问题。4.录音录像:注意有无剪辑。注意时间显示是否连续。如果不显示时间,绝大部分是经过剪辑的。

最后,刘文元律师谈到阅卷笔录与质问提纲的问题,阅卷时间充裕的情况下,辩护律师应该认真制作阅卷笔录,内容包括相关程序时间、起诉书认定、供述、证据情况。注意自首、坦白的问题,看看相关笔录、到案经过、笔录时间的问题发现。自首与坦白情节常常可以在询问笔录中发现的。另外,根据证人证言、被害人陈述、同案被告人供述列出质证发问提纲。如果时间很紧,辩护律师应该根据相关证据列出质证发问提纲。

刘文元律师最后语重心长地说,律师一定要自信,法庭上绝不能认输,即使公诉人反驳得多么理直气壮,在庭上也不能认输。最起码要说一句:"我的辩护意见是根据卷宗证据材料和法律而确定的。"最后,(尚权所的)万大强律师建议年轻律师,一定要多读案卷,每次读案卷,都会有新的收获。案卷读的遍数多了,办案的质量也就高了。(来源:北京刑事律师)

业务经 2

从刑庭庭长到阅卷专家的角色之变

对话人物：张兴梅（北京市尚权律师事务所律师）

代表性案例：李洪海以危险方法危害公共安全案（北京西单驾车连撞9人案）、大学生敖翔故意杀人案

如果将律师和医生做类比，刑事律师如同外科医生。如同手术台前更多地站着男医生一样，刑事审判庭内更多地活跃着男性律师的身影。作为刑事律师圈内少有的女将，张兴梅在刑辩高手林立的尚权所享有独特地位。

作为一名辞去法院刑庭庭长后变身刑事律师的法律人，张兴梅靠良好的法律功底及法官生涯中对各类刑案的深刻理解和沉得下来的耐心，把自己塑造成了一位专家型律师。在捻熟于心的刑事案件各个环节的工作中，她对在案件全流程中重中之重的环节——阅卷堪称专家,而且是一流专家。

"我是尚权集体中的一员"

李:张律师的律师生涯颇有代表性,就是从法官到律师。您在30多岁已经担任法院刑庭庭长,应该属于前途无量之列,为什么会辞去法院的工作转行做律师呢?

张:我是1990年从西南政法大学毕业的。那时候,大学毕业生是包分配的,我就被分配到我们贵州遵义下面一个县的法院。在法院,我主要在刑事审判庭工作,从书记员、审判员、副庭长、庭长一路走下来了。

我是2003年从法院出来的。辞职的时候,我是刑事审判庭庭长。

李:当时辞职的情况还不多见,你哪来那么大的勇气?

张:当时,有两方面的原因。一方面,审判工作干久了以后,觉得天天坐在那里审案子,渐渐地就没有多少激情了。在法院当法官,每天就是看材料、开庭、写判决书。当然,有的时候也会出去调查取证。另一方面,我爱人也出来了,这促使我走出了辞职这一步。当时,虽然激情少了一点儿,也没想到出来,我爱人出来以后,我也就借这个机会走出来的。

我们辞职后,先到了深圳。按照规定,法院辞职两年内,不能以律师身份代理案件。那段时期度过之后,我才到北京来的。

李:在深圳是在律师事务所工作,还是在公司工作?

张:律师事务所。那段时间主要做一些顾问单位的服务工作,以公司业务为主,也没有出庭。

因为从1990年毕业到2003年离开,我在法院主要做刑事审判工作。刚毕业的时候,我到下面的法庭工作了9个月,后来12年的时间都在刑事审判庭工作。

离开法院最初那几年,主要做经济方面的法律事务,但是,我总觉得自己的兴趣还是在刑事方面。

李:你是在什么机缘下来到尚权所当律师的?

张：2006 年，我就到北京来了。到北京之后，先进入了一个其他律师事务所。那个时候，那家律师事务所说他们律所的刑事案件没有人去办，一听说我在法院刑庭工作了那么多年，就说欢迎我去。

我去到那家律所之后，发现他们的刑事案件挺少。

在 2008 年的时候，我就了解到尚权所只做刑事案件，不做民商事案件，尚权团队也需要人，就过来应聘了。因为尚权所的性质和自己的工作经验、爱好非常接近。

这样，我从 2008 年来到尚权所，一直就待在尚权所了。

李：你是西南政法大学毕业的，和张青松、常铮都是校友。你来尚权所是因为和他们认识吗？

张：那个时候，我从网上看到张青松律师和常铮律师都是西南政法大学毕业的，但和谁也不认识，想过来就是因为尚权所刚好需要人。进到律所之后，他们才知道和我是校友。

李：尚权所录用你的时候，看中的是你做过 12 年刑庭法官吧？

张：是的。他们当时觉得我的经历和所里的工作挺对口的。

我进来工作的时候，尚权所还在北四环"三空间"办公。"三空间"的办公室是一个复式住宅，因为那时候尚权所的人还不是很多。律所小有小的好处，那个时候，律所实行工资制，我们所有人都在领工资，大家彼此之间有一个整体的感觉，和在其他律师事务所的感觉不一样。

有的律师事务所看上去很大，其实它是一个个小的律师团队，团队都是单干，团队与团队之间联系不多，甚至不相往来。尚权所不一样，大家之间比较团结，我们十几个人中午都在一起吃饭。

案子不多的时候，大家在一起聊天，男律师们还会在一起喝酒。和大律师事务所那种氛围不一样，我能真正感觉到自己是集体的一员。

李：你等于亲历的尚权所的发展壮大过程。

张：从办公室的大小就能看出事务所的发展变化。以前在三空间办公的时候，办公室就是一个复式楼层。那个时候，尚权所是全国第一家刑事律所。因为很多律师不愿意做刑事案件，一是刑事案件风险大，二是刑事案件收费没有民商事案件高，我们律所就比较小。

那个时候，律所一般都是“大而全”的样子。很多人不知道专业的刑事律所会发展成什么样。但是，由于当事人愿意找专业的律师来代理他们的案件，我们所的案子就慢慢地越来越多。所里越发展越好，人也越来越多。“三空间”的空间就显得比较小了，感觉不够用了。我们所就搬到了东四环那边的金长安大厦。

在金长安大厦，所里的人员就慢慢变得多起来，律所的规模就渐渐地扩大了。实际上，是因为案子多起来了，人不够用了，我们所的人才慢慢多了起来。

那个时候，我们尚权所的律师都是工资制律师，没有提成制律师。实行工资制的话，案子多了就需要更多的人。

李：现在尚权所律师还是全部都是工资制律师吗？

张：不是。我们搬到现在的办公楼（广渠家园）之后，就有了提成制律师。但是提成制律师很少，主要还是工资制律师。

李：你一直是工资制律师吗？

张：对。我一直是工资制律师。不过，发工资的方式有了一些变化。以前，有一个基础工资，到年底结合你一年的工作表现来发奖金。中间有一段时间，除了基本工资，所里会结合你办理的案子的收费情况给你一部分提成工资，等于“基础工资+提成”。现在又有变化，变成“基础工资+计时工资”。

李：对你来说，工作的性质是不是也有变化。一开始是办理一个完整的案子，现在是做案件某一个环节的工作。我上次听张青松律师说，你负责阅卷工作多一些。

张：我们律所的律师多起来以后，大家的工作就开始“分段”。有的律师对侦查阶段的会见擅长——这方面的工作现在还好做一点，以前会见要从公安开一个准许会见的函，有的人可能熟悉侦查阶段的程序、了解每个警察的习性，他就专门去和公安打交道进行会见。在会见阶段除了和公安机关打交道,还需要和家属沟通,律所就会安排擅长做这方面工作的人和家属沟通。

案子到了检察院和法院阶段后,就可以看卷了。这个时候,我就会看卷。可能是因为我当了那么多年法官,对案卷很精通。

李:你如何描述自己工作了将近十年的尚权所?

张:尚权所的分工比较细。以前,张青松律师一个人,既要办案子,又要管理团队。那个时候,包括举办论坛联系场地等所有事情,张青松律师都要去管。现在发展到白雪做执行主任,负责律师事务所的管理和发展规划。包括常铮主任和张青松律师,他们可以专心致志做业务了。

从我知道的情况看,很多律师事务所的行政管理人员只有一个人。从前台、出纳、招聘工作、年检等,都由这一个人完成。我们尚权所目前律师人数并不多,相对来说,我们的行政人员真的很多。

阅卷为何如此重要

李:阅卷对刑事辩护律师来说意味着什么?

张:实际上,在我们国家,这些年不管《刑事诉讼法》怎么修改,证人出庭率都比较低。法院审理案件,主要还是审侦查阶段办案人员收集的证人证言、物证、书证、鉴定意见等案卷材料。

在这种情况下,阅卷对律师办理刑事案件来说就显得比较重要。因为我在法院待得时间比较长,我现在的主要工作就是阅卷、写辩护意见、上诉状等。

李:张青松律师说,你阅卷的水平非常高,是专家级别的。他说,你阅卷之后,和下一个阶段的律师也就是出庭辩护的律师进行沟通后,下一个阶段的律师很快就能消化案件。

张:阅卷这个工作,就像刚才说的一样,在我们国家虽然法律规定律师有调查取证权,如果无法调查取证,律师可以向法院和检察院申请调取证据。

实际上,律师的调查取证权还是受很大限制的。因为不管你去向个人还是单位调查取证,首先要征得本人同意,问他是否愿意作证。如果证人不愿意作证,你不可能强迫他们作证。因为中国人普遍有“多一事不如少一事”的心理,律师去调查取证的时候一般都不愿意。

向检察院和法院申请调查取证也一样,也要他们同意才可以。他们不同意,律师就取不了证。

也就是说,刑事案件的主要证据还是侦查阶段形成的相关的卷宗材料。所以说,看卷宗材料就显得比较重要。律师会见当事人的时候虽然也可以了解到一部分“材料”,但是当事人的说法也是需要相关证据材料来证明的,或者说律师要进行甄别,看他说的东西到底与案件事实是不是一样。

李:这就是说,无论从哪个角度看,阅读书面的卷宗材料都显得比较重要。此外,随着尚权所案件的增多,你的工作量是不是也在增加?

张:主要看案子的具体情况。比如,有的案子材料比较多,如刘汉和刘维的案子,案卷有 1000 多本。这种情况的话,我们阅卷的团队就要分工了,哪个人看哪一部分都会分配好。

一般的案子,卷宗少的几本、多的从几十本到几百本,如果案子很急,我们就要加班加点地阅卷。

实际上,刑事辩护律师的工作主要是挑公诉机关的“刺”。你怎么挑,你只能去看案卷材料,要根据材料从合法性、关联性、真实性三个方面去挖掘,律师才可能知道检察院起诉书指控的被告人的犯罪事实是不是那么回事、相关证据是否成立、是否还有其他情节等。也就是说,律师只有通过看案卷才能发现这些问题,才能发现一些线索。你只有发现了一些线索,才能进行调查取证工作。

李:如此看来,你的团队所做的事情是整个刑事案件当中非常核心的工作,也可以说是基础性的工作。

张:在刑事案件办理过程中,阅卷是一个基础性工作。

刑事案件和民商事案件不同。在民商事案件中,我是原告代理人的话,我要首先确定“去不去告”和“怎么去告”的问题，因为民商事立案的案由是什么可能会影响到法院审理的重心。确定“去告”之后，我就去收集证据，收集证据之后看看案子怎么起诉有利。也就是说，律师如何通过自己的工作最大限度地维护当事人的合法权益。

和民商事案件具有主动性不一样，刑事案件是被动的。公安机关完成侦查后，案子被检察院起诉到法院，起诉的时候已经确定了罪名。也就是说，在刑事案件中，办案机关是主动的，我们律师只能根据办案机关提供的材料来提出对被告人有利的线索、辩护意见，通过这样的方式最大限度地保护犯罪嫌疑人或者被告人的合法权益。

李：你在做法官的时候阅卷，在当律师后也在阅卷，两个职业加起来有25年阅卷经历。这意味着，你如此丰富的阅卷经历背后是极具价值的阅卷心得。能跟年轻律师分享一下你的阅卷心得吗？

张：我们尚权所出版了一本书，叫《刑事辩护操作指引》，是法律出版社出版的。书里有一章专门写如何去阅卷的问题。这本书在出版第一版的时候，阅卷那一章的内容是我写的。再版的时候，张雨律师和我一起写这一章。

在《刑事辩护操作指引》里，我把阅卷的重要性、目的和方法都写了。

我们出版这本书的目的是，把我们尚权所律师在办理刑事案件过程中发现的问题、一些建议、做法、办案经验写出来，让年轻律师通过看我们的书能够知道刑事案件怎么办。

李：你现在的工作不是去办理整个案件，是只负责案件中间的阅卷工作吗？

张：我们所按照每个人的特长来安排工作。刑事案件分三个阶段，侦查阶段、审查起诉阶段、审判阶段。就像我刚才说的一样，前期有律师负责侦查阶段的会见、和家属沟通、去办案机关拍摄卷宗。

拍摄卷宗照片也是个技术活儿，有的年轻律师一手拿相机、一手翻卷宗，拍得既快又好。就从这件小事看，专业化分工就挺好的。一般情况，我都不去检察院和法院,年轻律师把卷宗拍摄完,回来后交给我。我开始阅卷。

先看起诉书、看别的律师前期会见的材料、看卷宗材料。阅卷之后,我会制作一个阅卷笔录。笔录中,案件重要材料会记录、案卷中发现的问题也会提出来。比如,有些材料和被告人进行核实了,核实之后针对某些问题需要向相关部门提出调查取证的申请。比如,有的政府机关的材料,我们取不出来,就会申请法院去调取。有的案子需要出庭的话,我也会去出庭。

李:你刚才描述了阅卷情况,你的成果最终会以什么形式呈现出来呢?

张:阅卷笔录、发问提纲、质证意见、辩护意见。

刑事案件的主要工作就是这样:阅卷、准备相关材料、发现问题、开庭前的准备工作。对发现的问题,自己能取证的就取证,自己无法取证就向法院申请取证。发问的话,会提出一些什么问题……

李:因为前面的阅卷工作已经奠定了很好的基础,辩护人上法庭进行辩护的话,应该比较省力了。

张:是的。这就是团队配合的作用。有的律师,比如张青松律师擅长出庭辩护,但是,有的案子材料实在太多了,如果让他从阅卷到辩护全流程把工作做下来,可能精力会不够。所以,我们采取团队作战的工作方式。我们在前面看卷,张青松律师他们在后面出庭。因为我们在前面做了很多准备工作,他们在后面出庭的时候就不用花那么多时间了。

李:从你的经验看,如果一位律师把一起复杂案件从头办到底的话,他的工作会不会没有多人分工做得细致?

张:有这种可能性。

李:你的阅卷笔录大概是个什么样的长度?

张:这要看具体情况,每个案子的阅卷笔录都不一样。如果是特别简单的案件,笔录就写得比较少;如果是复杂的案子,像案卷材料比较多的黑社会案件,阅卷笔录可能有几十万字。

有的案件,阅卷笔录可能是案件内容摘要;有的案件的笔录,由于太复杂,还需要做图表。我经常会用图表的方式来反映案件中的各种关系。

比如,我们所新在疆石河子兵团一家法院办的一个案子,对当事人起诉了两个罪名,一个是骗取贷款罪,另一个是合同诈骗罪。这个案子有180多本卷,我在看这个案件的案卷的时候,对案卷材料要做分析判断。从公安局调取的材料来看,因为办案民警一开始也不太清楚事情到底是怎么回事,就收集了很多材料。我在看卷的时候,就要从中寻找重要证据材料。比如,有关银行方面的证据,我核实了一下数额,确认是准确的,后面出庭辩护的律师就不用再去做核实数额的工作了。对合同诈骗罪,我们律师是做无罪辩护的。

到阅卷工作完成的时候,我从全部180本案卷材料中,把核心材料挑选出来,综合成一本材料。这个时候,张青松律师去出庭的时候,主要看我挑选出来的这本材料就可以了。

李:你等于通过阅卷,把180本卷宗材料浓缩成了一本。

张:这一本材料是两个罪名中一个罪名的材料,就是合同诈骗罪的材料。另一个罪名,骗取贷款罪的材料主要是来自银行的材料,只要把各方面的数据核对清楚就可以了。

我们对合同诈骗罪做了无罪辩护,最后法院也没有认定这个罪名。骗取贷款的罪名,指控涉及十几个亿,我们把其中两个亿排除掉了。虽然减少数额对定罪本身影响不大,但是我们把每个事实都搞清楚以后,对量刑有很大作用。

李:你们这个当事人因为做生意,从银行贷了巨额款项,后来还不上了。中间有什么情节,让一笔贷款坏账演化成骗取贷款了呢?

张:和现在经济不景气也有关系。在发放贷款的时候,一方面经济形势不错,另一方面银行员工有发放贷款的任务。对一些贷款手续方面的要求,会告诉当事人怎么去做假材料。后来,贷款还不上了,银行就报案了。办案机关来查的时候,没有证据证明那些虚假材料是按照银行员工的提示提供的。银行员工会说"我不知道材料是怎么来的",当事人想说"是银行的人让我提供的",但是空口无凭。

在贷款的时候，如果提供的一些资料是虚假的，而且虚假程度比较严重，就会构成骗取贷款罪。

骗取贷款罪的刑期，最高是七年。如果是合同诈骗罪，就变成无期徒刑了。这两个罪名的区别还是挺大的。

这个案子是在中级法院审理的，如果合同诈骗罪成立，法院很可能会判无期徒刑。一个很有可能被判处无期徒刑的案子，最后被判了七年有期徒刑。对这个结果，当事人还是很满意的。

李：阅卷在代理案件过程中起的作用非常关键。

张：银行在计算贷款数额的时候，有重复计算的问题。

我在阅卷的过程中发现了这个问题，把重复计算的数额给排除了。贷款后，还不上，后来就把这笔贷款转换了一种形式，转成了汇票。就算是骗取贷款，我们当事人也是骗取了一次，不能是把贷款算一次，再把汇票算一次。

一方面发现了重复计算数额的问题，另一方面因为当事人没有非法占有的目的。在发放贷款的时候，银行去当事人的公司做过调查，那个时候是有钱和资产的，没有骗银行。所以，最终合同诈骗罪的罪名被去掉了，量刑也就降下来了。

我在阅卷的时候，就是从一两百本卷中，挑选出那些有用的材料。出庭的律师，他看我挑选出来的材料，因为重点比较明确，出庭律师的效率会比较高，辩护重点也会比较明确。

李：对尚权所律师能够做自己擅长的工作，你是什么体会？

张：虽然我们都在代理刑事案件，但是每个人都有自己比较擅长的地方。充分发挥每个人最擅长之处，整个案件办理起来不仅效率高，而且质量也会高。

因为一个律师如果长期就做某个环节的工作的话，经验就会很丰富。通过总结一些经验，他(她)自己的办案水准也会逐步提高。

对团队来说，这样做意味着精益求精。对当事人来说，他通过最好的法律服务得到了满意的结果。

打个比方，律师的专业化分工有点儿像流水线上的工人一样。一个人不断重复去做一件事，熟能生巧。大家共同去完成一个产品，生产效率高，产品质量也会好。

法官转行律师心得

李：你是在十几年前从法官转行做律师的。在当下，法官辞职做律师的情况特别多。但是，由于法官和律师的角色不同，并非每个转行者都很顺利地完成角色转换。作为一位"过来人"，你能把这方面的体会和后来者分享一下吗？

张：法律对法官和律师这两个职业的地位不一样。作为一个法官，你如果想改行当律师，对这两个职业的心理定位一定要有准备。

法官的职责是居中裁判。以刑事案件为例，在开庭的时候，在法官、公诉人和辩护人之间，法官是主角。在法庭席位的设置方面，法官的审判台要高于公诉人和辩护人的工作台。这就是说，在整个庭审中法官高高在上，要以法官为中心。由于法律规定的地位不同，在法庭上，无论你是公诉人还是辩护人，你都要听法官的指挥。

从职业要求上，法官是居中裁判，他肯定要考虑控辩双方的举证、对案件的意见等因素，通过证据材料对全案进行一个考评。对律师来说，你的职责《刑事诉讼法》规定得很清楚，就是维护犯罪嫌疑人或者被告人的合法权益。在法庭上提出对被告人有利的意见或者线索。你只能是无罪、罪轻、减轻或免除处罚的意见。

最明显的区别就是，比如法官发现了控辩双方具体的某一个案件事实或者对被告人量刑有影响的材料，他可能会引导控辩双方直接去举证；在发现证据材料后，他也可以直接下判决。但是，对辩护人来说，你如果发现了一个对被告人量刑不利的情节，公诉人可以说，你辩护人就不可以说。这就是角色定位的不同。

人物志

张兴梅，从法官“辩”为律师

因为看侦探小说，对法律产生了浓厚兴趣，报考了法学专业；因为在法院刑庭工作多年，“转行”后依然驾轻就熟地干着“老本行”。从法官到律师，万“辩”不离其宗。

以法律天平权衡重量人生

1986 年，张兴梅以优异的成绩考取了法学界的“黄埔军校”——西南政法大学。在当时，高招录取率仅为 10%，考大学被喻为千军万马过独木桥。

当时，法学专业是热门专业，但张兴梅报法学与此关系不大。

“小时候特爱看侦探小说，总觉得里面那些人特神奇。”张兴梅说，“总觉得警察跟法律有关，所以就报了法学专业。”

1990 年，张兴梅大学毕业被分配到法院工作。从书记员干起，先后去过民庭、行政庭、刑庭，到 2003 年离开法院时，张兴梅已经成为该法院年纪最轻的审委会委员和刑庭庭长。

在刑庭工作的十年中，张兴梅审理的案子不下千件，但没有一件引发申诉或信访、上访。

法官“辩”律师　“辩”出真效力

2003 年下半年，张兴梅因家属工作变动，离开了她工作过 13 年的法院，并从法官变成律师。

做律师，看卷是必不可少的工作程序之一。对于没接触过法律工作的人来说，也许对卷宗材料没什么概念，仅从新闻报道中看到某个大案的案卷材料用小推车推到法庭上，便感叹不已。但实际上，最简单的刑事案件，律师所保存的案卷材料也得有几百页之多。

看卷可以说是法律人的“基本功”之一，特别是律师，委托人涉嫌犯罪行为的性质、警方和检方的“破绽”，辩护思路和辩护意见的形成，都有赖于认真阅卷。

“（当法官）那时，是看检察院和律师两方的意见，现在只是换个角度，看公检法的材料。”对此，张兴梅说得虽然轻松，甚至有些轻描淡写，但真做起来却没那么容易。

字里行间，哪些材料不足以使证据链完整，哪些地方说明证人的证言不可信，哪些材料不能支持检方的指控，张兴梅都能通过快速阅卷来发现其中的“微型奥秘”。

少则几百页、动辄上万页的案卷材料，常常是在当事人急切的催促声中保质保量地阅完，并有所“发现”。沧海横流，方显英雄本色，可见张兴梅的阅卷功底，这与在法院工作的13年不无关系。因为这字里行间的许多症结，常常是当事人委托了其他律师没有发现或发现问题甚少，或当事人始终认为是一头雾水，或当事人心里根本就没底的情况下，能够在事实材料中析出对其有利的“成分”。所以这确实很不容易。

正如大家都熟知的：打官司就是打证据。有理无据，忍气吞声；有理有据，官司顺利。张兴梅律师不但善于找证据，关键善于找准对当事人有利并很容易被法官采信的“铁证”。这可能和她多年担任刑庭庭长关系甚大。知己知彼，鞭辟入里。

办大案谨小慎微　“小破绽”做出大文章

一次，张兴梅接了某省高官陈某贪污受贿案，因涉案金额高达几千万元，法院一审判决陈某死刑。

陈某上诉后，家属找到尚权所。当时，那个案子的一审判决书有四五厘米厚，真称得上是一本“死书”。可是，张兴梅很快便从一百多本案卷材料中找到了“突破口”。

检方指控，陈某的受贿时间长达 8 年，受贿多达 400 多笔，但每一笔陈某都能记得清清楚楚，最少的一笔金额是 2000 元。“根据我以前的审判经验，如果此数字系检方侦查结果，一般不会如此明晰，很有可能这个明细账是被告人主动交代的；假如这一逻辑成立，就应该给被告人认定自首情节从轻处罚。”于是，张兴梅抓住这一点不放。

再看检方的笔录，张兴梅发现，其实陈某并不是因为受贿而被反贪局“盯”上的，实际上是因为贪污等行为被反贪局立案侦查的。那些受贿“事实”是陈某被批捕后自己交代的。

陈某这人有个记账的习惯，谁送了他多少钱，都在他的小本上记着。他主动交代了小本的“藏身”之处，而检方正是根据这个“账本”，才把几年间陈某的受贿历史搞得“一清二楚”。

张兴梅认为陈某主动交代受贿一事，应属于自首。而在陈某的整个涉案金额中，受贿的金额又占了绝大部分。据此，张兴梅在二审中提出陈某系自首，应从轻处罚。

半年后，当地高院作出终审判决，陈某被判死刑缓期二年执行。从死刑到死缓，虽然只有一字之差，但对被告人而言，却有着质的区别。也正是有了张兴梅在二审中“力挽狂澜”，才使得陈某“起死回生”。

小案子的责任不小　法律援助一视同仁

做刑事律师，免不了要跟法律援助打交道。这种案子对律师来说，可以说是奉献。因为，办理法律援助案件几乎是没有收入的，但即使这样的案子，张兴梅也“一视同仁”，认认真真地做好每一件。

一次，法律援助中心指派张兴梅为一个涉嫌销售假手机团伙中的第三被告人袁某辩护。这个团伙共有七个人，分成两个组，袁某是其中一个组的负责人。该团伙成员通过打电话，以各种优惠条件诱惑接电话者换购他们出售的假手机并从中牟利。从当年1月至8月，该团伙涉案金额为50多万元，受骗人数多达400余人。

通过阅卷，张兴梅很快发现了问题。其一，袁某只是该团伙一个组的负责人，他不应该为整个50多万元"负全责"；其二，警方及检方只对这400余人中的20多位报案者的手机进行了鉴定，因此，对应在袁身上的涉案金额，只有5万余元。

最终，袁某未被判实刑。由于张兴梅在庭审中的出色表现，该案第一被告人的家属特意委托张兴梅为其担任二审的辩护律师。但因她曾在一审中为袁某辩护，按规定只能由所里其他律师替她为该案第一被告人继续辩护。

不抱怨不气馁　做最好的自己

律师有人前风光的一面，也有背后碰壁、受委屈的一面。至于刑辩律师的处境与难处，张兴梅自有她的平和心态。

"是非恩怨，终有明判；成败得失，唯有尽力。"张兴梅认为，一味地抱怨或气馁都无济于事。在现有条件下，让手中的证据材料发挥出最大的功效，尽最大可能为当事人的合法权益，既是一个律师应尽的职责，也是一个律师"做最好自己"的准则。

对于如何做好自己，张兴梅还有自己独到的体会，就是每一位当事人都有自己一本"难念的经"。作为律师，要充分理解并合情合理合法地尽可能满足当事人的正当要求，在法律准绳与委托人的权益之间走好钢丝绳。

谈到自己的职业观和人生观，张兴梅用了一组数字来描述：一心一意把当事人的嘱托落到实处；千人千面的当事人我都要让他们诉有所获；万事万物皆有正明公道的是非准则。（文章来源：法邦网）

业务经3

30年公安经验滋养着刑事辩护

对话人物：王耀刚（北京市尚权律师事务所律师）

代表性案例：周滨系列案、许金龙案

如果把办理刑事案件比作一个链条，警察是第一个环节、检察官是第二个环节、法官是第三个环节。在这三个环节中，律师都可以参与其中。在第一个环节上工作了30年后，王耀刚来了个华丽转身——从公安局副局长的位置上退休后，当上了一名刑事辩护律师。

作为一名刑警队技术人员出身的警察，王耀刚在30年的警察生涯中练就了对刑事证据的火眼金睛。成为刑事辩护律师后，他用那双火眼金睛来审视伤情、脚印、血迹、笔迹等证据时，对问题抓得异常精准。

靠着良好的法律功底、不错的口才

和一双审视证据的火眼金睛，王耀刚很快便从刑事辩护律师群体中脱颖而出。如今,他早已是一位知名度颇高的专家型律师——听他从证据的角度讲辩护,只能用精彩纷呈来形容。

刑警出身

李:尚权所是一个团队,限于时间和篇幅,我很难把每一个人都写进书里,只能选择一些采访对象。在管理层、合伙人、成长中的年轻律师之外、也选择了一些非常专业的律师作为访问对象,通过不同层面的律师来反映尚权团队的整体情况。前几天,我还采访了刘文元律师,他曾在公安机关和法院工作过;还采访了张兴梅律师,她曾在法院刑庭工作过,从法官做到了刑庭庭长。你和刘文元律师、张兴梅律师一样,都曾经有丰富的公检法工作经历,这种经历让你们具备了更深一步把握案件的能力。

你做了那么多年公安工作,不仅仅是比一般律师多一种人生经历,更是律师职业优势。

你过去做过的公安工作和今天从事的刑事辩护工作之间有高度关联性,前者对后者会特别“有用”。

王:我是1959年生人。1966年上小学的时候,“文化大革命”开始,高中毕业的时候是1975年年底。这个时候,“文化大革命”即将结束,等于我的整个学生生涯贯穿了“文化大革命”的全过程。

我们那个时代的学生,普遍的问题是知识没有学到多少。我当时算我们当地那拨孩子里学习最好的,从小学就当班长,一直到高中的时候都是班长。

临近高中毕业的时候,我面临上山下乡的问题。当时的政策是从学校毕业后都要上山下乡,但是我毕业那年有个政策调整,就是林业职工的吃商品粮的子女可以不下乡插队,直接招工到林场工作。因为我父母都在林业部门工作,我就被招工进入林业部门,在“上山”和“下乡”中等于“上山”了。

我参加工作那年,正赶上恢复林业系统公安局,我就被安排在当地林业系统的派出所工作了。在这个派出所,我一共工作了两年多时间。在这期间,我和当地(河北省)丰宁县公安局有接触,公安局领导发现这个孩子不错,就说“到我们这里来吧”。

在1978年的时候,我就被调到丰宁县公安局工作了。到丰宁县公安局,我被安排做了刑警。

那个时候,公安局还没有刑警队,刑警归治安股管理。在治安股,我开始跟着老同志做刑事侦查工作,办理刑事案件。那个时候,丰宁县治安股才六七个人,两个老同志加上我负责刑事案件侦查工作。

那个时候,案子不多,一年也就有几起刑事案件。

我到丰宁县公安局工作的第二年,我们国家出台了《刑法》和《刑事诉讼法》。接下来,就恢复了检察院,公安局成立了刑警队。刑警队成立后,又调进了一些人,等新人来了以后,我年纪虽然没有他们大,但是因为是先来的,就成了“老同志”了(笑)。

前面那一年,我跟着两位老同志出现场,他们拿着个照相机这里拍、那里拍,我就跟着他们学。那个时候,拍照用的是黑白胶卷,对摄影技术要求比较高,比如什么光线条件下用多大光圈、什么样的速度才能把物体曝光适度。不像现在相机都有电子测光,那时全凭感觉去估计,所以理论上是一回事,实践中是另一回事。

那个时候,单位有暗房。在现场拍完后,要在暗房里把照片冲洗出来。

到1980年的时候,有个机会,就是河北省公安厅要培训技术人员,就是组织大家学习现场勘查、痕迹检验这类技术。那个时候,我已经懂一点儿技术了,就毛遂自荐说:“我去吧!”领导也答应了,这样我就去学习了三个月。

到了培训班上,我发现大部分人什么都不会,相比之下我就算会得多的,就会给其他学员做辅导。比如,学习拍照,他们不会,我会拍,就带着他们学习。现场勘查方面的技术,因为我有基础,老师讲的内容一听就懂。痕迹检验方面,学习对指纹、足迹、痕迹等的检验,如何比对、如何发现和提取、提取之后怎么和嫌疑对象比对等内容。

培训班结业后，我回到丰宁县公安局，从此开始做技术员。

到1983年的时候，公安部意识到刑事侦查技术应该正规化，要评定技术职称。那个时候，大部分人只有初中或高中学历，而评定技术职称要求中专以上学历。怎么办呢？公安部采取了一个变通办法，就是让现有的技术人员参加一个高中课程考试，通过之后由公安部给我们发一个合格证书，承认我们具有中专同等学历。我参加了培训之后，一次性就通过了这个考试，就被评上了技术员职称。

李：技术员这个职称，对你来说意味着什么？

王：有了技术职称，就可以做鉴定了。这样一直干到1985年。

1985年，承德地区公安处要从各县公安局挑选几个业务骨干充实队伍，我也被选中了。这样，在1985年年底我就到地区公安处工作了。到公安处以后，我被送到省公安厅学习文检技术。这样，我就有机会学习笔迹、文书、印章等方面的鉴定技术。

学习了文检技术后，我的技术就比较全面了。接下来，我在地区公安处干了十几年技术工作。我这个人比较好学，对领导交代的工作非常认真，干着干着就比较突出了。后来，在1992年就当了副科长，到1997年转为正科级。1998年，河北省有一个公开选拔援藏干部机会，在正科级干部中进行选拔。一看选拔条件，好像就是为我量身定做的。

条件是在这边提拔为副局长，到阿里挂职当公安处副处长。在阿里工作三年后，回来还是副局长。经过慎重考虑后，我就报名了。结果就被选上了，就去阿里待了三年。

从阿里回来以后，有一年左右没给我安排工作。时间是2001年。这一年，没事情干，我闲得很难受。这个时候，我就开始考虑，按照当时的干部政策，我可以干到五十六岁，然后就退二线了，也就没有事情干了，难道我就这样了？

这样，我就开始想办法，想找一个将来能够长久干的事情。

李：那个时候，你刚40多岁。你想的这个办法是什么？是深造吗？

王：我那个时候已经有学历了。

在1983年的时候，开始有了自学考试，我一看这种方式不错，就决定通过自学这个途径来学习。那个时候单位也鼓励大家学习，我就报了法律专业专科自学考试。经过三年时间学习，我拿到了专科学历。

到1997年的时候，我出于评职称的考虑，决定继续学习本科。因为我在1993年就获得了刑事技术工程师职称，到1997年就符合评高级工程师的条件了。当时就想，万一高级工程师需要本科文凭，自己的专科文凭就不够用了，这样就报了自学考试本科，专业是公安管理。

到2001年，我才把本科拿下来。我的专业课很轻松，一考就过，费劲就费在英语上了。反正那个时候冬天从阿里回来休假也没事干，我就拿着两大厚本的书学习英语，考了三次总算把英语也考过了，这样就拿到了本科文凭和学士学位。

2002年，律师资格考试改成司法考试了。我正好刚学完本科，就觉得应该去试试。那个时候，我见谁跟谁聊，问司法考试怎么个考法。等第一次考试的试题和答案公布后，我觉得有的题自己也会做，这样到2004年的时候，我就决定试一下。

我准备了3个月，试了一下，成绩差7分。虽然没通过，但分数差得并不多，就打算2005年接着考。2005年又考了一次，就通过了。

李：*你从阿里回来，已经当公安局副局长了，为什么还会去走司法考试这条路呢？*

王：因为没那么多事情干，我很不适应。这样就有了干满30年提前退休的打算。公务员法有规定，干满30年或者年满50岁就可以提前退休，只要本人提出申请，任免机关批准就可以提前退休。

因为我已经通过司法考试了，总得出来试一下。一方面我提前退休有基本保障，另一方面我拿着司法考试合格证书，“下海”的话不至于掉进水里淹死。我开玩笑说：“我‘下海’的话，腰上缠着一个自行车内胎。”

就这样，在2007年，我就办理了提前退休手续。

与尚权结缘

李：你提前退休后，直接就做刑辩律师了？

王：办理了提前退休手续后，我就到了北京。一开始，在一家律师事务所渡过了实习期。解决了实习问题后，我就开始考虑自己的出路问题了。

因为我是刑警出身，所以很想做专业的刑事辩护。因为在做刑警的时候，我是很专业的，比一般刑警要专业得多。这样，我就关注到了张青松和尚权所。

关注了很长时间之后，我发现尚权所是干正事儿的。这样，我就跟张青松联系，他也表示欢迎，我就决定来尚权所。

2009 年 8 月 1 日，我正式来到尚权所，一直干到现在。

李：当时，你直接找了张青松？

王：对。我给他发了一个邮件，告诉他我是谁，我现在怎么样，我想投靠到你那里做刑事辩护律师，不知道你是不是愿意接受我。他给我的回复是："希望能有一个愉快的会面。"

我一看有门儿，就和他联系见面了。

见面后，我们俩做了一个愉快的交谈。谈过后，张青松对我说："尚权律师事务所欢迎你！"

我把前面那家律师事务所的事情了结后，就给张青松打电话说"我可以过来了"，他说："马上过来，我们马上给你办手续。"

就这样，我就来到了尚权所。我和尚权所就是这么结缘的，就是一开始我从网上搜索，看看自己去哪家律所。那个时候，我搜了很多律所，包括大所和名所。搜索到尚权所的时候，我心里在说，"这个律所是专业做刑事辩护的，可以考虑"。因为经常上尚权所网站，对他们搞的活动也都关注了。他们今天搞一场培训，明天搞一场论坛，我看了之后就觉得这家律所很正规，很好。

有的人说，做刑事辩护要注重和法官搞好关系，你要付钱、要捞人。我说:“捞人这种事情,是他犯罪了你用钱把他‘捞’出来,这种事情我不能干。”

如果一个人真的没有问题,我通过专业的辩护帮他洗脱了罪名,这样的境界是我所追求的。无论如何不能搞歪门邪道。

我看中尚权所,正是通过一段时间观察发现,这家律所是走正路的律所,而且是往专业方向发展。此外,尚权所起步不久,我在刚起步的时候加入进来可以跟着它一起成长。我觉得无论对我来说,还是对律所来说都是有好处的。

如果我去到一个很有名的律师事务所,那里“有我不多,没我不少”,不会受到重视;在尚权所,就不会是那样。

公安工作对刑辩的“好处”

李:30年警察生涯,对你做刑事辩护律师意味着什么?它给你带来什么好处?

王:实话说,好处挺多的。

我当警察的30多年中,对治安案件、刑事案件、行政方面的事务有一个全面接触。我是“从干中学”,又“从学中干”。法律专业知识,正是我在做基层刑警那几年学习的。

一开始在公安局办刑事案件的时候,我真是不懂得怎么去做。在培训的时候,人家告诉你卷宗材料得这么做、那么做。虽然我按照要求去了,但是总会被挑出毛病来。之后,我总会补充很多材料。

后来,我学习了《刑法学》和《刑事诉讼法学》。结合理论知识学习了以后,我突然就开窍了,明白了“犯罪是要讲犯罪构成要件的”。在《刑法》颁布之后,我们是对照着条文做工作,对盗窃罪和抢劫罪这些简单的罪行能够弄明白,对稍微复杂一点儿的罪行就弄不清楚“什么情况下构成刑事犯罪了”。在弄不明白的时候,我就会跑到检察院和他们那边的人探讨。

等到深入学习了《刑法学》之后,我一下子明白了,原来认定是不是构成犯罪要看这个案件是不是具备四个构成要件。明白了“构成要件”，我突然就把认定犯罪这个事情搞明白了。学习了《刑事诉讼法学》之后，我明白了什么叫证据，证据的种类，什么直接证据、间接证据、原始证据、传来证据，明白原来证据分这么多种类，原来是这么回事。

明白了刑事法学理论之后，我再去做笔录，就知道什么该记，什么不该记，就没有问题了。后来，预审一看是我做的笔录，就会说：“耀刚做的笔录，你可以放心，应该没有什么大问题；如果是别人做的，你可得仔细一点儿。”

因为我有刑侦的基础，后来做了刑辩律师之后，拿过案卷来一看，如果有问题，很快就能发现。

李：你从警察转型律师的第一个案子，也就是第一次做刑事辩护的时候顺利吗？

王：我的第一个辩护案件是一个黑社会案子，是重庆的黑社会系列案件之一。

2009年，重庆市大批黑社会案件开庭，我代理的是其中一个比较小的案子。开庭前，当事人家属找到了西南政法大学的老师，老师告诉他们：“你们去北京找尚权律师事务所吧，他们是专业做刑事辩护的。”当事人家属来尚权所找律师的时候，一看我是从公安机关出来的，就找我来做辩护律师了。

那时，我还没做过刑事辩护案件。不管你给我多少钱，我都非常珍惜这次机会。重庆打黑轰轰烈烈，我们尚权所还没接到案子，突然有一个案子找到我头上来了，不管怎么样我都会去。

在李庄被抓的第三天，我启程去重庆。

到重庆之后，我在沙坪坝区看守所见到了当事人毛某。我去会见的时候，有两个办案警察陪着我，那个时候审判阶段的会见还得经过公安机关批准、警察还得在场。我开始会见的时候，两个警察准备出去。

毛某一看见两个警察要走，就让警察别走。警察问“怎么回事”，他就说“你们一走，别把我的律师整得跟李庄似的”。我有些吃惊，就问毛某：

“你还知道李庄呢？”他说：“我们天天看电视。”

等两位警察回过头来，毛某就对我说：“我受到他们刑讯逼供了。”

后来，我看了案卷后，感觉案件办得有问题，认为毛某不构成黑社会性质犯罪。虽然案卷里记录了一些小的事情，但是跟他没有多大关系，而且在之前已经被处理过。

从重庆回来后，我就把办案情况向律所做了汇报。因为这是我代理的第一起刑事辩护案件，所里非常重视。我准备在开庭的时候做无罪辩护。为了避免我在法庭上出现什么纰漏，所里就决定再派一名律师和我一起代理这起案件，对我进行一下保护。

这样律所就派了吴骋律师和我一起代理这起案件。

那个时候，我对质证过程中的一些问题还把握不准，但是发问我能问到点子上，辩论也没有问题。在质证的时候，吴律师帮我“托”着点儿。

经历了这个案件以后，我就知道刑事辩护怎么做了。后来，在办案过程中，如果有些问题弄不明白，就会找张青松聊一聊、问一问，听他详细地一说，我就明白了。

回头说刑警工作给我做刑事辩护律师带来的好处。我认为最大的好处，还是我的专业技术方面的优势。我在办理案件的时候，就会把当警察时候的专业技术拿出来用。

李：能举个例子吗？

王：2012 年，我接了一个强奸案，代理案件的二审。

在一审的时候，法院给这个当事人认定了两起强奸案，定案的依据是 DNA 鉴定结论。但是，当事人的家属一致说他是冤枉的，说他根本就没有作案时间。他们说，第一起案件发生的时候，他还在部队服役，当时是带着女朋友回来的。女朋友来到他们家以后生病了，他一直忙前忙后地在护理她，他不可能在这个期间出去强奸一个幼女。

最为关键的是，那起案件是 8 月 30 日发生的，但在 8 月 29 日的时候，他和女朋友就离开案发当地了。

第二起案件发生期间，当事人刚结婚，他是带着新媳妇回家的。那起案件发生在离他们家 50 公里以外的地方，时间是早晨 7 点。那天他给同学家干活，帮着人家掰苞米，根本就没有作案时间。

当事人家属说得非常肯定，说这个人一定是被冤枉的。我说："我看看材料再说。"

我看案卷材料的时候，不看口供材料，因为他已经翻供了。我一上来就看现场勘查笔录，想看一看警方到底有没有提取到可供检验的物证。如果物证提取没有问题，翻供也可以判他有罪。结果发现，有的物证在笔录上存在，但在现场照片上没有反映。

这个时候，我就坚信这个当事人是冤枉的了。

为什么呢？当年，我在学习现场勘查的时候，要求先拍照固定，后提取痕迹物证。后在实践中，我严格遵循这一原则。到了现场，第一个动作是拍照；然后再观察，看哪里能下脚，现场勘查人员绝对不能踩在作案分子的脚印上。

看明白之后，技术人员得把现场足迹一个一个找出来，再一个一个拍下来。拍完足迹之后，技术人员再想办法提取足迹。

如果有其他物证，技术人员得把大的范围拍下来，再拍物证。这样做是为了反映这个物证在现场的位置以及和周围环境是什么关系。拍摄之后，侦查人员才可以提取物证，这是勘查现场的程序。

我拿过这个案件的现场照片一看，发现现场根本就没有任何物证。后来，说这个物证上有当事人的 DNA、那个物证上有他的指纹，但我要问"你的物证是从哪里来的"？我敢肯定不是从现场来的。

检出 DNA 的物证是一团纸巾，提取笔录是开庭以后提交给法庭的。有两个侦查人员补了一个提取笔录，说是在案发当天，在被害人的带领下，在案发现场提取了这团纸巾。我发现，这团纸巾的照片是在另外的场合拍的。这样，我就注意看现场勘查笔录上有没有这两个人，结果发现其中一个在现场勘察人员笔录名单上，另一个侦查员的名字不在名单上。

现场侦查人员名单上没有你，说明什么呢？说明案发当天你根本没有到过现场。你连现场都没有去过，怎么可能在现场和别人一起提取物证呢？

另外，提取笔录上没有见证人。这是不符合要求的。

这就是说，公安机关后补的提取笔录是随便写的。这个时候，我就对二审法官说："这个提取笔录是伪造的。"法官问："你凭什么说是伪造的？"我说："30 年前，我就是搞现场勘查的警察，我知道现场勘查应该怎么搞。他们这样做肯定不对，因为他们说的物证现场照片上没有，只能说明他们把现场没有的物证给伪造上去了。"

后来，法官可能通知检察院了。检察官找了公安局的办案人，前面提到的提取纸巾的那两名警察写了一个"说明"，上面大致这样写道："案发现场在离县公安局 70 多公里远的地方，当时，在现场附近的侦查人员及时赶到现场，对现场进行了保护。当时，秋风较大，为了防止物证被刮跑，侦查人员决定先行提取了纸巾。等其他人员来到现场后，把纸巾交给了法医。"

他们在前面给一审法院的笔录上说"我们俩去提取了纸巾"，给二审法院的"说明"上又说，是"侦查人员"提取了物证。至于侦查人员是谁，他们没有说。

相同的两个人，对于现场纸巾的提取，前后说法矛盾，等于自己否定了自己。

那么，物证是从哪里来的？谁来对物证负责？没人负责，那就是假的。所以，我的辩护词就是《侦查人员伪造物证陷害宋某》。

李：你的辩护词都是有标题的？

王：标题是辩护词的核心观点。

针对代理这起案件的情况，我写了一篇博客，发在网上了，标题是《当悲愤汇聚成河——宋某强奸案办案札记》，我在文章中公开写了警察造假。

在发表前，我经过了慎重考虑，主要是考虑他们会不会把我抓起来。我想了想，觉得他们不敢，因为我是靠证据说话的。我是拿你的证据证明你在造假。

李：案件结果呢？

王：二审法官没有采纳我的辩护意见，维持了有罪判决。

二审宣判后，我继续代理这起案件的申诉。但是，申诉都被驳回了。在此过程中，省检察院把案件发回市检察院要求复查。那个时候，我就要求调取案件DNA检验的原始档案材料。在去之前，我找公安机关工作的法医朋友反复探讨DNA的鉴定问题，他们也都认为这起案件的鉴定结论是有问题的。

李：探讨哪些内容呢？

王：DNA检验的程序是什么？怎么样才能找到真凭实据来证明公安机关造假？他们告诉我，测试仪储存的数据是原始的，是不可修改的。看DNA序列，测试仪看不了，只能把数据复制出来放到电脑上通过分析软件才能看到基因图谱。专家说，图谱在这个时候是不能被修改的，但图谱的名称可以修改，修改之后，就可以把不是这个人作的案子"做成"这个人作的案子。因此，只有在测序仪上查到的数据才是可靠的，在电脑软件上查到的数据是不可靠的。我弄明白之后，就去了案发地辽宁省朝阳市，检察院的人带着我去了公安局找那里的法医调取证据。

我告诉检察院的人，我必须去，我不去的话你们可能看不懂。

到了公安局之后，法医问："网上的文章是谁写的？"我说："我写的。怎么了？"

"你有什么根据？"他们又问。我说："你们自己不会看吗？"他们就不再说什么了。

我先看了委托法医鉴定的手续以及检验结果的档案材料，没有发现问题。我又看了图谱，他们介绍了一番，当然也没发现问题。接下来，我提出要求："咱们再往前走一步，把你们的测试仪打开，找找这个案子的数据。"

"什么是测试仪？"法医问。"你是搞DNA的，能不知道测试仪吗？"我问。他们说"不知道"，一看就是装糊涂。我说了两个专业术语，他们说："你比我还明白呢。"我说："我不搞明白了，敢上你们这里来查底子吗？"

紧接着他们就说"不行了,我得出现场了",没敢让我看测试仪。

我想说什么意思呢,法医拿给我看的东西都是可以造假的,不能造假的数据不让我看。比如,档案材料是手写的,想怎么写就怎么写;DNA 序列在电脑上是可以复制的,想复制多少就能复制多少,这个数据不可以改,但是名称是可以改的。就比方说,鉴定人员测出张三的 DNA,将他的 DNA 数据复制一下,把张三的名字改成某起案件嫌疑人的名称,将两份 DNA 图谱比较,数据完全一样,但张三的 DNA 却成了另一起案件嫌疑人的定案依据了。

DNA 技术是可靠的,但是掌握鉴定技术的人不一定可靠。也就是说,关键要看这个物证的来源。如果确实来自现场,那没有问题;如果现场没有这个东西,你抓了人之后说"有这个,有那个",这就有问题了。

李:这个案子现在是什么情况?

王:一直在申诉。现在在最高人民法院,他们在向下面的法院调卷。案子引起最高院的重视后,我写了一个图文并茂的代理意见交给了最高院。

李:念斌案也涉及了鉴定问题。

王:针对念斌案,张燕生律师曾经在我们尚权所开过一个研讨会。我把这个案子的卷都看了。

为什么看这个案子的案卷呢?因为我搞过多年笔迹鉴定,他们发现参加毒物检验的法医的签名有问题之后,就拿来让我看。我看了之后,发现里面(的法医签名)既有正常的笔迹,也有模仿的笔迹。

后来,张燕生律师对我说:"你做专家证人出庭吧。"因为申请得晚了,法院没有同意。这样,她就跟我说:"你赶快给我做一个关于签名的质证意见。"我就给她做了质证意见,说明哪一个笔迹是正常的,哪一个的笔迹是模仿的,哪一个签名是另外一个人的笔迹。

说到侦查技术,我又想起一起故意杀人案。

李:你可以介绍一下。

王:这个案子的被告人有一个情人。他夫人去世后,这个情人就不断催他结婚。他说:“你等一等,我肯定娶你。”这个人情绪不太正常,发作起来像精神有问题的人,好的时候和正常人一样。

那年五一长假的时候,被告人对那个情人说:“放长假了,我们出去玩儿吧。”话说出去了,他突然有别的事情走不开了。情人为此很不高兴,到了晚上就闹腾着喝酒。过了一会儿,被告人听见这个女子在喊叫,跑过去一看,看见人在阳台窗户外面呢,他就去往回拽。他拽了一会儿,没有拽上来,结果人掉下去,摔死了。

人摔下楼之后,被告人就报案了。结果,他就被抓了,检察院以故意杀人罪提起公诉。

一审开庭前三天,他姐姐委托我为他辩护,并提供了其他律师复制的案卷材料。对被告人作出故意杀人指控主要是根据对面楼上一个证人的证言作出的。那个人说:“我晚上 9 点钟打车从外面回来,一下车,听见对面楼上有动静。回头一看,一个女的在对面楼上倒挂着,她的两小腿搭在窗户栏杆上,里面有一个男人按着她的脚脖子。那个女的身体在往上够,但是够不着。因为两个人在说话,我还以为谁家的孩子在练功呢,我就扭头往家里走了。结果,听见对面的人说‘去你妈的’,接着就听见‘砰’的一声。回头一看,那个女的掉下来了。”

按照证人的说法,就是被告人按了一会儿就松手了,把情人从楼上扔下来了。

我接手这个案子以后, 就在考虑如何否定这个证人证言的问题。最终,我还是从技术上进行考虑。

证人说死者的两个腿肚子搭在窗户栏杆上,栏杆可是坚硬的物体呀。如果被告人按着脚脖子的话, 在死者两腿肚子相应部位就会留下相同的生理变化。为此,我就开始研究尸检报告。

因为没有看到照片,我就自己画了一张两条腿的图。报告里说哪里有痕迹,我就在图上标出位置来。结果,在死者两腿肚子上没有相应的痕迹。

庭审质证中,我向法庭说明了我的发现,以此证明那位证人的证言不客观，尸检报告不支持他的说法，证人证言不可采信。而被告人供述的怎么抓对方的手腕子、怎么拉她脚脖子，相应地在尸体上都有反应，应当采信被告人的供述。

这样，证人证言就被否定了。辩护完之后，我自己也挺得意的。

这个被告人最终经法庭调解，赔偿了死者家属后，被法院认定为过失致人死亡，免予刑事处罚。

“命案专业户”

李：在《法律与生活》杂志对你进行报道的时候，记者把你称为“命案专业户”。为什么呢？

王：刚开始做律师那几年，找到我做辩护的命案比较多。

我在当刑警那会儿也办过不少命案，从现场勘查到鉴定，一系列侦查工作都做过。在这方面懂得多一点儿，对证据等方面都比较熟悉，能抓住要点。

我还讲过课，专门讲司法鉴定意见的审查。我感觉自己看得比较细，从物证来源一直到鉴定结论的形成。因为我过去有鉴定资格，在公安机关也没少做鉴定，通过我做的鉴定判死刑的案件都有，在这方面我比较专业。因为做过现场勘查，我知道物证应该怎么排查，知道哪里有问题。

我代理了一个石家庄那边的命案申诉案件。2015 年年初，被告人亲属听说我们在做“蒙冤者援助计划”项目，就找到尚权所了，希望把这个案子加入计划中。我们第一批计划援助 5 个案件，那个时候名额已经满了，如果排队就不知道排在哪一天了。

被告人亲属拿了一页现场勘查笔录，说案发半年以后，把被告人抓了，理由是现场有他的指纹。但是，我看到现场勘查笔录中没有提取指纹的记录。我纳闷了，这指纹是哪里来的，觉得应该“研究研究”。

这样，我就对当事人家属说：“援助计划的名额满了，我个人援助你们吧。”

接手这个案子后，我先后去了石家庄中级人民法院五趟，才把侦查卷拿到。拿到卷以后，看到是两个被告人，一男一女，是同居关系。男的没有口供，女的有两份认罪口供，庭审中翻供称是被刑讯逼供后在警察写好的笔录上签了字。原判认定两被告人用毒鼠强将被害人毒死，并抢劫了她的财物，经四次一审，四次二审，两人被判死缓。就凭指纹和另外一个证据就定罪了。我研究了一番之后，认定指纹是伪造的。理由是现场勘查没有提到指纹。

如果有指纹，按照规则，你当时必须拍照，然后核验是不是死者的指纹。在死者家的物品上发现指纹，首先得看看指纹是不是死者的，在尸检报告中要记载提取死者指纹情况。然后，再排除和死者有接触的其他人的指纹。这些人的指纹都排除以后，才能看是不是作案分子的指纹。你在半年以后抓人，说是他的指纹。那指纹的照片上有日期，是半年以后的日期。

当时为什么没有拍摄指纹照片？如果有指纹，你应该先拍照把指纹固定下来。你半年以后才出现指纹，指纹的来源非常不可靠。

李：听了你的描述，最大的感受是你具有的侦查技术能力对代理刑事案件太有用了。

王：是的。提出辩护意见，你得拿出依据来，不能乱说。我敢说你造假，是因为我做过多年刑事侦查技术工作。我虽然没有干过造假的事情，但是我知道真的应该是什么样。你当时没有提取到的物证，后来拿出来，一定是假的。

李：你刚才说的石家庄的案件，是“蒙冤者援助计划”项目满了以后，你自己为当事人提供法律援助。你写到的到最高人民法院上访的案子，也是为当事人提供法律援助，而且花了很大精力。

王：那个案子，原本跟当事人家属说只给他们写一下申诉材料，不管立案的事情。后来，看这个当事人被判了无期徒刑，妻子和他离婚了，孩子还小，有个哥哥在外地打工，也非常困难，就很同情他们。

我把材料写好以后，他们说“你能不能帮我们交上去”。我之前没做过这类事情，以为很简单，就是到最高人民法院的信访窗口把材料递交上去,回家等着就可以了,就答应他们帮他们把材料交上去。

谁知道,到那里交材料的时候才知道,你把材料交上去之后,得不断地去问,你如果不去问,就等于没有那回事了。把材料交上去以后,我过一段时间就去问一次,问到四五次的时候,接待的人说:“案件是有问题,但是我们今年重点解决上访10次以上的老上访户。你可以把卷宗拿过来看看。”

法官一句话就把我排除掉了。他还对我说:“你自己去调一下卷,把案卷调来以后我们给你看看卷。”我说“行”。过了一段时间,我就到湖南郴州把卷拿到了。拿到卷以后,我去了最高院信访处好几次,到了那里一看接待我的人不靠谱就不把案卷材料给他,看到能听进去我的意见的人就把材料给这个人。

因为有“10次”这个目标勾着我,我去一次就接近一次目标,我就不断地往那里跑。到了第十次的时候,我心里想“终于到10次了”,就跟接待人员说:“我为这个案子已经来过10次了,你们是不是应该重点解决了。”结果发现好像没有那回事了。

今年(2016年)4月1日,我又去了。去了以后,还没等我说话,法官说:“你是第13次来了。”然后,就开始给我倒苦水,说我们多么忙、我们人多么少等。

“你一来,我们就发现了。我已经和庭长沟通了,我们决定调卷。但是,这个过程中时间会很长,你不要着急。”法官说。

“行。”我说。

“根据现有证据看,我们觉得案件没有问题,调卷以后还是这些证据的话,我们就会驳回申诉。”法官说。

我心里在想,那也行,好歹有个结果。嘴里在跟法官说:“当事人真的没有拿到钱,他如果拿到钱了,他就该接受减刑了,减刑出来以后好花那些钱呀。他一直不认罪、不减刑,这能是他有罪吗?”

我前面说的石家庄的案子,一男一女两个当事人,那个女当事人也是不减刑。她的刑期从死缓减到无期徒刑,监狱好几次说给她申报减刑减为有期徒刑，她都不同意，说减刑影响她申诉。直到最近，监狱的人劝她说“你减刑吧，有规定，减刑不影响你申诉”，她才接受了减刑这件事。她已经在里面关了 13 年了，她说：“如果是我干的，我干吗不减刑啊，我要早接受减刑，再过几年就能出去了。”

我听了这些事，心里很难受。

李：你经常帮助苦难者。

王：我比较同情弱者，见不得他人受苦。别人找到我的案子，我不管受多大累，都不会提加钱的事情。去最高院申诉那个案子，当事人给所里交了 5000 块钱，我不管你给的钱是多是少，都是一次一次跑。3 年多时间，我为那个案子吃了很多苦。

一开始，因为摸不着门路，我每次都是一大早就跑到那里去了。遇上冬天，早晨特别冷。有的时候，上午在那里等半天也不会被叫到名字，下午还得去，中午我只能在车上歇一会儿。

为石家庄这个当事人提供援助，是因为我发现刑事技术问题了，我发现问题就不能假装看不见了。我觉得是伪造证据了，就想站出来揭露这个问题。

石家庄这个案子，除了涉嫌伪造证据，还有刑讯逼供的问题。那位女性当事人告诉我，她挨过打，被打伤之后回到号子里是女号长帮着看守所验的伤。为了证实这件事情，我就到石家庄找这个女号长。那天，我从早晨等到晚上，等了整整一天才把那个人等回来，取了证。

“我受张青松的影响比较大”

李：无论是代理小河案，还是代理当事人 13 次到最高人民法院上访，看到你身上有一点“死磕”的精神，我给“死磕”加引号，你如何评价自己对案件的态度？

王：我办事比较执着，总想把手里的案件办出一个好的结果。

为了追求好结果，我在做的过程中是很认真、很尽心竭力、不辞辛苦的。我跟一些“死磕”律师处得也不错，也和他们合作过案子。我和他们的不同是，我比较低调，做事风格和他们不太一样。比如，我去了法院五次才阅到卷，要是换了一些人，可能就要公布出来了，但是我没有那样，而是查到相关规定和法院沟通，最终拿到了卷宗。

我代理的一起黑社会案件，一审认定为“涉黑”，二审把“涉黑”犯罪拿掉了，我一次也没有发微博。在案件审理过程中，我一直是在跟法庭进行理性沟通。我提出非法证据排除的意见后要看录像，法官也答应了。那个案子的录像，法官陪着我看了两天时间；我提出跟被害人核实证据，法官说“这不太好”，最终决定法官去核实，我参加。

在这方面，我受张青松的影响比较大。一开始当律师的时候，遇到司法机关工作人员态度不好，会来火，但是这种方法不解决问题。我跟张青松出去办案，就看他怎么处理这些问题，结果发现他一直是和颜悦色，即使对方侵犯了自己的权利，也不急不火。

我给你举个例子。一次，张青松和一个执法人员交流的时候心平气和地问对方：“你这样做，违反了法律规定，我要不要去检察院投诉你？”对方说：“那是你的权利，你去吧。”张青松就说：“那我就去检察院了。”(笑)他不是和对方吵了一顿再跟对方说“我到检察院告你去”，而是不温不火地和对方交流。我感觉他的沟通方式比较好。

李：我看很多尚权所律师都讲到了张青松，感觉大家提到他不仅仅因为他是尚权所的创始合伙人，而更多地是因为他代理案件的专业化程度和做事情的一种品格。

王：对。张青松是很聪明、很智慧的人。

他总是能把方方面面的关系处理得很好。他跟司法机关的不少人处着处着就成朋友了，不管到哪里开完庭，人家都会对他很尊重，愿意和他交往。有时，人家还会请他讲课。他做到这个分儿上，是一般人做不到的。

李：还有什么可以跟我们分享的？

王：我觉得无论如何，要做一个好人，然后再说做事。

张燕生律师在向别人推荐我的时候说："王耀刚律师人品好。"

我再给你看一段我的当事人给我的评价。张燕生是周滨案件的辩护人，她把我推荐给周滨的家人了，我给周滨岳父做辩护律师。在案件结束回到美国之后，他给我发来一条信息说："你是一个好律师，更是一个好人。"

李：你是一个好律师，更是一个好人。这个评价很高，相信在你的当事人中也有代表性。

关于"刑讯逼供"那些事

李：我特别想请你谈谈刑讯逼供这个问题。你做过公安工作，对刑讯逼供这件事可能比别的律师有更深的理解。我注意到，你在代理案件的时候，无论是许金龙案还是其他案件，攻击的点都是刑讯逼供。对刑讯逼供这件事，你得跟大家好好谈一谈。

王：那就从我的亲身经历讲起吧。

我 1978 年开始做刑警。那个时候，"文化大革命"刚结束，由于"文化大革命"期间出现了很多冤假错案，那些错误都是刑讯逼供造成的，所以我一入职进入公安局工作，领导还有老同志都向我们这些年轻人强调办案要"重证据、重调查研究、严谨逼供信"。

我记得那个时候，还经常学习毛主席的教导。当时，毛泽东有个批示说："这种法西斯式的审查方式是谁人规定的？应一律废除。"（编者注：据《刘复之回忆录》记载，原铁道部副部长刘建章的妻子刘淑清探监后写信反映秦城监狱虐待在押人员，一天只放风三十分钟、喝三杯水等问题。1972 年 12 月 18 日，毛主席在来信上批示，问道："这种法西斯式的审查方式是谁人规定的？应一律废除。"）

那个时候，因为上面所说的原因，再加案子很少，不可能有刑讯逼供。

我讲一个故事吧。大概在 1979 年或 1980 年的春节放假后，刚上班，我们当地突然发生了一起刑事案件：一个孤身的农村老头被人打得不省人事，家里的钱被抢走了。我们问老头是谁干的，他说是熟人但说不出名字来。

这样一来，我们就在老头所在的村里找作案分子。那个时候，我还不会搞现场勘查呢，就跟着老同志出现场。一个老同志会看脚印，当年他曾跟着内蒙古放羊的老头马玉林学习过步法追踪。

在办理那个案子的时候，我们在老头家的窗户前发现了半个足迹，是穿解放鞋的鞋印。这位老同志把鞋印提取之后，我们找到一个嫌疑人。这个嫌疑人没有老婆，好赌博，老同志拿鞋子对比了一下就认定是这个人干的。

把这个赌徒传来以后，我们就开始审问。他不承认，我们这位老同志就发火了，说："铐起来！"我们上去就给嫌疑人戴上手铐了。结果，戴上手铐也就两三分钟时间，嫌疑人说："我说，我说，是我干的。"

"钱哪里去了？"老同志问。嫌疑人就交代说，钱给了一个女人 5 块，自己干什么花了几块。我们去找那个女人，她承认那个人给了她 5 块钱。那个时候，农村生产队的人手里都没有钱，谁有钱都能说出来历。这样，我们把钱收集到了，就是有证据了。

跟着师傅破案，感觉开了眼了，这是我第一次见识"刑讯逼供"。

那个时候，我们轻易不敢对一个嫌疑人进行约束。有的时候，失去耐心，也会对嫌疑人用绳子捆一下，或者戴一会儿手铐。往往是，受到约束不一会儿就交代了。

李：那个时候，刑事侦查技术并不发达，你们在办案的时候确保正确难度应该比较大。

王：没有弄错过。

那个时候，即使把案件办得很漂亮，警察只要捆人了检察院就会监督你。

案子到了检察院之后，他们会问嫌疑人："这事是你干的吗？"回答是："是。"

接着问："你是在什么情况下供认的？"嫌疑人说："他们捆了我一下。"

一听嫌疑人这么说，检察院的人提审后，马上就会来找我们，说："你们怎么能搞这种事情？这不行！你们这是刑讯逼供呀！"我们马上老老实实说"是是是"。

我们嘴上说“是是是”,心里想“要不是捆了他一下,他会供认吗”。直到有一次,我们一个同事把案件弄错了,就惹了大麻烦了。

李:是很严重的事情?

王:那是(20世纪)80年代初的时候,农村的一个代销点被盗了,我们那个同事带人去破案。

在那里找到一个嫌疑人,问了半天问不出问题来,就把人家捆了一下。后来一看不是这个人,就把人家给放了。

我们同事走了以后,那个人去医院开了个诊断证明,说这里“神经受损”、那里“活动受限”。拿着这个诊断证明,那个人就到检察院控告我们同事来了。

接到这个人的控告以后,检察院就立案了。立案以后,把我们两个同事找过去问情况,他们说是捆了那个人。这样,检察院就要以刑讯逼供罪抓人了。

我们整个公安局人都被吓坏了,局长到处找人说情去。后来,检察院以构成犯罪但免予起诉来处理了这件事情。

这件事情给了我们很大的教育,大家都说“以后可不能再动手了,检察院可真的抓人哪”。从那时开始,我们就不动手了。

当时,我们公安局有个领导特别好,他在审讯的时候就特别有耐性。我们在下面看着,摩拳擦掌地想动手,他不发号施令,我们不敢动。最终,案子通过他坚持做工作做通了。

那个时候,我们领导不允许搞刑讯逼供那一套。

我记得我们刑警队长因为捆错了被别人告了,那个时候不敢搞像现在这么严重的刑讯逼供,打得人家伤疤多少年都下不去,那个时候就是“捆一下”或者“铐一下”。公安局领导非常生气,让我们队长写检讨。他是个烟民,就用烟盒包装纸写了个检讨。

在开全体大会的时候,队长要在会上做检讨。局长一看他把检讨写在烟盒纸上了,批评他态度不端正。

从此以后,我们都挺守规矩。

李:从你的经历看,刑讯逼供是什么时间开始泛滥的?原因是什么?

王:事情有个演变过程。

1983年,因为要"严打",就抓了很多人。在此之前,没有证据不敢抓人;"严打"就不是这样了。

1983年8月的一天,全国统一行动。那天零点要抓人,派出所和刑警队的民警坐在那里面面相觑,都在问"抓谁呀"?该抓的都在"里面"呢,不该抓的因为没有证据也不敢抓。

张三可能有盗窃嫌疑,以前想抓没抓,这次抓了吧;李四经常偷鸡摸狗,也有点儿问题,也抓了吧……先抓起来再说,就这样大伙儿凑了20来个人。

时间一到,大伙儿就分头抓人去了。

半夜把人抓回来以后,第二天开公捕大会。每个人脖子上挂个牌子,被押到会上,说全国"严打"开始了,现在召开公捕大会。

开完公捕大会之后,被抓的这些人就倒霉了。回来以后审问,他们都不知道怎么回事。问不出事情来,就用电警棍吓唬一下,也不是说打得多狠。

有事情的人就赶紧交代了。他交代了,民警问"还有吗",他回答说"没有了,真没有了"。然后就不再问了,确实没事的人就陆续放了。

李:回过头来,你如何评价那段历史?

王:那个时候办案,案件本身没有错,就是量刑重了。没有强迫任何人把不存在的事情认下来。

那个时候,警察办案都是有分寸的。把人抓了以后,判断一下没事,就把人放了。现在我们接触到的像许金龙这类案件,肯定都是用了很严重的刑讯逼供手段。我们通过办案了解到的刑讯逼供手段"什么样的都有",像我代理的一起辽宁黑社会案,那个"黑老大"说,他本来要跟着国家领导人到韩国去参加20国峰会的,结果他在机场被抓了。

把这个"黑老大"抓回去以后,他穿着挺好的西装,警察上去就给扯烂了。办案人员把他脱得一丝不挂,然后把他固定在铁椅子上,把电话线绑在他身上用摇把电话使劲摇，他被折磨得很难受得"直蹦高"。他后来说，因为太难受了，他挣扎的时候把脚镣都挣开了。

许金龙和张美来两个人也是这样，我和毛立新律师在会见他们的时候，看到他们身上都有鸡蛋那么大的疤痕。石家庄那个案件的女当事人，我去会见的时候，她说办案人员上来就打，打了三天三夜。打完以后，送回看守所。在送她去看守所入所的时候，登记表上登记她身上的伤痕的时候，写得密密麻麻的，把表格都写满了。把人打成这样，他们都敢往看守所送。

在我们当刑警那会儿，就是你办案子办得对，检察院都要监督你。现在，检察院办案也搞刑讯逼供。我的一个当事人被检察院从看守所提出去审，往回送的时候身上到处是伤。看守所一看伤成那样，赶快让医生做检查，登记伤情，进行治疗。

什么手段都有。有的办案人员怕出现伤痕，就用空调吹，夏天吹冷气"冻"嫌疑人。深圳一个公安局的副政委说，他被关在一个屋子里，检察院的人用空调抽干屋子里的湿气，让空气变得特别干燥但是不给他喝水，他的嘴唇上干得全是裂口。湖南那边一个当事人，是被"下一字"，就是把嫌疑人的腿劈开在地上形成"一"字，如果腿伸不直，办案人员就从后边用脚蹬你。当时，把嫌疑人折磨得很难受，但是事后什么痕迹也没有。

李：刑事辩护律师经常会说到刑讯逼供问题。你们一般情况下如何发现这个问题并如何对待这个问题呢？

王：我们一般是在当事人翻供的情况下发现刑讯逼供问题。当事人翻供以后，我们会问"为什么翻供"，他会说"遭到刑讯逼供了"。这样我们就会关注刑讯逼供问题，在开庭的时候就会申请启动非法证据排除程序，因为刑讯逼供得来的证据是非法证据。

我在黑龙江辩护的一个案子，看笔录的时候发现，12 分钟记了好几页，内容是当事人从不认罪到认罪。这 12 分钟的笔录是怎么形成的？我要看讯问录像。你的笔录是一个字一个字打出来的吗？办案人员连问话带记录，在 12 分钟内完成一个案件讯问工作，我认为根本不可能。

到现在办案机关也不敢把讯问录像拿给法院。

我问公诉人“你看了讯问录像了吗”,他说“看了”。我又问“你看怎么样”,公诉人说“都是他说的呀”。

“你看一下记录,是一个字一个字地敲的吗?”我问他。“有点儿快。”公诉人说。

李:我也听别的律师说过,非法证据排除的难度很高。

王:很难。法官一般不敢排除。

因为刑讯逼供在一般情况下很难说得清,办案人员就是不承认,法官也不知道到底有没有。但是,有的情况是白纸黑字写在那里的,办案人员在讯问的时候,要告知权利和义务,对告知过程和内容要在笔录上进行记录,但是笔录上没有这些内容。

我提出上面的问题,根据司法解释规定,办案人员可以进行补正或者合理解释。如果不能补正或合理解释,讯问笔录不得作为定案根据。有的时候,他们会说“我口头告知了”,你说口头告知了,你也得证明。不能你说口头告知了就是告知了。你得拿出证据来,讯问录像就是最好的证据。没有录像,你怎么能证实你告知了呢?要求有记录,你没有记录的话,这个证据就不能采用了。

法院还是比较弱势,它既不敢得罪检察院,也不敢得罪公安局。

因为我当刑警的时候,我们公安局的人没有搞过刑讯逼供,我们知道刑讯逼供会造成冤假错案,所以,一看到刑讯逼供的问题就想揭露出来。

人物志

王耀刚，坐在小河辩护席中的前警官

大厦不是一天盖成的。王耀刚在小河法庭上一夜成名，肯定不是偶然的。刚好网上很多人都对他产生了好奇。于是，《法律与生活》记者对他进行了采访。真是不谈不知道，一谈吓一跳，这个貌似平凡的律师居然如此不凡！律界真是藏龙卧虎！

王耀刚原先是一个地级市的公安局副局长，后来成了一名刑事辩护律师，这是多么奇异的职业转换！他说，“前三十年我是专门搞从重从快的，后三十年我要专门做从轻减轻的工作，使我这一生在办理刑事案件方面达到平衡。”这是多么崇高的职业使命感——这里面似乎还有自我救赎！

在万众瞩目的贵阳黎庆洪案中，在小河法庭上，以一张陌生的面孔和专业的辩护引起人们注意的王耀刚，是北京市尚权律师事务所律师。

小河扬名，并非一日之功

王耀刚律师站如松，走如风，坐如钟，气定若闲，声音富含磁性。

6 月 21 日上午，作为黎庆洪“黑社会组织”重要成员的何菊建重新委托的律师，王耀刚律师初次出这现在贵阳市小河法庭上，那种气场，就让各方吃惊不小。

黎庆洪是身家过亿的民营企业家，被贵阳中院以领导黑社会性质组织等罪判处有期徒刑 19 年。上诉后，贵州高院发回重审，贵阳中院裁定准许贵阳市检察院撤诉。然而，经贵州省高层干预，一年后该案再被公诉，被告人由 17 人增至 57 人，并违反程序让贵阳市小河区检察院起诉，小河区法院审理。一时间，此案引起法律界警觉，多位全国知名刑辩律师前往小河为黎庆洪等被告人免费作无罪辩护，全国最高司法机关也派员驻小河指导审判，成为举国关注的标志性案件。

本案多数被告人都提出同样的问题：他们在侦查期间的口供是刑讯逼供后的虚假供述。因此，法庭在律师和众多被告人的强烈要求下，启动了非法证据排除程序。这一天，正是对最后一名被告人何菊建口供取得的合法性进行法庭调查，王耀刚是主角。

根据排除非法证据规定，由公诉人对侦查人员取证的合法性承担举证责任。等到公诉方就侦查人员取证合法性举证完毕，王耀刚律师从法警手里接过材料，开始质证的时候，逐渐显露的专业水准，更是让 88 人组成的庞大的辩护律师阵营窃喜。

王耀刚没有放过控方证据中每一个疑点，一会儿说，看守所的体检表没有外伤的记载不能证明没有受到刑讯逼供，因为刑讯逼供不一定都造成明显外伤；一会儿说，体检表上两人的签名出自一个人之手，狱医的名字是另一个人代签的；一会儿说，侦查人员 8 月 30 日将何菊建带到办公室讯问，那不是法定讯问场所，而且，连续讯问 11 个多小时违法……

总之，王耀刚说，何菊建受到刑讯逼供的可能性不能排除，有关口供应属于非法证据，法庭理应排除。对此质证意见，公诉方无言以对。

后面的日子，是由公诉人对所指控的全部犯罪事实举证，由全体被告人和辩护人就所举证据的合法性、客观性和关联性发表质证意见。

坐在小河辩护席中的前警官

王耀刚白天参加法庭调查，晚上对照起诉书指控何菊建的三个罪名七项犯罪事实及多项违法行为，逐一核对并认真研究散落在 200 多本卷宗中的证据材料，对公诉机关的指控发起颠覆性的攻击。

对于何菊建是不是黎庆洪注册成立的某公司总经理助理的问题，王律师说，仅凭何菊建曾在摆放“总经理助理”水牌的座位上坐过，就认定他是总经理助理，是荒唐的。他将目光指向公诉席，“这正如你们各位公诉人，你们本是贵阳市检察院的工作人员，虽然坐在小河区检察院的席位上，却不是小河区检察院的人！”

王耀刚还从宏观角度指出，本案自贵阳市人民检察院撤诉后，侦查、起诉及审判程序多处违法，如撤诉后继续羁押被告人违法、侦查程序违法、由小河区法院管辖违法等，并援引了相应的法条。

关于侦查程序违法的问题，王律师斩钉截铁地说，若将案件交上级公安机关管辖，应由上级公安机关办理立案手续。贵州省公安厅未经立案，就组成“7·1专案组”，对本案进行侦查，没有法律依据。因此，整体而言，“7·1专案组”所进行的侦查活动都是违法的，他们收集的证据都属于违法证据，应予排除。

在最后的法庭辩论阶段，王耀刚发表了题为《领导的批示是后来一系列程序违法的总根源》的长篇辩护意见。其中提道：“我虽然介入本案较晚，但是，仅凭脑子里‘库存’的法律知识和执业经验，以及法庭长达16天的举证质证，我可以断定，公诉方没有任何站得住脚的证据，本案纯属人为构陷的冤案！”

然后，他话锋一转，“那么，这个冤案是如何出笼的呢？案卷中的《黎庆洪黑社会性质组织犯罪集团案件补充侦查终结报告书》给出了答案。”随之，他将报告书中的关键内容和盘托出，例如，贵州省某领导如何召集“三长会议”；公、检、法三机关如何密切配合，将案件发回重审、撤诉、退回公安补充侦查，再加码处置；如何成立“7·1专案组”……

此时，法官以报告书涉密为由急急将他的发言打断，但他坚持说，依据什么法律，报告书并不涉密，并换种方式把话说完。

在史无前例的小河之战中，王耀刚的表现专业而中道，大受赞扬，著名法学家何兵(何菊建另一位辩护律师)、著名学者秋风、法学博士毛立新均为他喝彩，网上也是好评如潮。参加旁听、与官方人士也有交往的全国律协某领导还在现场给张青松主任打电话：“你所王耀刚律师表现出色，在场律师和公检法司一致认为他专业水平很高！”

可是，大家有所不知，王耀刚是临阵换将上的法庭。他19日晚突然接到贵阳方面紧急求援电话，20日下午飞抵贵阳，晚上办理相关手续。向法庭要求延期审理以作必要准备的请求未获批准，21日上午就出现在小河法庭上了——可谓招之即来，来之能战！

常办命案，人称命案专业户

大厦不是一天盖成的。显然，王耀刚律师在小河法庭上被大家发现的功力，不是突然之间形成的，甚至也不是他转行当律师之后才形成的。

一个基本的事实是，王耀刚转行当律师仅四年，就代理了很多值得大书特书的案子。只不过，没有产生名案(如黎庆洪案)或名人案(如某高官)那样的媒体放大效应罢了。

试举一个最新的例子——

强拆命案。2010年，哈尔滨市道外区拆迁人员王青松、张广民等人携带凶器，与被拆迁人梁田禄、梁振江父子发生争执、厮打，张广民胸部被锐器刺中死亡，梁田禄、梁振江受伤。之后，梁振江被以故意杀人罪追究刑事责任。

接受梁振江委托后，王耀刚敏锐地发现，唯一的证人所描述的被刺人，与张广民特征不符，全案证据不能证明梁振江刺张广明。为此，公诉机关两次退回补充侦查，并因证据不足不再受理。直到八个月后，马识伦、董雷两人从天而降，自动作证，检察院才决定起诉。

认真研究两位证人的证词，王耀刚又发现，没有任何证据证明这两个人曾在现场，他们的证言有的前后矛盾，有的互相矛盾，有的与其他证人矛盾。更重要的是，办案人员没有提取到螺丝刀，那么，梁振江拿了一把什么样的螺丝刀，能否形成这样的损伤？

综上所述，王耀刚指出，该案显然没有达到“证据确实、充分”的标准。而且，即便是梁振江刺的，也不能排除正当自卫的可能……梁振江无罪。

(本文原载《法律与生活》杂志，作者为郑荣昌)

业务经 4

不交易、不勾兑、不对抗，底气何来

对话人物：蔡华［北京市尚权（深圳）律师事务所律师］

代表性案件：刘汉和刘维涉黑案、湖南临武瓜农死亡案、深圳“太空迷航”事故案、广东首例食品监管渎职案、深圳光明滑坡重大责任事故案

蔡华也是一位对刑事辩护情有独钟的律师。2011年，他和几名志同道合者在深圳创办了北京市尚权（深圳）律师事务所。作为尚权所的专职律师，这位代理了刘维案等一系列重大刑事案件的律师是深圳最有实力的刑事辩护律师之一。

无论是在管理北京市尚权（深圳）律师事务所期间，还是作为尚权所专职律师，蔡华一如既往地以行为礼赞尚权所这个平台。事实上，在卸下管理重任后,他有了更多时间传经送道。无论在深圳律协的律师入职培训课堂上，还是在江西鹰潭的尚权所公益项目——青年律师刑事辩护技能特训营里,他都是深受青年律师赞誉的“蔡华老师”。

2016年5月11日至13日，蔡华在上述特训营间歇和我们分享了他的刑事辩护经验、智慧和心得。

蔡华说:“交流,不交易;沟通,不勾兑;对话,不对抗。是我自己办理刑事案件坚守的三个原则。”在谈到师徒关系时,他说自己对徒弟的要求“比较严苛”。

蔡氏“三不原则”

李:在内地,委托人找律师的时候普遍比较关注律师在公检法是不是有关系?你在深圳也会面临这种情况吗?

蔡:在深圳也是这样。委托人非常注重律师是不是在公检法有关系,他们认为“打官司就是打关系”。每当有当事人问到我“有没有关系”的时候,我都会明确告知没有私交关系。我不会答应以“打关系”的形式去做刑事案件,而且我个人认为,靠关系去做刑事案件是对刑辩律师的羞辱,也是对司法人员的不敬,更是对法律的亵渎。刑事辩护律师绝对不可以用关系和承诺案件结果的方式去招揽案件,那不是长久之道。但是,我也是一个勇于承诺的人,我会对委托人做出承诺,那就是“如果我的法律服务不到位,可以全额退费”。我会告诉委托人:“我会给你一个完美的庭审,如果不完美,可以把费用退给你。”我对委托人的这个承诺,等于是给自己增加了特别大的压力。

对话不对抗、沟通不勾兑、交流不交易。这是我自己办理刑事案件坚守的三个原则,在和年轻律师交流的时候,我经常会给他们讲我自己的这三个原则。

李:不满意就退费,你一直在这样做吗?有退费情况发生吗?

蔡:我一直都是这样坚持的。这么多年来,一共有两次退费情况。这两次退费，都不是因为当事人对我的法律服务不满意，而是对案件判决结果不满意。因为这个原因，他们以家庭困难为由希望退费，我也会视情况而定。当然，也有另一种情况的存在，那就是解除了委托，但不要求退费的。

现在，当事人找律师的过程很复杂。有一起受贿案，当事人换了8次律师，最后一次要换我时，希望我能在背后提供法律服务。我的原则是，只要是有利于当事人的，我自己受点委屈不算什么，我不计较是在台前还是幕后。当事人说，没想到你这个人这么大度。其实这不是什么大度，而是一位律师应有的品质。

李：在刑事辩护律师中，你的收费算比较高的。当事人为什么愿意高价委托你呢？

蔡：其实，我办理刑事案件从全国层面上来说，收费是不算高的，但在深圳好像有点儿偏高，因为我知道，我自己办理一个案件所花费的时间和精力至少是一般律师的10倍。

我要经常出差，还有一大堆非常有意义的社会事务，白天的工作时间被占用了不少，只有到了不出差的周末和晚上，我才能静心地去做案件工作。为了把案件做到最好，我平均每天晚上睡觉的时间大多是半夜两点钟左右。我自认为，我和很多人最大的不同就是对案件的认真和负责，除此之外，还是认真和负责(笑)。另外，许多年以来，我都喜欢自己亲自处理案件，从不把案件交给助理。当事人找的就是我，是对我的信任，我应当对这份信任负责。我认为，当事人的信任就是对律师最高的荣誉。为了这份荣誉，我们需要百倍努力地工作。

现在社会发展非常快，我们在办理案件的过程中，经常会遇到一些新的知识和新的问题问题。我们除了掌握案件的基本事实，为了办好案件还要经常性的学习和掌握新的知识，知识的更新都是需要时间和精力的。所以，我们每承办一个案件，一方面是在为当事人的利益最大化，另一方面是我们在对生命的消耗。目前，律师收费和律师所付出的并不成正比。

李：我看到你在深圳的律师界获得了比较大的认可，是深圳律师协会

刑事专业委员会的主任，又是首届深圳十佳刑事辩护律师，你都承办一些什么案件？是以深圳地域为主吗？

蔡：深圳律师界的认可要感谢深圳的律师同行，更要感谢尚权所这个平台。至于承办什么类型的案件，这个真不太说得清楚，曾经我们深圳尚权所也想再对刑事案件细化，律师根据自己的特长和兴趣爱好细列专长。经过思考之后，我的答案是，只要是刑事案件都是我的专长。执业20多年来，大大小小的刑事案件也有近600件，涉及暴力、经济、渎职、走私、贩毒各种形式的罪案、冤案都经历过，哪一件不是潜心研究、殚精竭虑，让我来说专长，确实难以取舍（笑）。至于我所承办的案件地域，说不上是以深圳为主，应当说在深圳一半，在全国各地一半吧。其实每年也没做多少案件，10到20件吧，因为案件大多比较复杂，没有那么多的时间和精力，要保证案件质量，只能是少而精。我办理的案件，有些是总所的张青松拿过来的，有的是常铮、毛立新找我合作的。当然，大部分是通过其他渠道找到我的。我不会做营销，网络宣传比较差，完全是靠口口相传和同行介绍的，我的执着和认真大家还是认可的。昨天，接到两个电话，一个是广西一位当事人打来的，希望让我办理那边的一个渎职案件；另一个是湖南打来的，委托办理一件死刑复核案。

特训营的诊所式培训

李：我观摩了一下特训营的教学，发现你的课程安排和教学过程特别科学和非常细致。在质证环节的课堂上，我发现你把案件拆分得很细，每个环节都像电影慢镜头。在慢镜头录制的过程中，让学员参与“表演”，指导老师在现场观摩并指出问题所在。为什么这样安排？

蔡：质证在刑事诉讼法庭中非常重要，我们发现，我们的许多律师在法庭上不会质证或质证不好，而我们的学员能力、资历不一样，就有必要设计符合实战的教学方法。就这期特训营而言，我们是完全按照刑事诉讼的全部过程来设计培训课程的。这些年轻律师在读书的时候，并没有人教给他们做刑事辩护律师的技能。在培训的过程中，我们会发现，大家对有关规定并没有熟练掌握，虽然每个律师的质证风格各不相同，但是都必须围绕证据的“三性”也就是合法性、真实性、关联性进行质证。而实践中，我们许多律师在法庭质证时没能做到围绕“三性”去质证，有的律师会犯这样的错误，说着说着就从质证拐到辩论上去了。我们说，质证发言要有条理，要有逻辑性。我常常强调，质证要用法言法语，因为我们辩护律师的质证是说给法官和公诉人听的。因此，教学的过程中，我们有必要把案件事实拆分得很细，让学员参与“表演”，这就是互动的诊所式培训。

李：你们这等于是在帮助学员练习基本功。我在培训现场接受到一个很重要的信息，就是有学员提出，“在法庭上，法官经常会打断律师发言”的问题，而这个问题常常是律师对法官有怨气的导火线。你是怎样看待的？

蔡：质证要有系统性。既要从整体上看问题，又要具体看每个证据的问题。法官打断律师发言往往是因为律师的发言指向超出了质证本身，是在辩论。所以，有必要告诉和提醒学员在质证时要围绕证据结合案情本身来进行，质证要注意语言的干净，不要拖泥带水，质证是为法庭综合性辩论打基础。

质证的根本在于阅卷，通过仔细阅读案卷，所有问题了然于心之后，质证就不会有大的问题。开庭前要有举证、质证的提纲，把提纲和临场情况结合起来进行质证。当然，最重要的就是要针对证据的“三性”进行充分的准备工作，通过比对笔录来发现相关证据存在矛盾的地方。

法庭发问、证据质证、综合辩论是刑事辩护律师在庭审中的基本工作，不同的环节各有重点，要善于把握重点，围绕法庭辩护的思路进行质证，把发问、质证、辩护几个环节贯穿起来，从整体上去考虑问题。这样，法官就不会轻易打断律师的发言了。

李：刚才在点评第三组学员的质证训练时，出现了辩护人之间的配合问题。这也是律师在法庭上经常出现的问题之一吧？

蔡：在刑事案件庭审时，常常会有多个被告人一起受审的情况，不同被告人所委托的辩护律师之间如何配合确实是个问题。学员在模拟质证时出现了第一被告人向第二被告人推责的问题，这需要大家在庭前进行沟通。如果不能沟通，在法庭上出现当事人之间的利益冲突时，要有艺术性地处理问题。做到当时不要评价对方的做法，但在辩论时要提醒法庭注意相关问题，从而达到维护自己当事人合法权益的目的。

李：我看你们作为师傅是手把手地点拨年轻律师。比如，我看你和常铮律师是以刘维案为例给特训营学员讲质证问题的。

蔡：是的，刘维案确实是一起考验律师综合能力的案件，1000 多本卷宗。虽然尚权所很多律师都参与了这个案子，但是很多问题还是要在法庭上去解决，就比如质证的问题。在法庭质证期间，我们常常是在听公诉人举证之后，要快速地形成质证意见。在刘维案的法庭上，其他同案被告人的案子都比较少，只有刘维案涉及面比较宽。所以，对我们的质证能力要求非常高。这个案子是个大案，用这个案子做例子能够调动大家的学习兴趣，效果会好。

李：除了质证，你们还给学员讲解了刘维案庭前会议示证的问题。

蔡：由于刘维案的证据比较多，仅庭前会议就开了两天时间。第一天，着重解决了面对那么多证据材料如何出示的问题，第二天一整天都在出示证据材料。在这个过程中，律师怎么应对也是需要技能的。我们以此案作为教案，把经验分享给年轻律师参考，对他们来说很重要。

关于师承

李：我注意到，有一些年轻律师一直在追随着你向你学艺，而你在近年来也在培养年轻律师方面花费了比较多时间和精力。为什么？

蔡：我在参加庭审的过程中发现，从刑事诉讼整体上看，中国律师这支队伍的素养没有得到提升，15 年前是刑辩律师的业务素养高于公诉人，而现在是公诉人的水准超过了律师。最近这十年来，公诉人经常接受常规的培训，而我们律师作为自由职业者，可能这方面比不上公诉人，特别是年轻律师在刑事辩护专业技能上有所欠缺。

一些年龄比较大的律师，在法庭上还是靠过去的“经验”开庭，对法庭发问和证据这两门核心诉讼技术并不专业。这几年，随着就业大潮涌入律师队伍中的年轻律师则更加缺乏经验和庭审的历练。有的时候，在法庭上看到、听到自己的同行被法官奚落，我心里很不舒服。这样的事情经历多了，就想把自己这么多年来在办案过程中积累的经验和年轻律师分享，这也算是对行业的责任吧。当然，我不能同意“追随学艺”的说法。因为我也不见得是德才双馨，我自己也有许多不足，一直在给自己充电，年轻律师喜欢和我在一起是因为我们可以互相学习，共同提高。

李：*多年来，你在深圳律协的“岗前培训”中为新律师讲课就是分享的活动之一？*

蔡：是的。我自2009年开始为深圳的年轻律师做岗前培训，讲课的内容就是刑事诉讼的技能。在岗前培训中，我总有说不完的话，每次都会拖堂(笑)。学员们说，蔡老师讲的都是干货，而且是毫无保留的干货。因此，即使拖堂，他们也是乐于接受并且要求完成课程。

这么多年，深圳律协一直对参加岗前培训授课的律师实行评分制。律师的得分越靠前，表示你越受欢迎。除了深圳律协的培训外，我也参与尚权所的培训项目。最近两年，我们尚权所搞了两个培训项目：一个是针对律师业的大型培训项目，比如，今年5月在陕西省律协合作开办的一次大型培训活动；另一个就是尚权为期三年的“青年律师刑事辩护技能特训营”。当然，有时也会应其他省市律师协会的邀请，为其他省市的律师进行刑事诉讼的技能培训。

李：*除了这种培训方式，你是否亲自带徒弟？*

蔡：带。我自己带的徒弟我会告诉他们，“你如果是想找一份工作，我不带；你如果想做一个刑辩律师，我带。”我会带着年轻的律师做案子，但是，由于我自己做案子的习惯是亲力亲为，带着年轻人做不等于放手让他们来做，主要是给他们锻炼的机会。我不喜欢、也不习惯让他们成为文员，律师这个行当是要靠经验和实践来成长的。我带学生，只有两个字，就是

“严苛”。法律文书上,甚至一个标点错误都不允许出现。

我是直性子,平常不骂人,一旦批评哪个人会非常严厉。但是,被我批评过的年轻人都理解我,说蔡老师是爱我才会骂我(笑)。有一个女徒弟,当初被我骂得直哭,现在她说非常感谢我。

李:带徒弟是一件劳神费心的事。

蔡:带徒弟很累。我自己去做,慢工出细活。带着他们做,要对他们的方案和文书进行修订,有的时候需要推倒重来。改他们的文书是最累的,他写好了,但你会发现在谋篇布局等好多方面都会有问题,你要改得赏心悦目比自己写还费力气。

李:你对尚权深圳分所的年轻人是怎么做的?

蔡:我会带着他们办案,轮流带,每个人都会带,但有时也会有偏爱。我会告诉他们,这个案子可以主攻哪几个方面,让他们选主攻点,我会在后面做支撑。如果他们负责质证,我会告诉他们相应的方法去质证,如果是发问,我会告知发问的方法和要点。也就是说,放手让他们去锻炼,但并不是对案件不负责任,因为,我始终都是最后的防线。其实这样做,等于是无形中增加了我自己的工作压力。

李:我注意到,尚权深圳分所的陈国庆律师在青年律师刑事辩护技能特训营上表现突出。你也给了这位年轻律师很好的评价,认为他的未来可期。

蔡:陈国庆是2014年开始执业的,他执业伊始就选择了尚权深圳分所。他勤于思考,吃苦耐劳,做事认真,能不耻下问。深圳有个法律服务公益机构,叫维德法律服务中心,我是这个中心的理事,中心组织了一个让律师走进学校讲法治课的“新雨计划”活动,陈国庆律师是自愿参加了这个活动。他为了给小学生讲法治课,会很认真地去准备,他能够备课后在会议室反复练习,发现问题后一点一点去纠正。其实,做案件何尝不是如此,他的身上有许多闪光点。

李:你会给年轻律师提供各种机会?

蔡:是的,有人说我是护犊子的人,我一点也不否认(笑),我会竭尽全力为年轻人提供各种机会。在我们特训营有个名叫刘煜的年轻律师,在深圳律协律师岗前培训班上听过我的课,之后和我联系比较多。这个年轻人个人素质不错,品质好,有锻炼机会的话,我都会提供给他。比如广东省律师协会举办的"律协杯青年律师和大学生的辩论赛",我会带他去参赛。在辩论赛中,刘煜等三名深圳青年律师均获得最佳辩手的称号。

不久前,广西举办律师和公诉人控辩大赛,有一检察院希望我去给他们参赛的公诉人做培训工作,我就把刘煜等三名最佳辩手带到广西。这种活动,既帮助了这家检察院的比赛,也锻炼了年轻的律师。在这个过程中,虽然极大地耽误了我自己的工作,但是看到刘煜他们成长比较快还是挺欣慰的。

在我的团队中还有一位年轻的律师叫周鹏,中央党校硕士毕业,之前在公安系统中工作,2014 年开始跟我一起办案,进步特别快。我会为他提供各种锻炼的机会。两年来,他大量接触刑事案件,现在已是独当一面的办案能手。他特别的谦和,对当事人非常的耐心和礼貌,也善于和司法机关的工作人员沟通,办案效果非常好,是我们尚权所未来的中坚力量。

年轻人人脉关系少,他们普遍面临在没有人脉的情况下怎么生存的问题。我给他们讲,虽然暂时会有困难,但也要坚持"三不原则"(对话不对抗、沟通不勾兑、交流不交易)。他们听了,会觉得做律师就应该像我说得这样。年轻律师和我在一起,感觉接收到的都是正能量。刘煜说,和我在一起,会感受到一种积极向上的精神。

刘维案之律师配合

李:在刘汉和刘维兄弟涉及的黑社会案件开庭时,我们从电视上看到包括你在内的尚权所三位律师分别担任兄弟俩人的辩护律师。其中,你和常铮律师搭档为刘维辩护。办理这样的案件,你在总体上有什么感受?

蔡:这个案件的影响太大了,在没有接触案件之前,我其实并没有关注这起案件。后来,刘汉的家属找到了张青松律师。张律师通过统筹安排,由他和宣东律师一起担任刘汉的辩护人，由我担任刘维的辩护人。随着案件的进展，后来我又向刘维推荐了常铮律师，希望常铮律师和我一起共同为刘维辩护。刘维接受了我的推荐，之后我就和常铮共同担任刘维案的一审、二审辩护人，一直到死刑的复核。

这是一起不能出现重大问题的案件。对我们来说，就是做律师该做的事，说律师该说的话。我们非常放得开手脚，也感受到了来自法庭的尊重。可以说，执业近 30 年来，从来没有哪个案件让我觉得律师进入辩护人角色像在这个案子中那样畅快淋漓。作为辩护人，我是放开手脚就事实论事实，就证据论证据。毫无顾虑、毫不畏惧。我个人认为，在刘维案的法庭上，我是一位非常优秀的律师。当事人希望案件事实能在法庭上得以还原，不夸张地说，我们尽最大努力做到了，而且做得非常好。

可以说，这个案件是能够充分展示刑事辩护律师素养的，在法庭上，审判长驾驭庭审的能力特别强，对被告人权利的保障也很充分。我们在法庭上做到了能辩、敢辩、善辩，同时也特别注意维护了律师的职业形象。因为这个案件，我被广东司法厅的领导誉为“又红又专”的刑事辩护律师。

李：在这个案件中，法官对律师的尊重和认可体现在哪些方面？

蔡：可多啦。这个案件的审判长叫王为民，是一位非常优秀的法官，特别重视律师庭审权利的保障。比如，在法庭上，由于证据比较多，公诉人一开始一次出示 15 份证据。我们发现一次举证的数量过多不利于被告人质证，向法庭提出来，要求公诉人改变举证方式，法庭非常重视我们的意见。庭审过程中，控辩双方的的权利基本上是均衡的，他也会有打断公诉方发言的情况，我们感觉非常好(笑)。

通过这个案子，我和主审法官、公诉人都建立了良好的联系。2016 年 5 月，这位法官在接手一个大案后，还我发来这样一条信息：“又要出任审判长了，真希望有高素质的律师。”

李：听说，在刘维案中，你们和当事人之间建立了很好的信任关系。

蔡：是的。在一审期间，当事人对我们的工作非常认可。案件上诉后，刘维本人、他的妻子及家人都希望我们继续担任刘维的二审辩护人。他们这样做，就是基于对我们的信任。

刘维对我非常信任。在二审判决下达后，我告诉他，不要想太多，好好吃饭睡觉，过几天我会来看你。他问我："你真的会来看我？"我说："你记住，这是一个男人对男人的承诺，我一定会陪伴你走到最后。"

后来，案件进入死刑复核阶段，我们仅仅只是收取了一点点差旅费。这样做事情，已经超越了案件本身，可以是出于人性对于当事人人权的维护或者说提供人性化的法律服务。

李：律师之间的配合是一件非常重要的事情。听说，在刘维案开庭时候，你和常铮律师一个负责发问，一个负责质证。请分享一下你和常铮律师之间的配合心得。

蔡：刘维案特别复杂。如果我和常铮律师在相同的事情上共同使劲，难以完成工作。考虑到分工效率更高，我们把法庭上的工作做了分工。因为我擅长发问，所以，整个案件的发问工作都是由我负责，包括对同案被告人以及证人的发问。而常铮律师善于质证，就由她负责证据的质证。当然，因为有些罪名我们也是分工负责的，所以，我们之间质证和发问的分工也并非那么绝对。因为我是男人，大部分的工作还是由我来做。常铮负责对"黑社会"案件的辩护，而我负责对所有个案进行辩护。审判长开玩笑地评价我和常铮律师的配合是"金童玉女"（笑）。

李：为何能做到如此默契？

蔡：怎么说呢，也许是因为我年长，执业时间长，可以说是经验丰富吧，而常铮是女律师，年轻、反应快。用审判长的话说，我们俩的配合是"刚柔搭配，非常到位"。刚的工作我来冲，柔的工作常铮做。在庭审过程中，我常常是态度非常强硬，而这个时候，常铮适时对我作出提醒，提醒效果不好时，她会干脆就拉我的律师袍。当然，在她质证的时候，我也适当对她作出提示。我们在法庭上，不会计较谁发言多，谁表现好，而是尽量让刘维案真实地呈现给法庭。

人物志

蔡华，优秀辩手出身的律师

江西鹰潭，道教名山龙虎山坐落地。这是个山美水美的名胜地，是蔡华律师的故乡。

蔡华的律师生涯起点，正是家乡鹰潭。在家乡做律师十年后，渴望更广阔天地的蔡华到了深圳。在深圳经历了艰难的融入过程后，蔡华找到了自己律师生涯的方向——专业刑事辩护。为此，他幸运地得到了原本素不相识的张青松律师的认可并组建了北京市尚权（深圳）律师事务所。

成为尚权所平台上的一员后，蔡华的视野更加开阔。在他视野之内，存在“随着律师队伍规模的扩大，刑事辩护整体素质不高”的问题。蔡华的忧思契合了尚权所带动有志于刑事辩护的年轻律师的公益行动，于是在深圳律协乃至全国各地的青年律师培训等课堂上越来越多地出现了蔡华律师的身影。

2016年，尚权所为期三年的青年刑事辩护律师公益培训项目之一“青年律师刑事辩护技能特训营”的重任被尚权所执行主任白雪加在了蔡华律师身上。

白雪的选择无疑是聪明的。身为“首届全国律师电视辩论大赛（2001年）”的优秀辩手、广东省公诉人律师控辩大赛的最佳辩手、首届深圳市十佳刑事辩护律师的蔡华，既善于总结，又善于表达，是当“教头”的理想人选。而在为期一周的培训活动中，蔡华的表现也赢得了学员的广泛赞誉。

在2016年5月11日抵达鹰潭的当晚，我对蔡华律师做过一次边走边聊的访谈；12日上午，我又观摩了特训营的特训活动；13日，我针对律师的师承关系等问题对蔡华做了专题采访。期间，我又穿插对蔡华的同事和徒弟们做了采访。在此过程中，一个豪情满满、做事标准高的律师形象跃然而出。

优秀辩手

如果将律师分为“事务律师”和“出庭律师”，蔡华一定会是后者。“出庭律师”需要具备的口才，是蔡华的强项。最好的证据，就是他在十几年间先后参加的几次辩论大赛。

蔡华参加的第一次大赛，是获得了江西省律师辩论大赛最佳辩手称号，接着是代表江西省参加“首届全国律师电视辩论大赛”。在这项赛事中，蔡华在一辩手的位置上获得了全国32名优秀辩手席位中的一席。这次辩论大赛，成了蔡华律师生涯的转折点之一。

当时，蔡华所在的江西华星律师事务所已经是鹰潭法律服务市场上的“老大”。当蔡华领回“最佳辩手”的奖牌后，这家律所有了谋求更大发展的想法，即前往经济和文化更为发达的上海和深圳开设分所。

2002年，当江西华星律师事务所的发展规划落地时，蔡华受命到深圳开设分所。到深圳之后，蔡华他们这些外来的律师一边谋求生存，一边寻找发展的机会。2008年，又一次展示才华的机会降临在蔡华面前。

这一年，深圳市举办了首届公诉人和律师的控辩大赛。在这次以真实案卷为论辩的辩论大赛中，蔡华摘下了“十佳刑事辩护律师”第一名的桂冠。

2011年，在参加广东省公诉人与律师控辩大赛时，蔡华又一次获得“最佳辩手”称号。

在时隔8年后的今日今时，当我问到是否还记得当年辩论的案件时，他将那个案件讲得头头是道——

货车司机和货物押运人都是一家公司的职工。他们在给客户送货时，按照公司的要求把货款带回公司。他们把货物交给客户后,收到了客户给付的货款。在途中休息时,押运人买了饮料给司机喝,司机喝完就睡着了,押运人接着就将货款拿走了。

案发不久,押运人被抓并被以抢劫罪提起公诉。

在辩论赛场,控方指控押运人实施麻醉抢劫,指控麻醉抢劫的理由是押运人在货车司机的饮料里投放了麻醉药物。我作为辩护律师指出控方的证据"有问题",首先是麻醉药的来源不明,最为关键的是在饮料瓶子里没有检出麻醉药物的成分,而押运人也说自己没有使用麻醉药物,只是趁货车司机睡着后拿走了钱。辩方据此指出,货车司机的睡眠状态应该是疲劳所致。

我方最精彩的辩论是,控方说饮料瓶里没有检出麻醉药物是药物已经挥发,我们则提出溶于水的麻醉药物不会挥发。

这是一个真实的案例。

这次辩论赛之后,蔡华有了专门做刑事辩护业务的想法。

有了专业做刑事辩护的想法不久,蔡华参加了中国法学会举办的一次刑事辩护培训班。在此次培训班上,他认识了身为授课教师的李肖霖。后来,通过李肖霖的引荐,他认识了张青松并获准成立了北京市尚权(深圳)律师事务所。

特训营里的教头

自 2016 年 5 月 7 日起的一周之内,尚权所"青年律师刑事辩护技能特训营"在江西鹰潭举行。

蔡华受命担任此次特训营负责人,在遴选地址时,他在自己执业的深圳和另外几个地点之间纠结了一番,最终决定找一个有利于学员们静心修炼的地方。

蔡华最终选中的地方,就是他的家乡江西省鹰潭市。

"远离都市喧嚣,所有人都静下心来做好师傅、做好徒弟。"蔡华说。

在特训营开始前,他与徒弟和尚权深圳分所的同事驾驶一辆面包车从深圳抵达鹰潭坐镇指挥。同事和徒弟协助他做学员、教师的吃住等后勤工作,他负责训练活动的重要安排。

训练内容和老师,是特训的关键。

特训内容,蔡华独出心裁地安排了一个贩毒的案例。这是他亲自办理的一个案件,案情虽然不算重大,但其中涉及的问题可谓丰富与复杂。他的目的很明确,由于来自全国各地学员的执业经验和水准参差不齐,通过这个案例,让学员对一件刑事案件的全流程操作有深刻理解和把握。

围绕特训内容,蔡华组织了一支堪称豪华的培训师队伍。这支队伍的成员以国内著名刑事辩护律师为主,他们当中有汤忠赞、田文昌、李肖霖、钱列阳等律师;尚权所的名律师几乎倾巢出动,张青松、常铮、刘文元、王耀刚等先后抵达鹰潭为学员授课。

在特训营开营前,蔡华已经安排工作人员将案例材料装订成册。在开营后,从接待这个案件的当事人家属开始,依次进入会见当事人、复制案卷材料、阅卷、做笔录、开庭(如何对被告人、证人、警察进行发问;如何质证……)环节,开展实战演练。在演练过程中,请到场专家找出问题并提出解决问题方案。

开营第一讲,即如何接待当事人家属一课的培训师是蔡华律师本人。在课堂上,他将自己多年和当事人及当事人家属打交道的经验和盘托出。后面各个环节的课题,由他安排给了上面提到的刑辩经验丰富的律师们。

5 月 11 日,在完成了又一天的特训后,蔡华和几名青年律师为刚刚从北京过来的常铮接风。我在晚上 8 点多钟走进宾馆的餐厅时,常铮正在把一杯白酒喝下去。蔡华处在四五名青年律师的包围圈中,已喝得情绪高涨。

这次,算是我和蔡华第二次见面。我们第一次见面,是在 2016 年年初在北京举办的中国刑事律所联盟第一届成员会议上。那时,我对蔡华的了解仅限于其是尚权深圳分所的律师,曾和常铮律师一起办理刘维案,且在办理刘维案之前已经办理过不少有影响力的案件。

从高铁站到宾馆的路上, 我已经从蔡华的徒弟——青年律师刘煜那里听说，蔡华“师傅”不仅要全面操持此次培训，而且还有大案等着他去出庭。虽然徒弟心疼他“非常辛苦”，但在我提出当天晚上对他做第一次访谈时，他还是豪爽地答应了。

“我喝了点酒，谈性正浓。”他说。

于是，我们的第一次访谈开始。那是一次在夜色中的龙虎山下边走边谈的对话。在讲述往昔的故事时，蔡华可谓和盘托出。他的分享，没有多少粉饰，更没有任何保留。

2016 年 5 月 12 日这天，特训营的训练进入了开庭阶段的质证环节。这个环节的老师，是在庭审质证方面颇为出色的常铮律师。

培训开始前，来自全国各地的 6 组学员(每组 4 人，分别扮演律师和公诉人)悉数入座。

9 点钟，蔡华登上讲台。他从容地安排了当天的课程是“示证”和“质证”后，风趣地推出了主讲人常铮：“我们今天盼星星、盼月亮，盼来了我们尚权所的美女主任常铮律师……”

在回答关于“为何选择常铮律师担任质证阶段的老师”的问题时，蔡华说：“常铮律师是刑事辩护律师业内的青年中坚人物，我在和她合作办理刘维案的过程中，发现她的质证能力很不错。”

到 5 月 12 日下午，特训营的培训活动已经接近尾声。这天下午，蔡华给学员讲各种法律文书的知识。风格一如既往，他告诉学员的内容都是注重基础建设的“干货”。

次日下午，钱列阳给学员讲述办理刑事案件的“三大纪律、八项注意”。为了内容的生动丰富，他邀请刑事辩护前辈汤忠赞律师做点评。在两位著名律师和年轻律师分享自己的刑事辩护经验时，蔡华偷空接受了我的又一次采访。等我们回到教室时，汤忠赞先生正操着浓浓的江西话发言。

汤忠赞先生的精彩点评中，有一句是赞美蔡华的。博闻强记的汤先生说：“我记起了蔡华在十年前参加律师辩论赛时说过的一句话，那就是‘给我一根杠杆，我能撬起整个地球’。”

四 教授级律师

在尚权所的律师团队中，还有另外一支重要力量。他们的存在，让这家专注于刑事业务的律师事务所的实力更为强劲。

他们本身是刑法和刑事诉讼法博士出身的教授，又是尚权所的兼职律师。他们是冀祥德、门金玲、毛立新、谢彤。

这批教授级律师，不仅将尚权团队带进了实务与理论两翼齐飞的高度，也为刑辩行业的年轻律师提供了职业规范指引。

业务经5

用“三个一”为尚权指未来路

对话人物：冀祥德（中国社会科学院法学研究所研究员、博士后导师，北京市尚权律师事务所兼职律师）

代表性案例：周正毅虚开增值税发票案

冀祥德身兼数职，他是中国社科院法学研究所研究员、博士生导师，他是中国社会科学院研究生院法学系常务副主任、教授，他是中国地方志指导小组办公室主任、方志出版社社长兼总编辑，他还是一名律师——北京市尚权律师事务所的兼职律师，并且是尚权所的高级专家顾问。

对刑事辩护，无论是作为学者还是作为律师，冀祥德都对它情有独钟，而他和北京市尚权律师事务所的缘分是在其成立之前就结下的，那时他和张青松有个约定,也因为这个约定,他在尚权所成立之初即成为这家律所的兼职律师。时至今日,冀祥德还记得在尚权所成立后不久,他和张青松联手代理了一起案件,并在代理案件期间,他们两人在杭州西湖畔有过一场通宵畅聊,聊天的主题是尚权所的发展之路,这次聊天的主要内容后来被冀祥德概括为“三个一”,而这“三个一”在尚权所后来的发展道路上确实起到了指向性作用。那么这“三个一”的内容是什么?作为一名学者兼律师,冀祥德对中国律师在法治进程中的地位和作用如何评价?关于司法改革,他又有哪些特别的想法?

也曾是专职律师

李:据我了解,你一直非常关注刑事辩护,关注律师的执业环境问题,而且你也曾经是一名专职律师,后来才做了学者,但同时还做着兼职律师,可以谈一谈你做律师的经历和一些具体的感受吗?

冀:首先感谢你们关注刑事辩护这个事业。

我做律师有这样一个过程:先做的是兼职律师,后来做了专职律师,后来又做兼职律师。之所以会有这样一个反复的过程,也是源于我对律师职业环境的认识。

我最开始做律师时做的兼职律师,当时我还在警校当老师,一边教学,一边做律师。那时我做律师的目的不是为了挣钱,而是为了了解法律,了解“纸面上的法律”在实践中的运行状况,从而为教学工作提供实践经验的支撑。

1996 年,我辞去了警校的教职,开始做专职律师,最初的计划是做 5 年律师,但最终没有做到 5 年,其主要原因是对律师执业环境的不太满意。2000 年,我考上了北京大学的硕士,进入北京大学法学院师从陈兴良教授攻读刑法学硕士学位。硕士毕业后又师从北京大学法学院汪建成教授攻读刑事诉讼法学博士学位。博士毕业后又进入中国社会科学院法学研究所博士后流动站师从王敏远教授,从此开始了我的学术研究之路。但在此过程中,我一直非常关注刑事辩护这个领域,关注律师职业的发展,尤其关注刑事辩护律师职业的发展问题。

李：可以具体谈一谈怎样的经历促成你由专职律师向学者的转变吗？

冀：我做了4年的专职律师，这4年的律师执业经历对我产生了很大影响，并最终促使我放弃了专职律师这一职业发展路径。

说实话，律师要做得好，确实会大大改善家庭和个人的经济状况，会将生活质量提高到比较高的层次，但物质上的追求并不是我们作为法律人唯一的追求。4年的执业经历，我还有一个深刻的感受，那就是尊严和安全得不到保证。作为律师，打官司肯定有输有赢。赢了官司，自己的当事人高兴，但是对方当事人就不高兴了。我就有过被对方当事人围攻的经历。而且不止一次，甚至有人曾以孩子的安全威胁过我。而一旦输了官司，有些当事人就不满了，他们不理解，常吵着闹着要求退费，这时候你很难感觉到律师这个职业的尊严。有学者说我国律师是“富而不贵”，不是没有道理。我国的律师执业环境还处在“老鼠过街、人人喊打”的境地，一个半夜拿小板凳在看守所门前排队等待会见的律师能有多少尊严？

和尚权所之缘

李：据我了解，每一位进入尚权所这个平台的律师，都和这家律师事务所有一份特别的缘分。你和尚权所之间的缘分更是可以用“很深”来形容，具体是怎么个“深”法？

冀：我在北大读完博士之后，进入中国社科院法学所做博士后，后来就留在法学所做法学研究工作了。2005年，我在法学所主持全国高级职业法律论坛，这是一个规格比较高的法学论坛，正是在这个论坛上，我和张青松第一次见面。

我始终认为，刑事辩护才是律师王冠上最亮的那颗明珠。一个律师，你即使有再大的名气、挣再多的钱，但如果没有做过刑事辩护，你的职业生涯是不完整的。中国的刑事辩护虽然有陷阱也有困难，但是这仍然是一个值得法律人为之追求、值得法律人为之奉献的事业。在主持这个论坛的过程中，我又重新阐释了这个观点。

记得当时论坛开到中午，大家就在会场一起吃盒饭。在吃饭的时候，张青松端着盒饭就来找我了。

寒暄了几句以后，张青松就说："我听了您的发言有点儿想法，你觉得我们搞一个专门做刑事辩护的律师事务所行不行？"

我说："太行了！"

张青松的这个想法，我原来在烟台当律所主任的时候就有过，并且还专门为此在律所内部成立了一个刑事辩护部，当时这个部门的业务是做得最好的。所以，当张青松跟我说想做专业刑事辩护律所的时候，我非常支持他，因为我有过成功的经验。

我跟他说："你要是专门做刑事辩护，你必须答应我一个条件，我也答应你一个条件。你答应我的条件是，律所办起来以后不能挂羊头卖狗肉，只能专做刑事辩护，别的案子一个都不做。你如果答应我这个条件，我也答应你一个条件，就是把我的律师关系放在你的律所。"

后来，我们两个就"成交"了。一直到现在，我们俩都信守承诺，尚权所只做刑事案件，我的律师关系也一直放在这个律所。

现在，我也是尚权所的高级顾问，他们遇到一些疑难案件的时候只要请我去论证，以及他们组织的研讨活动我都会参与。

"三个一"的缘起

李：尚权所每年都会举办一次论坛，而这个"每年一次论坛"实际上是你给尚权所提出的"三个一"发展方向中的一个"一"，能请你简要谈谈这"三个一"是指什么，以及它们是怎么来的吗？

冀："三个一"指的是"一个论坛"、"一个项目"、"一本书"，具体而言，就是每年举办一次论坛、每年做一个研究项目、每年把办理的精彩案件挑选出来出版一本书。

至于这"三个一"是怎么来的，这里有一段故事。

尚权所创办以后快到一周年的时候，我和张青松一起去杭州出差，代理一个案件。因为这个案子，我和张青松在杭州一个宾馆里住了几天，也因为这个案子，我们俩对刑事辩护又有了更多的共识。一天晚上，兴致所至，我们俩就在宾馆里聊开了，而聊的主要内容就是作为专门做刑事辩护的尚权所未来的发展，这一聊就是一个通宵，"三个一"就是那时候我给他提出来的。

李：请您详细介绍一下"三个一"的具体内容。

冀：好的。

第一个"一"是一个论坛，即从尚权所成立一周年时开始，每年举办一次论坛，这个论坛的名称就叫"尚权论坛"。第一届尚权论坛时间就半天，规模较小，后来越办越大。尚权论坛就一直发展下来了，到今年已经是第十届，其中我还支持他们在中国社科院法学所举办过一次，当时国内刑法学界和刑事诉讼法学界的众多知名学者以及刑事辩护领域很多著名律师都到了。对于尚权论坛，我一直都非常重视，并引以为傲，因此每一届论坛，我无论多忙，都必定抽出时间来参加。

第二个"一"是每年做一个项目。尚权所最初做的一个项目是和丹麦合作的，其主要内容是对少数民族和边远地区律师进行培训，这个项目是由我从中牵线的。开始的时候，尚权所每次做培训，我都去讲课，后来因为培训越来越多，我也越来越忙，就只能看时间方便时参加。后来，尚权所还参与了由我主持的中国社科院法治国情调研课题"新刑事诉讼法实施状况实证研究"。在做这个课题的过程中，尚权所在北京做了这方面的深入调研，并发布了相关报告。此外，在我任中国社科院法学所所长助理负责法学教育工作期间，我邀请尚权所经验丰富的律师参与了法学所的诊所式法律教育教学工作。这样，一方面尚权所律师有了一个提升自己水平的平台，另一方面尚权所可以从我们的研究生中发现适合做律师的好苗子，同时也扩大了尚权所的影响力。十年来，尚权所做的项目或者参与的项目远远不止这几个，每年做一个项目，他们一直坚持到现在，而且每一个项目都取得了很好的效果。

第三个"一"是"一本书"。关于"一本书"，我是希望尚权所每年能够从当年办理的案件里挑出一些精品，并将其结集出版，内容要有案情介绍、辩护过程、案件结果、律师心得等，特别要有代理这个案子带来的启发与思考。

据我所知，这“三个一”中，尚权论坛是坚持得最好的，项目也做得还不错，只有“一本书”没有坚持好，目前好像才做了两本，一本是《刑辩魅力》，另一本是门金玲主编的《刑事辩护操作指南》。

另外，我在向张青松提出“三个一”发展思路的时候，还对队伍建设提出期望，希望尚权所每年发展10名优秀律师，对刑事案件辩护进行专业化分工，5年内发展到50人，10年发展到100人。按照这个设想，今年是第十年，尚权所的律师队伍应该发展到100人了。

李：你如何评价尚权所？

冀：一方面，我为尚权所今天的发展感到高兴，他们能发展到今天这个局面非常不容易，在刑事辩护环境还不是太理想情况下，他们能够勇立潮头，确实值得尊敬；另一方面，我也有遗憾，主要是觉得他们在律师队伍建设方面做得还不是太好。我希望尚权所作为中国第一家专业的刑事辩护律师事务所应该发展得更好，也希望张青松和常铮能更多地发挥导师的作用，能带出一批更优秀的律师队伍来。

那些难忘的案件

李：教授作为兼职律师在办理案件时的思路和专职律师有很大不同，这可能和教授作为法学专家对相关法律规定的本源和相关法学理论有更为深刻的理解有关，请你分享几个在您的律师生涯中具有代表性的案件。

冀：我印象比较深刻的是在2001年到2002年间，我办过一个诈骗案件，给被告人做辩护人。检察院对这起案件被告人的定罪非常有把握，原本想让这个案子的公诉人通过这个案子参加十佳公诉人比赛。这个案子中的被告人原来有一个辩护律师，但因为这名律师在当地名气不大，在法庭上对抗起来可能达不到检察院的要求，因为他们要把开庭录像报到上级检察院去参加比赛。于是，检察院一方面选择了一名优秀公诉人，另一方面就找到我，让我去给这名被告人当辩护律师。

我接手这个案件后，认真地阅读了卷宗，而通过阅卷，我还真在卷宗里发现了一份对被告人有利的关键证据——一份证人证言。这份证人证言中不但没有记录询问时间、询问地点，也没有询问民警的姓名。于是在开庭的时候，我向法庭提出这份证据的“证据能力”有问题，并要求证人出庭作证，或者法官、公诉人和辩护律师一起去找证人进行调查。后来，经过法庭调查发现，这名证人已经因为直肠癌去世了。最后，这个案子因为证据不足，而作了无罪处理。

“证据能力”是英美法系的一个概念，它讲证据资格，就是证据材料能够成为定案根据的资格，它要求办案机关在调查取证的时候，必须是两个侦查人员一起进行；在询问时，要有详细的笔录，在笔录上要有询问的时间、地点、询问人姓名以及询问的具体内容，最后还要让被询问人签字或盖章。一份询问笔录上如果没有这些基本内容，就没有证据资格，这份询问笔录就不能当证据使用。

我办理这个案子的时候，“证据能力” 问题还没有引起国内学者的重视，也少有人研究这个问题，更别提在法庭上作为辩护意见提出来，并且被采纳。在办理完这个案件后，我写了《证据能力：一个不可忽视的辩角》一文，并将其发表在了《山东警察学院学报》上。在律师中，这应该是最早进行证据能力辩护的案例；在学者中，即使不是最早，我应该也是比较早提出“证据能力”问题的。

还有一个案子，我印象也比非常深刻，它后来成为我写博士论文《建立中国控辩双方平等制度研究》的一个动因。

这个案件是这样的：当事人双方，一方砍死另一方二人，重伤、轻伤多人，从惯例来看，这样的案子被告人是应该被判处死刑的。被告人委托我做辩护律师。

一般情况下，公检法办案人员和律师对法医鉴定结论都比较相信，不会去仔细看鉴定过程，但我习惯于在办理案件时认真阅读全部卷宗，包括法医的鉴定报告。这个案子的鉴定报告是一本厚厚的材料，上面写着案情、使用的药剂、鉴定过程中发生的反应等内容。我在看这份报告的时候，遇到看不懂的地方就请教专家，也因为这样，我还真在这份鉴定报告中发现了问题。按照报告中记载的鉴定过程，对血型应该得出 AB 型血的鉴定结论，报告中却得出的是 A 型血的鉴定结论。

法庭开庭的时候，我把鉴定报告存在的问题指出来了，但后来要求法庭再去找报告中提及的血衣重新鉴定的时候，血衣却找不到了。这一方面是因为公安机关办案比较粗糙，另一方面是因为这个案子当时砍死、砍伤很多人，在提取证据以及做鉴定的时候确实也很容易弄混。后来，公诉人来找我协商，说："冀律师，你看怎么办？"如果较真的话，我就说"应该无罪释放"。但是这个案子中死伤那么多人，被害人家属能容忍放人吗？我必须考虑这个情况。还有一个因素是，被告人毕竟动手打人了。后来，我建议被告人这边给被害人那边支付了赔偿金，法院判了缓刑，人被放了。

从这个案子看，控辩双方在一定的条件下是可以协商的，也就因为这个案件，因为这个协商的结果，我产生了写博士学位论文——《建立中国控辩双方平等制度研究》的想法。

如果论案件的影响力，我代理的上海首富周正毅的案子算一个，我是周正毅案二审的辩护人。在这个案件中，由于周正毅虚开增值税的数额特别巨大，有适用死刑的可能，最后判了有期徒刑。后来，在《刑法》修订时就取消了虚开增值税发票罪的死刑，而周正毅案的价值也正在于此，它在客观上对《刑法修正案(八)》取消虚开增值税发票的死刑起到了一定的促进作用。

李：如果一名律师不能从立法的本源上理解法律规定，不能从学理上把你要应用在律师工作中的法律内容理解得特别透彻的话，这个律师做不好。您的看法呢？

冀：我非常认同你这句话，一个学者就是要有自己的创见。你说到这里了，我可以让你看样东西。

我现在是中国地方志指导小组办公室主任，我在这方面做了一件有意义的事情。我到地方志系统以后,提出了“依法治志”观点。我在《论依法治志》论文中,阐述了依法治志提出的背景、价值,界定了依法治志内涵与外延,论证了依法治志的目标及其实现路径,以及依法治志与依法治国的关系。2015 年 8 月 25 日,国务院办公厅颁发《全国地方志事业发展规划纲要(2015 ~ 2020 年)》,纲要中确立了六项基本原则,其中第二个原则就是“依法治志”。我到地方志系统之后,一直致力于用法治方法推进地方志从一项工作向一项事业转型,用法治思维与法治方式解决地方志系统中存在的问题,感觉收获还是很大的。

也谈司法改革

李:我接触过一些资深律师,他们普遍对年轻律师的专业素养偏低感到忧虑。你当年提出“刑事辩护准入说”也是基于同样的原因吧?

冀:确实如此,现在一些律师比较浮躁。

在 2015 年 8 月召开的全国律师工作会议上,中央政法委书记孟建柱作了重要讲话。他在谈到司法改革中的“律师改革”问题时,明确提出“对新执业的律师担任刑事案件辩护人的,可以研究探索分级出庭制度”。这一提法当时在律师中引起了非常大的反响,褒贬不一。其实,我 2001 年就在《法学论坛》发表“建立刑事辩护准入制度的法律思考”论文,2010 年出版《建立中国刑事辩护准入制度理论与实证研究》著作,我的观点和孟建柱书记提出的“律师分级出庭制度”在内容上是一致的。我认为应当从加强人权保障、提高辩护律师地位与素质的角度看待孟建柱书记提出的“律师出庭分级制度”,而不应该不加分析地一味去反对。

刑事辩护涉及一个公民被抓还是不被抓、被逮捕还是不被逮捕、被判刑还是不被判刑、被杀还是不被杀的问题,这些都是关系到一个公民人身自由甚至生命等基本权利的问题。相应地,它对律师的要求也应该更高,而不是只要通过司法考试,取得了律师执业资格的人都可以做刑事辩护律师。这才是孟建柱书记提出“律师分级制度”的理论和实践基础,同时也是我提出“刑事辩护准入制度”的出发点。我个人觉得，如果能够建立这项制度，一方面会有利于当事人权利的保护，另一方面也会对律师的业务有一定促进和提升作用。如果运行良好，可以促进律师行业人才培养方面的良性循环。

当然，任何一项制度设立和施行都不会一帆风顺，“律师分级制度”或者说“刑事辩护准入制度”也一样。尤其是当前，还存在法律制度上的障碍。按照我们国家现行《刑事诉讼法》的规定，刑事辩护这项业务谁都可以做，不仅任何一个律师都可以做，而且一般公民也可以为别人辩护，这个问题必须解决。为此，我写了很多文章，呼吁多年。对怎样把律师这个群体放进司法改革的整体当中去考虑，中央政法委看到了问题的关键点，但具体怎样做，还有待探索。

李：*在司法改革方面，你还有哪些具体的想法？*

冀：在司法改革方面，我提出了几个学术观点，“刑事辩护准入说”只是其中之一。

第二个是“控辩协商”。我的博士论文写的就是控辩协商的问题，对此，我的主要观点是：控辩双方不仅要对抗，而且要协作。对抗虽然有利于查清案件事实，但是对抗会使诉讼的成本加大。正是因为检察院作为控方和律师代表的辩方一直在对抗，才出现了“死磕派”律师。对抗固然重要，但是对刑事案件来说，对抗只是问题的一个方面，因为大多数案件“事实清楚，证据确实充分”，在这种情况下，抗辩双方还是可以进行合作的。现在司法实践中的“刑事速裁程序”的理论基础就是我提出的“控辩协商”。

实际上，“刑事辩护准入”和“控辩协商”之间是有联系的，只有当事人的辩护律师具备一定的素养，在和检察院进行协商的过程中才能真正地维护当事人的合法权益，否则，起码从这个角度来看，“控辩协商”很难实现它最初的目标。

第三个是“控辩平等”说。“控辩平等”是我的博士后报告，已经在法律出版社，并获得第二届中国法学优秀成果一等奖，以及首届全国博士后科研成果一等奖。

人物志

冀祥德，完美演绎每个角色的法学行者

很难用一个固定的词藻和定位去修饰冀祥德，在一次次的抉择和不断的变换中，他更像是一个脚步不停的行者，孜孜以求地探索着法治与法学的疆域。

中国社会科学院法学研究所三楼的法学系主任办公室，冀祥德端坐于办公桌的一面，双目炯炯，举手投足间不怒自威，鼻梁上架着一副书卷气的眼镜，在回答问题前会有几秒短暂的思考，声音浑厚，洪亮沉稳，不失风趣，谈笑风生中又带着一股学者的逻辑和雅致。

如果不是事先有所了解，仅从他的谈吐气质和行为举止，则很难判断对面这位山东汉子的经历和身份。就算了解冀祥德故事的人，仍不由啧啧称奇，"冀祥德的经历很难复制，从警察到教师，从教师到律师，从律师到学者，每个角色都被他演绎的很完美，这在律师界是独一无二的。"冀祥德的一位好友如此评价。

律师的抉择之路

岁月虽然洗涤掉了年少气盛，但仔细端详，冀祥德身上还能找出一些警官时代的痕迹，在谈话过程中，他稳健端坐，眉宇间的神情仍带着许些威严和坚毅。

1985 年，21 岁的冀祥德以骄人的成绩从警院毕业后成为山东省的一名警察。那时候的他，以才思敏捷且雷厉风行、为人仗义而知名，既曾因发表学术论文而获奖，也曾因赤手空拳降服手持凶器的歹徒而立功。正是由此，1988 年冀祥德调任警校教师，为学生传授刑事法法律课程和治安管理等专业课程，并很快成为了警校的“窗口教师”。

4 年后，一次机会让冀祥德开始了由警官向律师转向的道路。1992 年，由司法部、中宣部、中央电视台等单位主办了一次“全国百家法治城市法律知识擂台赛”，最终包括烟台在内的 12 个市进入了决赛。此次擂台赛的比赛范围非常广，包括当时实行的《宪法》《刑法》《刑事诉讼法》《民法》《民事诉讼法》，甚至包括《国旗法》《国徽法》等所有法律法规和理论知识。经过严格的几轮选拔和为期半年多的培训后，冀祥德从全市几百名政法机关人员中脱颖而出，作为烟台市的一号选手到中央电视台参赛并取得了优异成绩。

比赛结束后，为了验证自己半年来的辛苦所得，冀祥德参加了当年的律师资格考试，结果不出意外的以绝对高分通过，自此他与律师职业结下了不解之缘。

随后，1996 年的一纸文件改变了冀祥德的人生走向——凡警校被授予警衔的教师，均不得再兼职律师。在经过几天的辗转反侧后，已经对法律条文倒背如流的冀祥德做出了一个惊人的决定——脱下警服，作专职律师。

一时间这样的一个决定得到了几乎所有人的反对，无论是家人还是朋友都劝他再好好考虑一下，公安机关的多位领导更是换着班的来做工作，打算挽留住这位警局精英和警校才子，甚至拒绝接受其正常调动。但最后冀祥德仍是坚决的脱下了警服，来到了当时烟台刚刚成立的一个新区，成为该区国有律所的主任，从头开始，重新打拼。

四 教授级律师

律师中的学者，学者中的律师

对于自己当初的选择，冀祥德无怨无悔。

这其中让冀祥德记忆犹新的，是一位一审被判处无期的当事人，在经过冀祥德二审辩护后，改判为无罪释放，在冀祥德走出法庭的一瞬间，正下着大雪，当事人十几位家属齐齐地跪在了冀祥德面前，这一幕被深深地印刻在冀祥德的脑海中。

“不管是警察还是教师，都无法和做律师所体现的人生价值相比。这也是我当初做决定的一个主要因素，通过自己的努力为当事人带来的帮助是最直接的，其间体现出的人生价值也是最直接的。”冀祥德说。

1996年成为执业律师后，由于扎实的法学功底，特别是多年的警察实务和法律教学经验积淀，冀祥德的律师之路可谓是一帆风顺，次年便被评为首届“烟台市十佳律师”，随后又很快成为全国律师协会刑事专业委员会委员，后又担任了中国律师执业行为研究会副会长。1998年，由中国诉讼法研究会刑事诉讼法专业委员会召开的刑事诉讼法实施一周年论坛会上，30多位来自中国最高法、最高检、国务院法制办和各大名校的知名学者针对刑事诉讼法一周年进行总结和讨论，而冀祥德作为唯一一名律师代表被邀请，并提出了轰动一时的“刑事辩护三难”(会见难、调查取证难、阅卷难)的著名观点。

冀祥德一开始便把刑事辩护作为自己执业的重心，在执业期间，开创了辩护律师把公诉人辩出法庭之先河，代理了多个包括上海周正毅案、“抱龙桥倒塌案”等在内的颇具影响力的刑事案件。在执业期间，冀祥德从未间断对法学学术研究的追求，在广泛参与国内外法学研讨活动的同时，撰写了百余篇学术论文，迄今为止冀祥德仍保持着《中国律师》杂志发表学术文章最多的记录。

在刚刚成为专职律师后，冀祥德在日记里写过这样的话，给自己5年的时间去做律师，在掌握了律师职业精髓之后，再回到学校学习，为自己的人生做新的选择。

在这样的人生规划下，2000年，冀祥德以第三名的成绩考取北京大学法学院硕士研究生，师从我国著名刑法学家陈兴良教授。在以严谨著称的北大学术研究氛围里，冀祥德仅用一年多的时间便以第一名的成绩完成了研究生的全部课程提前毕业，次年又以第一名的成绩考取北大法学院汪建成教授的博士研究生，开始研读刑事诉讼法，两年后再次以第一名的成绩提前毕业。由此冀祥德也刷新并保持了北京大学的一项记录——以最短的时间完成了硕士和博士的课程并获得学位。他的毕业论文被评为北京大学优秀博士论文二等奖，这也是法学院博士生论文唯一的最高奖项。期间，冀祥德还被评为"北京大学研究生学术十杰"并蝉联三年"北京大学学术创新奖"。为此，冀祥德也付出了青丝变白发的代价。

2004 年博士毕业后，冀祥德又完成了一次华丽的转身，由一名职业律师变为法学学者，而他的特殊经历也引起了中国社科院法学所的重视，作为中国法学研究的"国家队"，一直以来法学所都在思考如何深化切实解决中国实际问题的对策性研究，而冀祥德这种既有实务经验又极具理论研究功力的人才正是不二之选。在为所领导的真情打动后，性情中人的冀祥德先后违约于我国某最高司法机关和北京著名高校，加入到中国法学研究"国家队"，先后出版《建立中国控辩协商制度研究》《建立中国刑事辩护准入制度研究》《控辩平等轮》《司法制度新论》《中国法学教育现状及其发展趋势》等十几部学术专著，发表学术论文 150 余篇，被誉为法学界用百米速度跑万米的著名学者。

站在中国刑事辩护的前锋位置

虽然从此冀祥德开始了自己的学者生涯，但他仍无法割舍自己的律师情感，在保留了律师兼职证的同时，冀祥德在自己一篇文章的结尾写道："即使有一天我不再是律师，但我仍然愿意为中国刑事辩护律师做旗手，为中国刑事辩护和刑事法治建设摇旗呐喊。"

这既是对自己律师职业生涯的一个总结，也可以看成是冀祥德在法学研究领域成果的一个概述。

在近 20 年的时间里，从警察到教师，从律师到学者，冀祥德关于中国刑事法制的研究从未停止，大量且高质的有关刑法、刑诉、刑事辩护的学术专著和观点见证了他在促进中国刑事法制进步上的努力与贡献。其中，最具代表性的有五个学说：

第一个是冀祥德在1998年刑事诉讼法实施一周年的研讨会上提出的“刑事辩护三难说”，对律师法的修改和刑事诉讼法的再修改起到了重要的推动作用，如今这一观点已经被法律实务界和理论界人士所熟知并广泛运用。

第二个是冀祥德提出的“刑事辩护车轮说”。冀祥德认为，在探讨关于律师和中国法治进程的关系问题上，律师不是可有可无，“公、检、法、律是推动中国法治进程向前发展不可或缺的四个车轮，缺少其中任何一个，中国法治都将无法前行”。

第三个是“刑事辩护木桶说”，在冀祥德看来，社会法治是整个社会管理木桶的一个最短板，刑事法治是社会法制木桶的一个最短板，而刑事辩护则是刑事法治木桶的最短板。看一个国家的法治状况，从被追诉人及其辩护律师的地位和权利保障便能看出。

第四个是冀祥德提出的“控辩平等论”。冀祥德研究指出，控辩必须平等，这一平等既包括平等武装，又包括平等保护；而且，控辩平等不仅包括平等对抗，还应当平等合作；控辩双方应当在平等武装和平等保护的基础上，首先寻求合作，合作不成时方才进行对抗。在这一理论指导下，中国刑事诉讼程序改革的基本方向应当是“简者更简，繁者更繁”。

第五个是冀祥德提出的“刑事辩护准入说”。冀祥德提出，就像医生看病一样，中国目前公民可以作辩护人以及刑事辩护成为初出茅庐律师的实习平台是不正常的，为此，应当建立中国刑事辩护准入制度。在具体实行方面，冀祥德提出凡从业时间足够，且通过考试和审核后的律师，方可以做刑事辩护，而时间长短和考核严格程度，则根据出庭法院级别高低而定。

在这一想法刚刚提出之际，便面临了一些人的非议，反对者认为目前肯做刑事辩护的律师本身就少之又少，如今又要上一道“紧箍咒”，与其如此还不如放宽口子，让更多的律师参与进来。在冀祥德看来，如今亟待解决的是中国刑辩律师的道德素质和职业修养问题，所以口子一定要严，提出建立准入制度的初衷，则在于提供中国刑事辩护的质量从而促进刑事法制建设。

这样的一个提案，一经提出便引起了有关部门的注意，利用自己在北京崇文区挂职副检察长的身份，在制度落实方面，冀祥德开始广泛走动征求意见，并预计在今年 11 月召开专家论证会，形成意见后准备和相关部门合作展开试点。

转眼间，来到中国社科院法学所已经进入第八个年头。如今，无论是朋友还是对他略有了解的陌生人，或许都很难用一个固定的辞藻和定位去修饰冀祥德，在一次次的抉择和不断的变换中，他更像是一个脚步不停的行者，孜孜以求地探索着法治与法学的疆域。对于刚过不惑之年的他而言，已经取得的成绩只是过去，未来的下一步走向哪里，是其他人更是他自己更为关注的一个话题。

对话冀祥德

《法人》：警察、老师、律师、学者，如此多的角色之间在您身上有一个怎么样的互动？

冀祥德：这些职业之间都是相互联动的，比如说做老师，上课的时候老师的目的就是把你的知识和观点传授给学生。在开庭的时候，律师的目的同样是要把自己的观点传达给法官；反过来说作为一个律师接触到的是活生生的案例，回到讲台时，我又能够把这些案例作为我的教学内容；从学术方面来看，研究中国的法学与法治，一定要真正了解中国的法律现实，而律师事务的适当开展对学术研究无疑是有极大促进意义的。

《法人》：在这样的一种角色互换中，对您的性格有什么影响？

冀祥德：警察职业的工具性决定了对个体执行力的要求，做警察要令行禁止，一身正气，身正言端；"师者，所以传道授业解惑"，需要有渊博的知识和良好的语言表达能力，老师应当像慈母严父；律师在中国是一个极富挑战性的职业，能成为一个好律师则可以做好任何法律职业；学者最重要的是学术思想、学术品格与学风。可以说我的性格形成也综合了这些职业的特色。

《法人》：现在您的社会职务比较多，平时怎么安排时间？

冀祥德：除去每天晨练一小时外，我的时间划分基本上是：周一到周五，白天是公家的(法学所的行政事务和检察院的分管工作)，晚上是个人的(学术研究)；周末多数是参加学术活动；常年以来，几乎没有节假日。

《法人》：您的下一步有何打算？

冀祥德：为中国的法学教育和法治发展做点实事，为中国的律师制度发展做点实事。

主持人点评

律师，是一种选择还是一种情结？

律师究竟是什么？是一种职业还是一种制度？是一个行业还是一个专业？

对本文主人公冀祥德来说，所有这些问号既是问题又是答案，既是命题也是结论，既是课题还是成果。但是，真正从内心来讲，他更愿意认为，律师既是一种选择又是一种情结。

从警察到教师，是他选择投身律师职业的前提和铺垫。从教师到律师，则是他人生命运的必然走向。正如他自己所言"不管是警察还是教师，都无法和做律师所体现的人生价值相比。这也是我当初做决定的一个主要因素，通过自己的努力为当事人带来的帮助是最直接的，其间体现出的人生价值也是最直接的。

从律师到学生，又是他本人自我加压、自我挑战、自我超越的人生转型。作为一名以刑事辩护为专业追求的执业律师，在自己执业多年且已在刑事辩护业界小有成就之后，他主动转型，自愿转型，并回到学校当学生。可以说，这不仅是一种眼界，更是一种境界。因为这样一种眼界和境界，所以才有了后来他以最短的时间读完北大法学院的研究生课程和博士学位，才有后来他获得的"北京大学研究生学术十杰"和"北京大学学术创新奖"。

从学生到学者，则更是他人生价值的升华和职业追求的结晶。因为律师职业的经历给了他诸多的感悟，律师职业的感悟又给了他不尽的思考，律师职业的思考更给了无穷的灵感。

有人可能会关心冀祥德的下一步是什么，下一步将前往何处。在我看来，不必如此关心他的选择，而应该关心他选择的人生价值的实现。他的人生选择经历告诉我们：有一种选择是改变，有一种改变是追求，有一种追求是实现。人生的选择就在于不断地改变、不断地追求、不断地实现。

因为律师，冀祥德做了选择；因为律师，冀祥德做了改变；因为律师，冀祥德人生价值都得到了实现。

对冀祥德这样喜爱律师职业、热爱律师事业的人来说，律师不仅是一种选择，更是一种情结。（本文原载《法人》杂志，作者为王磊磊）

业务经 6

在理论和实务间架桥

对话人物：门金玲（中国青年政治学院副教授、北京市尚权律师事务所兼职律师）

代表性案例："刑民交叉"类案件

门金玲具有双重职业身份，中国青年政治学院副教授和北京市尚权律师事务所律师。

在 2009 年博士毕业时，门金玲在选择了大学教职这个仰望理论星空的平台的同时，又通过兼职律师的角色将双脚踏在了实践的大地之上。

由于理论如同慧眼能洞穿实践中的问题，实践又给教学和理论研究提供了滋养，门金玲的双重角色让她的职业生涯散发出了灿烂光华。

2016 年 8 月 11 日，在法律出版社六楼一间静谧的会议室里听门金玲谈理论和实践互为滋养、谈办案过程中如何用专业素养为当事人谋求合法利益最大化、谈尚权所的团队协作……是捅破了窗户纸的那种透彻。

门金玲说："作为一名律师，你得有'法律信仰'、'理论功底'和'实践经验'这三样东西。"

通过修法项目和尚权结缘

李：像你这样的专家型律师，对尚权所刑辩业务专业的深度和厚度也是一个特别强大的支撑。你和毛立新、冀祥德都是在大学或研究机构工作的专家，对尚权所这个平台来说，你们具有不一样的价值。像尚权所经常举办论坛和前沿问题研讨会、参与立法调研活动，还编写传播刑事辩护专业技能的图书，这些工作中你们的贡献应该比较大。想听听你怎么说自己、看尚权所、认识刑辩这个律师业务的。

门：我 1992 年大学毕业后就参加工作了，在地方工作了十年才到了北京。

在 2001 年的时候，我通过了律师资格考试。当时的考试是最后一届律师资格考试，第二年就改成统一司法考试了。所以，我考取的只是律师资格，不是具备公、检、法三家入门条件的司法职业资格。

考取律师资格证之后，我就在我们河北邯郸的河北中原律师事务所兼职做律师。

后来，因为想在专业上提升一下自己，就来到北京大学读博士了。读博士时，我选择的是刑事诉讼法。通过读博士，我深刻了解了这个专业。这让我看清楚一点，就是在各个部门法之中，刑事诉讼法是最富有挑战性的。

李：除了刑事诉讼法专业出身，这份挑战性，也是你选择刑事辩护的原因吧？

门：我这么说也许从事其他部门法的律师会有意见，但是我觉得如果把刑事辩护放在整个律师行业中看，把它形容为律师业务皇冠上的一颗明珠并不为过。

因为我做过各种律师业务，包括做过公司法业务，做过投资公司的法务。在做过各种律师业务之后，我觉得刑事辩护最具挑战性。

李：为什么？

门：因为刑事辩护业务能让人从最基本的事务性的工作，比如接待当事人、阅卷、与看守所警察打交道，到最高端的法庭上非常严密的逻辑上的论理、辩论以及辩护所要求的对来回节奏的把握，对律师的要求太高了。

你是教授、你是专家都不重要，重要的是你怎么去跟对方博弈。在跟当事人接触，跟看守所警察接触的时候，得把心态放下来。在法庭上，作为律师又不能拿出世俗社会的那些东西。在法庭下要放下身段，到了法庭上必须坚守自己的法律信仰，这样做真的挺有难度。

李：你是在什么机缘下进入尚权所做兼职律师的？

门：我在博士毕业后就进入尚权所做了兼职律师。

我在北京大学读博士的时候，法学院和尚权所合作做了一个项目。这个合作的机缘是陈瑞华老师给我的。当时有了《刑事诉讼法》要修改的风声。因为在此之前的《刑事诉讼法》修改过程中，律师没有发出过自己的声音，田文昌律师就希望在这次修改法律时能发出声音，他就主持了一个这方面的项目，委托陈瑞华来做。

陈瑞华老师为这个项目组成一个博士班底，其中包括我。大概在《刑事诉讼法》修改五年前，我们就开始做调研了。在调研的过程中，我们团队和钱列阳、张青松等当年为刘晓庆税案辩护的"京城四少"有了合作。在合作过程中，我们就都认识了。认识他们之后，我对刑事辩护有了更进一步的理解，也可以说是进一步热爱刑事辩护了。

因为尚权所是专业做刑事辩护的，所以我博士一毕业就进入了尚权所。当时，是尚权所成立的第三年，那时还处于非常艰难的时候。

有的时候，张青松会一筹莫展，也会"怀疑这个选择"，但是他选择了坚持。

我一进入尚权所，张青松就给了我一个任务。他问我："你能不能帮我们编一本书？律师们想写出自己想说的东西，但是让他们写书却很难。大家不知道应该用什么样的结构、体例把自己的宝贵经验传到给青年律师。"我说"可以"。

李：是《刑事辩护操作指南》吗？

门：是的。

我一答应这件事，就列了一个体例结构，让律师们来"填空"。我知道尚权所律师分别擅长什么，比如张兴梅律师，她阅卷特别厉害。很多黑社会案件几百本卷宗，她很快就能梳理清楚，我就让她来写阅卷。大家分别来写自己擅长的工作，如果写不出来就说，通过录音整理文字后加工。

那一段时间，我每天和在尚权所工作一样上下班。张青松看我天天来律所，跟我说"每个月给你报销 1000 块钱油钱吧"（笑）。我每天从西边的住处跑到东边的律所，坚持了一两个月把这本书做出来了。

李：你对主编《刑事辩护操作指南》为什么那么自信？

门：当年在邯郸当律师的时候，我什么类型的案件都代理。因为我在基层工作了十年，所以对基层的法律实务有非常深入的了解。在帮助尚权所做《刑事辩护操作指南》的时候，相对来说，我了解基层律师需要什么。

当时，张青松对这本书也非常重视，他请专家论证了好几次。

我们之所以这么重视这本书，是因为做好刑辩是我们的梦想，我们要把它坚持下去。

在做这本书的过程中，也受到了尚权所律师们的感染。我特别佩服尚权所的专职律师。作为兼职律师，我还有一份工作，他们没有，但是他们能顶住当时的压力。

在当时和法律出版社的编辑谈这本书的时候，我就说了："这本书肯定能卖得出去。"

那个时候，只有这么一家律师事务所专职做刑事辩护，而且当时也处于比较艰难的时期，不被大家看好的时候。可是，这本书出版后，第一版很快就卖完了,又做了第二版,现在好像是说第二版也售罄了。

我想通过这个例子说,那段基层的实务经验对我来说特别重要。它让我了解了基层的实务工作者想要什么、缺少什么。有的时候,一个人走得太远了,真的就不了解基层的实务工作者需要什么了。

事实上,基层的实务工作者才是真正推动司法进步"一毫米"或者"半毫米"的实践者。

在教授和律师之间切换

李:你在教授和律师之间,如何分配精力?

门:现在我还有一半精力投入在学校,毕竟教学也给我提高和成长。

因为做实务也需要提高和成长, 所以就在实务和教学两个平台上切换。对这种角色转换,我特别喜欢。比如说,今天下午,我就要去法院阅卷。这让我想到,法院的人对律师普遍有点儿戒备。有的时候,我到了外地的看守所和检察院,工作人员对待我和对待其他律师是一样的,有一点儿戒备。但是,当我以老师的身份去讲课的时候,受到的待遇又是另一种样子。

挺有意思。这让我既能放得下身段,也能端得起身价。

我之所以既能"放得下"又能"端得起",和我既在大学里从事教学工作,又有基层律师事务所工作经历有关。如果只从事单一的职业,可能会因为立场产生情绪,看问题可能就不客观了。所以,我很享受我现在在两个职业之间切换的状态。

尚权所,我肯定不会离开。因为学校虽然是我的根据地,但是我在尚权所汲取的营养是学校不能给予的。

李:你在讲课的时候会用到尚权所的案例吗?

门:会。我学的是诉讼法学,诉讼法学下面有个分支叫证据法学。我给本科生讲诉讼法、给研究生讲证据法。

我现在是副教授,硕士生导师。我在给学生讲课的时候,学生就自发地要求讲法律实务。

现在,学校也要求给学生讲法律实务。大家都知道,现在学生走出校门以后大多数都做实务,你在学校不讲实务课是不行的。这样,我门学校就让我负责法律诊所教学。

从我上诊所式教学课开始,该课程教学每年评估都是优秀。学生特别喜欢这门课。为什么呢?因为你讲的东西不是从书上拿来的,而是把我在办案过程中亲身遇到的问题、如何化解这些问题的方法——法律理论知识、技能和技巧分成不同的模块给学生讲解。

学生听了这样的课之后会说"受益匪浅",会说"以前学的理论知识太虚无缥缈"。有一次一个毕业生对我说:"老师,你讲的课是非常有营养的课。"我特别感触,只要付出就有收获啊!

我讲的课接地气,是因为我本人站在地上,站在法律实务工作的第一线。

在实务当中,当我去看案例的时候,会发现鲜活的案例跟教材里的案例不大一样。

李:学校支持你做兼职律师吗?

门:很支持。我们去律师事务所做兼职律师的人都需要学校开证明同意。我们学校支持每一位老师去当兼职律师,因为法学这个专业和医科一样,没有实务是不可以的。虽然支持,但是有些部门法的学者没有那么必要去做兼职律师,比如宪法学和法理学,像我从事的诉讼法学这个部门法,必须去做实务。

我觉得自己在尚权所成长得很快。

李:反过来说,你在北京大学学到的高深的理论基础,你的理论功底对尚权所的法律实践工作又是一种提升?

门:我自己不敢这么说。我能说的是,我尽了自己最大的努力去做到这一点。

如果具体说的话,《刑事辩护操作指南》对尚权所律师来说是一次很大的提高,特别是在律所发展相对困难的时期。参与写作的律师们拿到书之后说:"书上写的东西,我平常确实就是这么做的,但是让我把自己的经验形成文字传导给别人的话,我连想都不敢想。”图书的影响力,和网络上的某一篇文章不一样,它虽然不能像文章一样快速且广泛地传播,但是它可以慢慢地持续地发散它的影响力。

这本书算是我为尚权所做贡献吧,是尚权所刑辩经验总结,也在一定程度上助益了尚权品牌的提升。

除此之外,尚权所律师每周都会进行学习。在学习的时候,我们这些在学校当老师的兼职律师肯定要去讲课。我们所还有其他在大学和研究机构工作的兼职律师,我们会结合自身的特点去讲律师实务。我讲得比较多的内容是法庭语言的运用、证据的规则等。

因为我们擅长的东西是理论,他们跟我学一些理论知识,而真正的实务、技能和经验,我得跟他们学。

平常,我的微信上,像张雨律师等人会经常给我发信息,问理论方面的问题。我从来都是毫不迟疑地给回复。你付出的时候,他们能感受到。

回过头来,我如果没有时间做某件事,在微信群里发个信息,他们都义无反顾。我如果发个邀请说“谁能陪我出趟差”,他们就会主动说“门老师,我去,我去”,你心里那种满足感不是多少钱能换来的。

这种“好”是双向的。

李:你和尚权所专职律师之间这种亲密的互动、互助的关系,会不会也有一种“能力”上的互助。比如,你对立法本意深刻理解、对理论的深入了解对他们带来帮助。之前,我在帮钱列阳律师统筹《三思而行》那本书的时候发现,他之所以成为一个功底深厚的律师,和他对整个刑事法律的立法本源都很了解有关。

门:那肯定是。我们经常会去参加一些关于立法的讨论,我们对这方面信息的获得和关注可能会比律师及时。毕竟,我们是做教学和研究的。

在讨论每个案例的法条时,我们肯定会去说立法本身的东西,去介绍“规范目的”,这也是法律的核心。

在解释这个规范的时候,一定要和立法目的相结合。同时,由于法律是变化的，规范目的和立法者当时的意思也是有区别的，所以在讨论的时候，我会经常去解释。包括在尚权学习日的时候，通过微信交流的时候，再就是开研讨会的时候。这三个途径，我们是常用的。

在微信上，我们经常会吵得不可开交。包括毛立新、张青松和我，我们经常会"吵"。比如，蔡华有一次提出一个问题："在贩毒案件中，如果我举报了我'上线'，我算不算立功？"在这个问题中，涉及一个法律解释，对"本案"的理解。这个"本案"的界限划在哪里？那个"上线"是在"本案"里，还是在另一个案件里？

面对这样的问题，就像你说的一样，在讨论的时候，我们就会回到规范目的上去，去探讨为什么会规定"立功"的问题。我们就会通过讨论甚至翻出当初立法的时候公检法各派的争论。

在成文法国家和地区，讨论任何一个案例的法律适用逻辑和事实之间关系的时候，一定是从规范目的出发去讨论。

这种讨论对尚权所的律师有好处，因为他们现在也参与立法活动了。讨论立法的路径，对律师参与立法活动是有帮助的。最近，尚权所律师就在进行一个立法问题的研讨。

个案指导、理论指导、学习指导、完成培训任务，通过这些活动，我们会做力所能及的工作。

李：现行《刑事诉讼法》修改时，尚权所提出的一些立法建议被采纳。《刑法修正案(九)》的修改过程中，尚权所也提出了修法建议。这些活动的过程中，我想应该有你的智慧、贡献。

门：这是尚权所的律师一起讨论的。尚权人有个特点，就是没有"权威意识"，即使对待尚权所鼻祖张青松，大家一样的质疑和争论。不是说，你在学术上比较权威，你说的话大家就不敢反驳。

面对刚才提到的问题，大家会坐在一起讨论，各自发表自己的观点，最终形成一个汇总稿，然后提交给立法部门。

从《刑事诉讼法》修改到量刑建议出台，我们都提出了建议。我记得张青松要去参加会议前，我们进行了集体讨论。到后面《刑法修正案（九）》修改的时候，我参与的较少，大家也进行了讨论。尚权所实行的是集体讨论制，你不敢居功至伟地说"这个意见是我的"。

到了常铮任主任的时期，这里也是这样，大家都没有私心。每个人都是把自己的意见发表完之后，融入到框架之中。

尚权所能有未来的原因，是因为大家都有一颗无私的心。

"女神"心中的尚权团队

李：从我的观察来看，尚权所这个团队成长得比较好。从梯队来看，领军人物不用多说了，各个年龄段的律师队伍也已经形成层次。你是怎么评价这个团队的？你作为尚权所一名兼职律师，你对尚权所的观察和体验和全职律师一定有区别。

门：我 2009 年就进入尚权所，算律所的老人了。除了张青松、常铮、刘文元、张兴梅和王耀刚，剩下的人都比我到尚权所晚。可以说，我见证了尚权所的成长。

确实，对尚权所来说，领军人物、中坚力量和青年律师，三阶梯力量已经形成。

老律师这拨儿里，有张青松、常铮、刘文元、张兴梅、王耀刚；年轻律师里，高文龙现在是合伙人了，我去尚权所的时候，他还是实习律师呢。你看成长得多快。张宇鹏和白雪是后来过来的，我不大了解。他们下面还有一个梯队，巩志芳、陈泓宇等人。再后面，还有一批刚进入律所的年轻律师。

这个梯次建立得好，可以各司其事。有的负责案源的开发，有的分工办案——每个律师都有自己的特长。有的律师善于出庭，像张青松这样的律师，在出庭的时候出口成章，思路非常好。在他身上，永远不可能发生跟别人吵起来的事情。为什么？他能够做到据理力争的时候保持克制；有的律师擅长接待当事人，对接待当事人一事，高文龙做得太棒了，用张青松的话说："高文龙接待的当事人，从来没有让当事人回过头来找过我。"他可以对当事人服务得面面俱到；在阅卷方面，张兴梅的水平你也了解过了。这个团队在案件的各个环节都有高水准的律师在把守。

现在，毛立新也成了尚权所的大梁。他虽然是一名兼职律师，但是他的案子办得比较多。

现在，尚权所除了律师梯队建设得比较好，部门也完善起来了，宣传部门、后勤保障部门、业务部门有分工，各司其职。当初，我刚到尚权所的时候，没法分工。一方面，没有展现出谁适合干什么；另一方面，律所没有那么大的架构，无法进行分工。现在尚权所有将近 50 人，有条件进行分工了。

尚权所的律师队伍还是挺稳定的，大家之间也很团结。

尚权所这十年，是一步一个脚印走过来的。这十年，一年一个论坛；凡是有焦点问题，又会不定期地组织研讨会。

现在，尚权所又来了新人。尚权所步入稳定阶段了。现在大家都认可了尚权所走的这条专业化的道路，全国陆续出现了很多像尚权所一样专业做刑事业务的律师事务所。

尚权所作为一个刑事辩护专长的律所，它的成功之处在于把一个律师事务所做成了一个像国有单位一样彼此分工合作的团队。尚权所的大多数案件是大家一起参与。

在律师业内，大牌律师的案件多得办不过来；小牌律师没有案子可办。在尚权所，大牌律师接到案子后，会让小牌律师一起参与其中办理，这样就形成了一种大牌律师带动小牌律师的氛围，年轻律师就成长得挺快。

案子进入尚权所之后，是团队作业。不管哪个律师，在接到案子之后，在每个周一就会上会讨论。群策群力，和一个人去操作一个案件的情况是不一样的。

在工作上大家在一起合作，在生活上可以肆无忌惮地聊天，包括对大牌律师张青松，大家都不用敬而远之。这当然跟他的做事风格有关，如果张青松“端着”，这种风格就不可能形成。用他的话说，“我愿意被大家玩”。这句“俗”里透着亲切的话，反映出尚权所这个团队既有一个核心，大家又都能敞开心扉。

我们这些兼职律师也享有尚权所律师的所有福利。外出游玩，也会让我们一起去。在张青松当主任的时候，我每到过生日的时候，都会接到一个他亲笔签名的贺卡。

李：你认为尚权团队成长得好的根本原因是什么？

门：尚权所成长得好和它的管理模式有关。尚权所的管理模式和我所知道的其他律所不一样，它把工作、生活以及其他制度把律师联系在了一起。比如，出差制度，我作为一个兼职律师在出差的时候，需要张三陪我一起去，在律所说一下就可以了，很方便，是因为大家出差会按照合理的规定进行对待。

再比如，在结案方面。过去，把案子办完也就办完了。现在，必须写出结案报告。在做这些事务性的事情方面，兼职律师有点生疏。换句话说，我们的特点是在法庭上能从容应对，但是对装订卷宗这些事情就不专业。每次把装订卷宗这些事拿到律所，年轻的律师们都会主动说："门老师，我帮你，我帮你。"他们帮我把卷宗装订好，我写了结案报告才能结案，才能领出代理费来。从结案这一个点上，就能看出尚权所的管理有多严格。

领取手续也是这样。我们去会见当事人的时候，要领取手续。律师要去会见谁，必须把谁的名字写上。

从这些细节上，能看出一个律所的管理既严格又专业。尚权所没有理由不成功。

尚权所成功的另一个原因，就是留在这里的律师都同意"不走歪门邪道"这个规则。

也可以说团队成长得好，和尚权所的文化建设得好有关。不能只顾赚钱忽略了文化建设，尚权所不是这样。归根结底，和尚权所的几个大牌律师比如张青松、常铮等人能够让渡自己的经济利益有关。这是我在尚权所这些年最大的感受。

我刚开始来尚权所的时候，还是张青松当主任。后来，他想培养一个接班人，早早就把主任的位置让给了常铮。一开始，律所的案子主要是他的案子，有的律师就会想，这都是我的案子，我赚钱赚得盆满钵满，就开豪车、住豪宅享受生活去了。张青松没有这样，他还是有自己的理想的。他把自己的利益让渡给大家去分享，在分享的过程中，年轻人就成长起来了。

这两年，绝对不是张青松一个人撑着尚权所了，是尚权所有的人在撑着尚权所了。所以，日子就好过了。

李：听得出来，你非常喜欢尚权所和尚权人。

门：我是把自己当作尚权所的主人来对待的。

我进入尚权所后，因为《刑事辩护操作指南》这本书的原因和尚权所律师深入接触过，用张青松的话说："你这个兼职律师都被我们当专职律师对待了。"我问他："你说的是好待遇，还是坏待遇？"他说："都有。"

只要我们尚权所有培训或者讲课的需要，比如培训青年律师是义务的、不要分文的，我都会去讲，每年都会去讲。这也是我的乐趣。

我做过基层的教学工作、做过基层的律师工作，我原来在基层的时候，为了考博士，想报个班都找不到。我知道，基层想有个学习的机会特别难，相比之下，北京的机会太多了。所以，一旦尚权所要去哪里送知识，说"门老师，你去讲个课吧"，我都会去。这个时候，我什么活儿都可以放下。

尚权所在北京市律协也承担一些任务，我一样义无反顾地去讲。在今年早些时候，北京市检察院举办了一次全市检察院的培训，让我去讲课，要求北京市检察院下属的各个区县检察院都要通过视频听课。

李：课程内容是什么？

门：我讲了《刑事辩护中法庭语言的运用》。我讲完课之后，检察院的领导给了我一个评价说："课讲得很好，但是植入尚权所的广告太多了。"(笑)

我说："因为我讲的案例，都是我自己代理的案件，我肯定要说尚权所的。"

学者型律师的办案经

李：每个尚权所律师都和大家分享一个或一些案例，你作为学者型律师，办理的风格一定与众不同。也请你分享一下你在代理刑事案件过程中带有标志性的案例。

门：“标志”的指标是什么？

李：比如，张宇鹏就分享了他来尚权所之前代理的聂磊案。他说，一审的时候跟着钱列阳律师办理这个案子，二审的时候跟着高子程律师代理这个案子，死刑复核也是和高子程一起代理的。他说，自己参加了这个案件的整个过程，在办案过程中感受到了大律师的不同办案风格，在整个过程中对自己的提升特别大。你是学者型律师，希望你通过案例让大家了解你作为学者型律师的办案的风格。

门：不会写当事人的名字吧？我的很多当事人现在还在工作岗位上。

李：不会。

门：我代理的很多案子还没有到判刑的阶段就结案了。因为目前在我们国家，《刑法》的“手”伸得太长了。

不同的案子有不同的特色。我现在总结自己办的案子，感受最深的是“刑民交叉”的那种案子。这种案子，可能是民事欺诈被作为合同诈骗立案了。我代理的案件中至少有5起案子都是在审查起诉阶段，人就被放出来了。

为什么能在这个阶段被放出来呢？我感受最深的是，公民请求律师帮助的意识一定要增强。一个案子，如果当事人请律师的比较早的话，律师在案件侦查和审查起诉阶段就可以据理力争。

我刚才说的那类案件就是，在合同履行的当中，欠钱不还。本身是民事案件，但变成刑事案件，人被抓了。还有的案子，就是一些老总，在履行合同中有一些问题，其实本质的原因就是“欠了钱”。

李：能举个例子吗？

门：比如，有个河北老板被内蒙古一个地方政府请过去做项目开发。

但到了那里之后，政府工作人员发生变化，新换上来的人不配合他的工作,项目遇到了阻力。在这种情况下,他就把项目转给了别人。因为钱的问题,那个河北老板被以非法倒卖国有土地罪被限制了自由。最后,经过我的据理力争,这个河北老板被放出来了。

这类案子为什么让我感受很深呢？还是拿这个河北老板的案件当例子,我当时和当地一个律师一起代理这个案子,搭档在当地做一些工作,我就可以节省一些出差时间。即使这样,我也往案发地跑了好几趟。在这个过程中,就有一些经历。

这个案子先后两次被检察院退回公安局经侦大队补充侦查,“两次补充侦查”意味着这个案子已经不能再往上提交了,因为法律规定“补充侦查只能进行两次”。其实,检察院退回补充侦查的态度很明显,就是这个案子“不够审查起诉条件”。

为什么呢？因为我把对这个案子的辩护意见交给检察院了,他们不敢起诉了,就把案子退回经侦大队了。我的体会是,律师写一个详细的能够说服办案人员的意见,而且说到点子上的时候,是会产生影响力的。如果律师说的真的有道理,办案人员也会去想,在公开开庭的时候,如果企业家把记者请来,那个时候该怎么办的问题。

案件第二次被退回经侦大队后,我去找他们。队长跟我打官腔说“我们会依法的”,我也没有客气:“如果依法的话,这个案子应该撤案了。”因为两次退回补充侦查之后,对经侦大队来说,程序上已经没有空间了。

和检察院沟通也不是那么顺利。那天上午去经侦大队之前,我和检察院沟通过,说好当天下午去阅卷。等我到了检察院,见到检察长的时候,他根本就不停下来听我说话,而是径直想离开。

这个时候,我就拿出做刑事辩护的“死磕”气势,挡在他的面前说:“你别走！你看这大厅指示牌上怎么要求你们接待律师的……”

他问“怎么了”,我说“我给你打电话,你让我在这里等着,我等了你一上午。为了等你,我中午连饭都没有吃,你这态度怎么 180 度大转弯啊！是不是刚刚接到了经侦队长的电话了！”丰富的基层工作经验，让我笃定刚刚在警察局我和经侦队长的冲突，被经侦队长“先告状”了。他一听我直截了当这么说，马上进入正题。

“你想干什么？”他问。

“我就想阅卷！”我答。

在此之前，我的搭档去了两次，他们都不让阅卷。他看这种情况，就跟旁边的人说：“让她阅！让她阅！”

一看他同意我阅卷了，我也不在这件事情上多说什么了，只是告诉他：“我还要提交一个法律意见，你接收一下。”

我当场就给检察院侦查监督科写了个东西，说我不明白检察长的意见为什么来了个180度大转弯，上午还同意我阅卷，下午就不让我阅了。是不是因为我在中间去了一趟经侦大队，找了一趟经侦大队的大队长，并与之有了意见上的冲突。

因为有基层工作经验，我推断我们离开经侦大队后，他们就和检察院沟通过了。所以，在材料中，我提出让侦查监督科对这件事做个调查。我们的态度非常明确，就是这个案件必须依法处理，如果我的当事人依据哪一条构成犯罪，我们作为律师没有意见；如果不是这样，我的当事人肯定要上诉。不管以后二审还是再审，我作为律师都要跟着这个案子走下去。

李：这个案子最终的结果是什么？

门：这个案子后来检察机关做出不起诉决定。我想说的是，在基层执业的律师如果没有一定的勇气，他不敢像我这样做。因为他就在当地生活，处在当地人情世故的包围圈里。

从这个角度看，北京律师去基层太有必要了。

类似这样的案子，我代理过不少，效果都非常好。还有一个案件是，一个北京人被抓到山东去了，人被抓了一个多月，公安机关也没有告诉家属。

我现在代理的案件中，这样的案子可以说是一个大类了。

这类的案子办得多了，有人就来找我，说：“你的当事人动不动就出来了，你看看我这个案子怎么样，在侦查阶段有没有希望放人？”我会说：“我不找后门，也从来不跟任何人拉关系，我就论理说法。在侦查阶段成的话更好，不成的话，我只能等到审判阶段在法庭上说了。”

李：在代理这类案件的时候，你有什么感触？

门：《刑法》的“手”伸得越长，其他法律就会越失灵。这是一个危险的信号，它很容易让公民权利与国家权力之间的对抗尖锐化。

换句话说，我们有其他法律，它该起作用的时候就得让它起作用。以前面我说到的那个到外地开发项目被抓的当事人为例，他有房子、有车、有其他资产，对他的债务纠纷问题，完全可以通过民事法律的途径去解决。

李：你刚才提到了在开庭之前取得好的结果的案子，在法庭上通过辩护取得良好结果的案件多吗？

门： 开庭的案件，印象最深的是江西省萍乡市安源的一起故意伤害(致人死亡)案。

因为死者是一位黑社会老大，这个案子在当地引起很大轰动。虽然这个事情没法考证，但是你看他涉足其中的项目都是煤炭、娱乐一类。他在一个酒吧，因为调戏被告人的老婆，被告人激情犯罪，拿出刀子来就把他给捅了。

案件在当地引起关注的另外一个原因是，当地是个小地方。记者在进入案发现场采访后，就发了一条新闻，题目叫《只因在人群中多看了你一眼》。这是《传奇》里的一句歌词，当时这首歌特别流行。读者看了文章，就会理解成“因为在人群中看了你一眼，我就把命丢了”。

面对案情，我就在想，当事人杀了人，一定要承担责任。我作为他的律师，也不能否认这一点。至于该付出多大代价，就得遵循罪刑法定的原则了。换句话说，当事人过错有多大，就承担多大的责任；对方有多大责任，就得为我的当事人减多大的责任。这不就是公平吗？

在这种情况下，我就得了解被害人的背景。

因为案件发生在网吧，案发过程有录像并且被放在了网上。在网上看案发现场录像的时候,录像上显示十几个人围着我的当事人,有人先打了他,这个年轻人就把刀拔出来了。这样,我心里就有数了。

此外,我还发现死者投了高额的意外伤亡保险。他死后,保险公司给他的亲属支付了400多万元赔偿款。那家保险公司支付赔偿款以后,给当地许多人发短信宣传自己公司。被告人的家属也收到了保险公司发的广告短信,他们把这个短信转给我以后,我意识到这个被害人的尸体可能已经被火化了!这可是本案的重要证据,在结案之前不得毁损的!被害人的身份和影响,让我意识到代理这个案子可能会遇到风险和阻力。

你看,做一个刑事辩护律师多么不容易。在去安源之前,我就在想必须请一个人陪着我去,这个人还得够范儿。万一出现了阻力,或者黑势力阻挠我的话,我一定得有应对之策。

作为一个刑事辩护律师,首先得会保护自己。如果你连自己都保护不了,怎么去维护你的当事人的合法权益?

在这种情况下,我就想到了我的导师。我的导师是刑侦专家,当时已经退休。他一听我的电话,就说“可以”。你看老师多爱护自己的学生。

导师跟我去会见当事人的时候,他就对我进行指导:“你一定把这个案子做仔细。受害者既然已经获得保险公司赔偿了,是不是尸体都火化了?”的确,法律有规定,如果被告人这方对尸体鉴定结论有异议,可以提起重新鉴定。现在尸体如果已经火化,重新鉴定的条件就丧失了。

为了举证,我跑到了保险公司。结果,保险公司经理对我玩起了“仙人跳”,怎么也不肯见面。后来,我们又跑到墓园去取证。

案件开庭的时候,是我们律所陈泓宇律师陪我一起去的。我幸运地发现,我们遇到了一位学者型法官主持庭审。

李:一位学者型律师遇到一位学者型法官,庭审一定很精彩。

门:学者型法官能够顶住各种压力判案。

主持庭审的法官不是主审法官,是法院的刑庭庭长。他听说北京来了律师,就说“我来主持庭审”。他之前因为打篮球骨折,胳膊上缠着绷带就出庭了。因为他是江西萍乡学院的兼职教授，在案件开庭的时候，就把江西萍乡学院法律系的学生都叫来旁听，容纳200多人的大法庭坐得满满的。

在开庭的时候，受害方律师发言的开场白是："今天的辩护很精彩。"

庭审过程确实很精彩。首先，我们做的工作比较细致；其次，只要开庭就会发现，检察官虽然只做刑事案件比较专业，但是本案检察官的理论功底比不上我们，他们在很多逻辑上的点没有我们找得准。

在这起案件庭审过程中，有很多因素叠加在一起，让我有了展现的机会。在很多时候，法官不愿意让律师说得太多。我的态度是，法官不让我说，我也要拿出意见来。

在这次开庭的时候，要放录像。放完录像以后，法官说："录像作为客观证据，不能造假。下面接着举证。"这个时候，我举手发言说："对录像，我还没有发表质证意见。"

"录像不能造假，有什么好质证的？"审判长问。

"审判长，录像不能造假，但录像可以解释，公诉人已经就对公诉有利的一面对录像做出了解释。作为辩护人，我要对录像里的一些内容进行解释。我可不可以解释一下录像里对我的当事人有利的证据？"我这么说，他也就同意了。

接着，针对这个录像，我发表了一连串质证意见——

我通过录像看出几点：第一，被告人和被害人素不相识，笔录上显示也是素不相识。第二，被害人的手已经伸到那个女孩的怀里了。这不是像刚才公诉人说的，发生了一个口角的问题。第三，发生了肢体接触，对方的脚已经踩到女孩的脚上了，对方还用手拽着女孩。第四，接着往下看，画面上没有女孩的影子了。为什么？她跑了，她躲了。可以想象，被害人这方的一群人对我的当事人夫妇形成了高压态势。事实上，被害人是事发酒吧的股东，酒吧这天开业，他和他身边的人都喝醉了。

我这样一番解释，其他律师可能没有去做。我看过很多开庭，大多数律师只说观点，不会去解释这么多。

这次庭审第一个回合就是放录像，就是这样交手的。

当然，在开庭的时候也要讲策略。在这次开庭的时候，还有一个细节。一个法警，戴着手套拿着作案工具上了法庭。作案工具是一把成了碎片的刀子，装在一个纸袋子里。法警并没有将证据放在托盘上，而是打开纸袋子，直接将作案工具哗啦啦都倒在地上了。

因为在这些刀片上，要验出指纹、验出双方的DNA、要验出这个工具和被告人之间的关联。这把刀，在卷宗中本来就存在辨认失败的问题。失败的原因，是在办案过程中，警察做了诱导辨认。现在又被直接倒在地上。

我听被告人说，警察拿着刀让被告人辨认的时候，先让他看了一个图，然后让他写上辨认经过，他就写了“那把刀和警察给我看过的图片上的刀一样”。警察一看这么写，就把那张纸撕碎扔了。警察第二次再来的时候，我的当事人说那把刀已经被弄得我看不出来了。他在法庭上也把这个情节讲了。

那么，这个时候我就要说话了。公安部有个关于诱导性辨认的规定，如果是诱导性辨认，这个证据是不能作为证据使用的。在辨认失败的情况下，在法庭上呈现时把刀直接放到地上，是被污染了的证据。

在这种情况下，法官问我要不要质证，我说“要”。

那天开庭时，南方的冬天，法庭上特别冷。那个时候，还不要求穿律师袍呢，我上身穿件体面的西装，下身穿着一条难看的棉裤。我忍着形象上的难看样子走到法庭中间去看了看那些掉在地面上的刀片。实话实说，我也不知道被告人当时用的是什么刀。

回到辩护席上之后，我就说：“首先，对于这把刀的辨认是失败的；其次，刀已经碎成这样，上面没有检验出被告人的DNA，以后更不可能检验出来的，因为刀已经掉在地上了。因为刀子已经被污染了，在案件二审的时候，如果去核对证据，对这把刀如何核定？”

我说完以后，就没有再在这件事情上纠缠太多。因为把刀掉在地上是法警犯的错误，法警是法院的工作人员，不能因此影响到当事人的利益。

说到这里，我想到了“死磕”的问题。“死磕”对于刑事辩护来说有什么意义？我觉得，“磕”也得有技术。当严重违法的问题出现的时候，必须据理力争。比如说，对录像发表质证意见的问题，法官不能不让我说话，我一定要说。因为程序公正意味着控辩双方平等，法官得给我说话的机会。如果审判长不给我发言机会，下次轮到我发言的时候，我肯定还会回到这件事情上来。

法警犯的错误，我认为说出来就可以了，不能没完没了“磕下去”。你不能说“你这样做是个法盲”这样的话来侮辱对方。我说，以后出示类似证据，还是有一个托盘为好，这样能保护证据不被污染。现在这些刀片已经没有证据价值了，请书记员把这个情节记录在庭审笔录中，这样在二审的时候如果要勘验凶器，法官好据此判断它有无证据价值。

抛开这个插曲，我们接着说庭审。

法官在法庭上的表现特别好，他总结出了辩论焦点。在以前的法庭上，法官没有归纳焦点，结果是公诉人说的是一个问题，律师说的是另一个问题。

这个法官归纳出几点，要求控辩双方围绕这几点进行辩论。这样，控辩双方都不能自说自话，而是要对辩。

李：这个案子最终的结果怎么样？

门：结果挺好的。被告人最终被判了 15 年。

一审判决下达后，当事人家属问这个判决重不重，我说：“不重，因为你们没有钱，没有给被害方足够的赔偿。对方提出 40 多万元赔偿请求，法院判决你们赔偿一万多元。”

这个当事人是一个东北小伙子，大学毕业后在江西打工，娶了一个当地媳妇，结果因为媳妇被调戏，发生了这样的事情。

一审判决下达后，检察院觉得判轻了，提起了抗诉。这样到了二审的时候，当事人家属又请我代理。我当时临近期末，需要监考，时间很不好调整。就跟他们说：“在一审的时候，我该说的都说了，你们可以拿着我的辩护词去交给二审法院。如果法院有改判的可能性，我再去。”

后来，江西高院作为二审法院就我代理的被告人的刑事部分维持了一审判决。

因为案子问题太多了,凶器作为证据没有辨认成功,尸体火化没有给我们这方重新鉴定的机会。因为证据被毁灭,死因是什么并没有弄清楚。当时被刺之后,被害人不是当场死亡,而是离开现场回了家,回家不久心包出血死亡。

公安机关在办这个案子的时候，对故意伤害行为和致死结果之间的因果关系取证工作做得不扎实。伤害行为和死亡结果之间的关系问题没有理清,他们不重视故意伤害致人死亡罪的构成要件当中,除了故意伤害罪的构成要件,还要证明故意伤害行为和死亡结果之间的因果关系。公安机关的办案人员可能这方面的理论功底不是特别扎实，所有证据都是指向故意伤害的。

对当事人定故意伤害,我没有意见。但是,如果定故意伤害致人死亡,你的证据链条就是断裂的。因为你尸体已经火化,医生的证言也显示不记得如何死亡了,接诊病例医院里也没有,卷宗显示是从被害人家属手里提取的。检察院当初应该指导公安局去取证明故意伤害行为和死亡结果之间因果关系的证据,你现在却抗诉了。现在从头再来,因为尸体在鉴定意见出来当天就火化了,也没有条件了。

在一审开庭时候,我提到这一点的时候,公诉人被逼得说出了“死者为大”的话。这个时候,我就说了:“现有的证据只能证明故意伤害,只能做有利于被告人的解释。”

辩护律师的作用,就是不断地督促国家办案机关“你要合法”、“你要合法”、“你要合法”。如果你老做不合法的事情,将来会冤枉很多人。冤假错案就是这么来的。

我对任何案子都一样,在发现问题的时候,就是靠着对法律的深刻理解去“磕”。当你懂得法律是一个什么样的东西之后,你会觉得有了信仰,愿意让它朝正确的道路上去走。

李：你从2009年进入尚权所之后，大概办理了多少案件？

门：我一年大概也就代理四五个案子，毕竟我还是以教学工作为重。但是，我做的每个案子都是研究型的。如果把每个案子的细节都展开来讲的话，都是精彩的故事，包括一些职务犯罪的案子。

我对我办理的案子的结果都比较满意，可以说，我在代理案件的过程中几乎没有碰到那种太过无理的刁难。

为什么？就是我在某一个关键点上能够做出及时的反应。作为一名律师，你得有“法律信仰”、“理论功底”和“实践经验”这三样东西。如果你具备这三样东西，你在法庭上不会受到法官的侮辱。

基层的警察、检察官、法官可能存在法律素养欠缺的问题，但是他们毕竟都是法律人。可能在办案的过程中，他们会受制于“指示”，但是他们绝对不是外行。

这让我想到了另外一个问题，就是我们在办案过程中遇到一些问题的时候，律师和公检法双方都应该反思。大家为了法律共同体的建成，都应该去做有益无害的事情。

我觉得我这些年坚持的东西，或者说理念经常会在课堂上和学生分享，会影响到很多学生。也许是因此，在学生的微信群里，学生们喊我“女神”。

李：你可以补充说一下律师实务对你的教学工作带来的价值。

门：我带领学生们参加北京市模拟法庭辩论赛，连续三次获得一等奖。为此，我们获得了校长奖学金。我们学校的校长奖学金是很少颁发的，只有大家在做出贡献的时候才会颁发，我们做出的贡献是让中国青年政治学院获得声誉。中国青年政治学院归团中央管，它在全国的影响力还不大，我们希望通过这些活动被认可。

在参加这样的活动的过程中，让学生有了对法律的信仰。他们参加了活动之后会对我说：“老师，您让我们知道了法律是可以相信的。”我就会说：“是的。你如果将来去做律师，凭自己的能力去做就可以了，不用去勾兑。我没有去卑躬屈膝，不也活得好好的吗？”

对我在学校的工作，张青松他们也特别支持，在我们学校设立了尚权基金。我们参加活动的时候，尚权所出资支持；每次开展活动前，我们都会播放尚权所的宣传片传播尚权所“推动法治进步半毫米”的梦想。这样一来，刑事辩护在我们学校的法科生中有很大市场。法律系学生所学的部门法很多，但是我们刑法和刑事诉讼法这个学科有各种实践活动，通过这些活动带动了一大批学生。

如果我没有在尚权所办案的经历，不可能做到这一点。

在实际办案过程中，那些点点滴滴的经历和感受都有价值。在分享的时候，我也会发现自己遗漏的“点”。

有一个职务犯罪的“共犯”的案子，丈夫被起诉贪污罪，妻子被以贪污案共犯起诉，实际上应该是掩饰非法所得罪。犯罪行为的主犯是在贪污犯罪行为既遂之后，妻子才知道情况的。

在和学生分享这个案例的时候，学生就问我：“这个人不构成贪污案共犯，但是涉嫌另外一个罪名。在法庭上，律师应不应该把这种情况说出来？”对这个问题，公诉人没有发现，法官也没有看出来，只有律师看出来了。如果按贪污罪共犯去判，当事人会被判得很重。这个时候，律师怎么办？律师可以坚持在“原点”，就是坚持认为自己的当事人的行为不构成贪污罪共犯，律师也可以进一步把真正涉嫌的罪名指出来。

在课堂上，我也会告诉学生，为什么构成掩饰非法所得罪，而不构成贪污罪共同犯罪。

真实的情况是，我在法庭上没有把问题指出来。但是，在法庭下，法官跟我做交流了。他说：“门律师，这个案子吧，你的当事人的行为具有犯罪的属性，但是判吧又有点难判。”我说：“这个案子实际上从构成来说，更接近掩饰非法所得罪。如果你要改变罪名，那还得安排一次法庭辩论，你得给我辩护权。”

在和法官交流之前，我已经和当事人做了沟通。我说：“我看了你们当地所有同类案件的判决，发现所有案子都判有罪。但是，有一个特别情形，和你这个行为挺像的,我可以去跟法官建议,但是我要听听你的意见。”他问:“会怎样?”我说:“会缓刑。不去说的话,主犯判得很重,从犯不会低于7年,这是惯例。无罪的概率也有,但是,我查了这个法院的案例,在5年内,一个无罪的案子也没有。”当事人听了这种情况,就对我说:“你还是去和法官说说吧。”

后来,这个案子按照掩饰非法所得罪判了缓刑。

按理说,我作为律师,只要针对检察官指控的罪名说构成犯罪还是不构成犯罪就可以了,无罪就说无罪。但是,实践中的情况也要去考虑。如果我只是一个学者,就很难考虑到实践中的问题,在教学生的时候只能止步于“这种情况不构成犯罪”。但是,在将来毕业后,有几个学生会去搞研究呢?大部分人要去做实务。

我针对这些东西和他们进行探讨的时候,学生特别爱听。

当事人利益最大化

李:从你的讲述中听得出,你对当事人的利益考虑得特别多。在法庭上为他们争取利益,在法庭下非常注重保护他们的隐私。

门:当事人在犯罪被判刑之后,都有一个回归社会的问题,我们不能披露他们的隐私。不能让他们一直被“记住”自己曾经犯过罪!所以,不可以提及他们的姓名。

作为刑辩律师永远要知道自己应该做什么,怎么做!

前面讲到的江西安源歌厅发生的故意伤害致人死亡案审理时有一位公诉人睡着了。我没有忍住拍照了,陈泓宇律师也拍了。他在拍照的时候被法警发现了,他过来要求我们删除照片的时候。这个时候,我绝对不会说“公诉人睡觉你怎么不管,我拍照你就管”,因为虽然公诉人睡觉是不对的,我作为律师也不能拿对方的错误当自己做错事的理由。我马上说:“对不起,我没有忍住,这就把照片删掉。”

休庭后,检察官就走过来了。他问:“你们昨天几点到的?”我马上会意,直截了当接了一句话:“你放心,我们全部删了。”

这个照片如果放到网上,可能就是一个大事件。但是,从制度本身来看,我们国家实行主诉检察官制度,睡觉的这个检察官不是主诉检察官,他就是来陪着开庭的,而我们中国案子的开庭时间又比较长,他累了困了就睡着了。

当时开庭,允许带手机,当事人和旁听人员也都拍了检察官睡觉的照片和视频。开完庭之后,我跟当事人说,你们要听律师一句话的话,就不要把照片或者视频放在网上。律师让当事人利益最大化的时候,就会考虑到所有可能对当事人不利的情况。如果当事人把照片发到网上,可能会引起一种反弹,激起一种对立情绪,检察院的人会想:“我检察院睡觉是不对,但是对这个案子我就是要抗诉到底,让被告人判死刑。”

从长远利益看,如果检察官睡觉的事情被曝光,可能会促使检察官出庭更认真。但是,从眼前的利益看,曝光了睡觉问题,很可能对当事人不利。那我作为律师就要考虑当事人的利益。

这让我想起了前两天的一件事情,尚权所因为要做一个案例的宣传手册,要把律师们办理的典型案例收录进去。当宣传部门的工作人员说要把我代理的一个案例进行收录的时候,我问了一句:“你用化名吗?如果不用化名,对当事人保护不利。咱们做律师的应该有人权保护意识。”工作人员听了我的话说:“门老师,你提醒我了。”

我对网上有的律师说自己办理过什么案件,特别是死刑案件的时候,我认为不能说得太多。因为你作为他们的辩护律师,你的任务就是站在他们的立场上维护他们的权益。

李:你把维护当事人权益这件事提到了一个高度来重视。

门:记得有一次,一个刑事辩护律师在微博发了一条信息说,“杀害某某某的恶警明天将受审”。对一个刑事辩护律师来说,你能说这样的话吗?任何一个要接受审判的人都是你的潜在当事人,是律师这个群体的当事人。

听过欧洲发生的真实故事吗?一个老太太说,自己死后想把遗产留给自己的狗,因为她担心自己的狗在自己死后不能享受到现在每天做按摩的生活。但是，当地法律规定，动物不能作为遗产继承人，但是可以指定一个人作为她的遗产代管人，保证她的狗能够过上一如既往的生活。这样，她就把自己的律师指定为遗产代管人，在亲生女儿的陪同下到公证处做了把律师指定为遗产代管人的公正手续。不能信任自己的女儿，却能信任律师，这是怎么样的两个群体之间的信任啊！

这就是说，社会必须构建一个律师群体和当事人群体之间的信任关系。律师作为群体的一员，必须记住自己该说什么，不该说什么。一个刑事辩护律师就不能说一个即将受到审判的人任何有偏见的话。

如果你是一个一般公民，你以自己情感的好恶对一件事情进行分析可以，但是作为律师，你面对一个已经被国家公诉、已经站在潜在当事人队伍中的人就不可以随意评价。虽然现在在这样一个百家争鸣的时期，律师可以通过在网上发表言论的方式宣传自己，但是要构建一个和当事人之间互信的关系，让当事人面对律师的时候，不是因为你是张三我信任你，你是李四我就不信任你，是因为你是律师我就信任你。到这个时候，法治社会就建成了。

这就是分工，社会分给我们刑事辩护律师的工作就是当一个公民受到国家公权力追诉的时候，我们来让他的合法利益得到最大化，让国家在法律框架内对他进行追诉，让一个国家理性地对待犯罪嫌疑人和被告人。一个国家如果能理性地对待犯罪嫌疑人和被告人，就能够理性地对待所有人了。

对我们律师或者新闻记者来说，要意识到每个被告人即使被判刑了，他也有个回归社会的过程。我现在和一个朋友合作写一本书，在这本书中，我们做得特别认真的一项工作就是书中涉及的当事人不仅必须化名，而且要化得让别人看不出是谁。这几天，这本书到了最后定稿的时候了，我们做的工作几乎全是针对化名的问题。

李：你的这些理念都是非常先进的。

门：对我们国家现阶段的情况来看，是比较先进的理念。对西方发达国家来说，早已经不是问题了。一些常识性的东西，我们还处于普及阶段。

李：你的理论功底对你的辩护，好处何在？

门：理论有什么好处？你坚定地知道这件事该这么做，你就敢于发言坚持自己的观点。

有的律师在发言的时候被法官打断，就会疑惑自己的观点对还是不对。这样一疑惑，就没有底气。没有底气的时候，在法庭上论理的方式就由语言上的逻辑改为了语气上的严厉。其实，这就错了。

因为人在底气不足的时候，说话声音往往就会变高。你的语气变得严厉，一下子就会激怒被说服者。

李：你在法庭上遇到此类问题是怎么处理的？

门：一次，在石家庄一个法院开庭的时候，我一看当事人戴着手铐，我就马上对审判长说："按照最高人民法院的规定，对于非暴力型没有人身危险的被告人在审判的时候不要戴戒具。根据这个规定，请为我的当事人解下戒具进行审判。"

我说完以后，审判长有点发蒙。他可能习惯这么做了，也可能对最高人民法院的规定不了解。他就说："这应该是法警决定的事情。"

我说："在法庭上，只要一开庭，所有诉讼指挥权都归审判长。"

审判长这个时候就说了："我确实不了解这个规定，咱们这次开庭先这样，下次再说。"公诉人听了以后说："那个规定是有。但是，规定说是'可以'，不是'必须'。"

在这种情况下，我就必须再说话了。我说："这个'可以'，指的是把裁量权交给了法官。裁量的过程就是，我说的理由你能够反驳。我的当事人年过半百，身体有很多病，不是自然犯，是一个法律犯，他被关押了一年多时间，从未有过抗法的行为，一次也没有出现任何问题，这就足以使得法院认为他可以被解除戒具。我请求法官裁量。"他说："我真的不知道这个规定，大家别争了。"我也认同了。

刚一开庭，就是一场较量，只有深刻理解"可以"型法律的含义，才能够及时做出辩护回应。

通过这个过程，能证明我作为律师懂法理。你懂的时候，可以讲；你不懂的时候，只知道法官做得不对，不知道错在哪里，就会变成“声音”上高八度的抗议方式。

法庭上的尊重来自何方

李：你在办案的过程中一定比较清楚律师受不到公检法应有尊重的情况。你认为问题出自哪里？是不是和公检法队伍中一些人法律素养不高有关？反过来看，是不是也和一些律师的素养不高有关？

门：是。我在讲课的时候说到这一点，有的律师会反驳我说：“你是老师，你到哪里人家都不会那样对待你的。”我说：“在办案子的时候，没有人知道你是教授。不过我是教授的符号可能在脸上写着呢。比方，我从来不会红脸，我不会用提高声调的方式来争论，但是我的话一定说得很多。”

我为什么敢说那么多？是因为我知道得清楚，知道这个事情“应然”的状态应该是什么。既然已经能够把解决问题的路径指出来了，检察官也好，法官也好，他们会去考虑你说的方法。

我代理过一个台湾人的吸毒案，在代理这个案子的过程中遇到一点儿麻烦。当事人的父母都从台湾过来了，他们非常信任律师。按照法律规定会见当事人需要其近亲属的委托，但是要证明当事人和他的父母之间的关系却费了一番周折。人家拿着户籍证明来了，警察说“不认识台湾户籍证”。

面对这种情况，我不能“死磕”，因为警察说的有道理。我只能想办法去证明他们的身份了，首先想到的是去找类似海基会这样的在台湾和大陆之间建立联系的机构，警察说只要海基会出个证明说这个台湾户籍是真的就可以。

一听说我没能见到当事人，他的父母生气地说：“这个时候不说我们是同胞了？”我就跟他们解释：“咱们得承认，毕竟我们之间不是同一个政府，所发的证件不一样。你们耐心等几天我们证明一下就可以了。”

我找到海基会，他们要求台湾驻大陆的办事机构提出请求。我不能把中间的曲折告诉当事人亲属，以免引起他们的不满。作为律师，我必须有所担当，我反复给他们做工作，对他们说你们多住几天，我看看能不能找有关部门解决一下。我能上哪里帮他们解决？当时就想着自己替他们支付房费，用这种方式来安抚他们。

后来，几经周折拿到证明，见到了当事人。但是，过了一段时间，案子又从北京市公安局西城分局转到朝阳分局了，我再去会见又遇到了障碍。我手里拿着当事人的委托，警察让我拿出当事人近亲属的委托手续。“我已经拿到本人的委托了，为什么还要当事人父母再委托一次呢？如果本人的意见和父母不一致，我们听当事人本人的还是听他父母的？”我问警察。警察态度特别好，但是坚持我这也算是在他们这里的第一次会见，必须拿当事人家属的委托书，希望我能去西城看守所把之前的手续要回来。

这个时候，当事人的父母已经回到台湾了，他们隐约感到遇到问题了，就在电话里说“帮我给有关部门施加点儿压力”。

因为，台湾地区的相关规定和大陆的不一样。在台湾，这样的情况父母可以去看守所会见，大陆规定不可以见。他们没有见到自己的儿子本来就很生气，我如果把一些情绪传递给他们，就等于火上浇油了。在这种情况下，我就安抚当事人父母说：“千万不能这样，你们的孩子在里面满打满算 7 个月时间就能出来，别再因为我们做得不好影响到他。”

我之所以敢对他们说 7 个月就能出来，是因为之前的同类案件都是按 7 个月来判的，当时，著名歌星的案子就是判了 7 个月。这就是经验。

后来，我到西城看守所把之前提交的手续复印了一套并让看守所盖上公章，把这个材料拿到朝阳区看守所。我遵守的原则是，既不能对当事人不利，也不能违法。拿着材料到了朝阳分局之后，我就表明自己的态度了：“如果你们还是不让我会见，我就拿着这个材料去市局（北京市公安局）法制办看看，给你们减轻点儿压力。”这样，警察就行使自己的裁量权让我去见当事人了。

过程虽然复杂，但我必须耐心地想办法解决，不能“死磕”。如果去“死磕”，因为代理的是台湾人的案子，我可能把自己“磕”出名了，但是“磕”出来的案件效果不一定好。

人物志

门金玲,法学女神炼成记

有着一副银铃般嗓音的门金玲,人如其名。这个通透而干练的女性,用自己的人生经历很好地诠释了"拿得起、放得下"这句格言。

因为门金玲为保护当事人的隐私等各项权利而不做宣传,我们对她的了解非常有限。现在,请她讲述自己从普通教师到法学女神的蝶变故事——

我在1992年大学毕业,毕业不久,就做了妈妈。那个时候,我在河北邯郸一所学校当老师。2000年,孩子上了小学。那个时候,我就在想应该干点什么。干什么呢?就想考个律师资格证。没想到,一考就过了。

我是(20世纪)80年代的大学生,可能应试能力比较强。通过律师资格考试之后,我就在邯郸的河北中原律师事务所实习。在实习过程中,接了几个案子之后,感觉自己做律师的时候法律知识有所欠缺,仅仅一个本科毕业是不能做好律师这个职业的。这样,我马上就去读研究生了。

在读研究生之后,一下子就刹不住车了。2002年至2005年,我读完了研究生之后,就觉得还想读书。一方面是读书上瘾了,另一方面孩子也大了。这样,在2005年的时候,就想试试考博士。结果,我运气特别好,一年就考上了,进了北京大学法学院。

当时,我问导师说:"导师,我能不能考上博?"他说:"你考吧。反正面试是面试两个招收一个。你要能考进前两名,就能进入面试环节了。"结果,我一考就考进前两名了。

当然,这也得益于我在考博的前一年跟我工作的学校说,我要去北京大学访学,跟学校请了一年假有关。我也坦诚地跟学校领导说,我访学的目的就是要看看有没有机会读博士。这样,我就在北京大学听了一年时间课。听这一年课的过程中,我受益颇多。让我认识到法律真不是玩儿技能、技巧的事情,必须有理论功底。我得把自己的理论功底补充一下。所以,听完老师们的课,我就参加考试,考上之后就开始读博。

一般学校的博士都是读三年,北京大学法学院的博士要读四年。当时,我就想,四年就四年,这四年,我要认真读下去,不申请提前毕业。当时,我已经36周岁了。按说,像我这个年龄的人着急毕业,孩子也涉及来北京上学的问题。但是,我觉得自己还是得从容一点儿,我就读满了四年。

读满四年之后,在毕业前夕,我在考虑下一步。做个律师吗?在北京大学读博的时候,我参与了几个项目,在做这些项目的时候认识了很多律师。他们都跟我说,你过来给我做助手,练一练,以后可以选择做律师。我对这些律师也挺满意和崇拜的。我想了很久之后,觉得还是需要有一个学术平台让自己进行理论方面的研究。

我觉得如果没有一个平台,我的理论研究很可能会止步。很多老师告诉我的东西都是书本上的,因为我有实务经验才知道这个理论如何和实践衔接。这种衔接过程,不是说我一口气学完理论,再一门心思去做实务,而是在做理论研究的过程中融入实践经验。

想明白之后,我就去中国青年政治学院应聘教师岗位,结果被录用了。被中国青年政治学院录用后,我下一步就开始找律师事务所了。因为尚权所是在北京唯一一家专业做刑事业务的律所,我就投奔张青松去了。

我开始在尚权所做兼职律师以后,第一件事情就是跟张青松说:"青松,你得支持我们学校的刑事辩护教学,得给点儿钱。"他也很爽快,说"行"。我又说:"你还得来支持我们的教学工作,来给学生讲讲课。"他就又来上课。

因为那本书，就是《刑事辩护实务操作指南》正在编写的过程中，张青松不可能不答应（笑）。开玩笑了，我们就这样互相帮助、相互支持。互相帮助，等于大家都在这个平台上成长了。

后来，张青松也带着我做过几个案子。我印象最深的是，他带我做的某省人大副主任的案子，当时被告人是在秦城监狱关押。通过那个案子，让我见识了他处理焦点事件的智慧，也学到了他的风格。比如，有的事情，不能炒作就一定不能炒作，你作为一名律师要为当事人的利益考虑。

就这样，我慢慢地走到现在了，就有了后面一直坚持留在尚权所做兼职律师的选择。

在这个过程中，我一直参加研讨会并结识了一些人，有机会去更大的平台。但是，我始终没想过离开。因为尚权所这个平台让我难以割舍。之所以难以割舍，就是因为前面我说到的，他们建立起来的“家”的氛围，让我有了归属感。无论谁说“你到我们律所来吧”，我都半开玩笑地说“行”，但是，我从来没有动过要离开尚权所的念头。我就要在尚权所待着了，因为这种归宿感是融在很多小事当中的。

我不能说很有成就感，但是可以说在尚权所这个平台上，我很有满足感。你从事一个职业，如果有满足感，那就是成功了。

现在，我快50岁了。我还是觉得自己跟小学生似的。这就是在因为教学和律师这两个平台上不停地调整，一直觉得自己还有很多欠缺的东西。我如果只是在一个平台上工作，可能就不会有这种感觉。

两个平台，都让我特别受益。

业务经 7

侦查实践和学养对刑辩的双重滋养

对话人物：毛立新（北京师范大学研究员、北京市尚权律师事务所兼职律师）

代表性案例：刘汉和刘维涉黑案、临武瓜农案、许金龙等四人抢劫杀人冤案

在警察岗位上，他从刑侦到经侦，曾因屡破大要案立功受奖。在公安工作风生水起的时候，他却选择重返校园。在获得刑事诉讼法博士学位之后，成为一名高校教师。

一个看似偶然的机会里，他和尚权所结缘。如今，作为一名兼职律师的他成为尚权所律师团队的主力成员。无论是在无偿为蒙冤者提供法律援助的时候，还是在代理刘汉和刘维案这样的重大案件的时候,他都像做学问一样把案件做到深入和透彻。

他的名字叫毛立新。作为北京师范大学法学院教师,他在教学和学术领域屡有建树;作为尚权所的兼职律师,他将辩护人这个角色演绎得淋漓尽致。在教学和实践两个平台上,他做到了“彼此交融”和“相互促进”。

结缘尚权,起步于法援

李:我在采访门金玲律师的时候,请她讲述了自己作为一名学者、同时作为一名兼职律师的感悟,侧重讲述了法律实践用于教学的价值,也分享了一些案例。你和门金玲律师的身份一模一样,在高校教法学的同时,在律所做兼职律师,你们的职业经历也一样丰富多彩。尤其是你,在过去曾经有过在公安机关工作的经历,公安工作经验、学者的功底对你做刑事辩护一定有很大的作用。我说的作用,指把刑事辩护带入一个与众不同的境地和高度。

毛:在尚权所的兼职律师中,我属于代理案件比较多的(人)。原因在于,我在读博士之前,就是 1993 年至 2004 年有过十年法律实务工作经验。

2008 年的时候,我把实习律师的手续挂在了尚权所。到目前,我进入尚权所已经 8 年多时间了。

一开始,我办案并不多。在此之前,我虽然在公安机关办过刑事案件,但是作为律师并没有代理过刑事案件。实话实说,因为人家都不知道我,就没有什么案源。那个时候,我代理的案件主要是法律援助案件。

应该说,在进入律师行业之初,我做了很多法律援助案件。我虽然是贴钱在做法律援助案件,但是我每一个案件做得都很认真和规范。

李:从法律援助案件起步,你的经历对年轻律师来说应该是一个励志故事。

毛:和门金玲老师类似,我在教学上也承担有实践课,一门叫作法律诊所的实践课。

在做这些法律援助案件的时候,会带着学生参与。这样,一方面帮助了那些需要帮助的被告人,另一方面也给学生提供了实践机会。在案件开庭前,学生会参与案件阅卷和分析研讨;案件开庭的时候,我们也会和(北京市)朝阳区法院沟通,让学生去旁听我代理的法律援助案件。

我代理的法律援助案件,基本都是在朝阳区法院审理。在基层法院审理的法律援助案件,基本上是一些不太重的罪名。

代理法律援助案件虽然赚不到钱,但是对每一个“小”案件我们都会认真地从专业的角度进行准备和辩护。从总体上看,效果还是不错的,当事人基本上都获得了从轻或者减轻处罚。

李:你还记得你们代理的第一起法律援助案件的情况吗?

毛:我代理的第一起法律援助案件是一起抢劫案。这起案件由盗窃转化为抢劫,按说应该判三年以上有期徒刑。在代理案件过程中,通过我们和检察院及法院的沟通,最终被认定为“抢劫未遂”,判了一年有期徒刑。

案件宣判后,这名被告人很快就被放出来了。

这名被告人非常年轻,是一个河南人。说起来,他这个案子非常有意思。

由于我们提出的“抢劫未遂”的辩护意见被采纳,被告人被判得比较轻。从我们作为律师的角度看,这个案件办得比较成功。在法律诊所教学中,我就把这个案件作为一个案例,给学生讲了两个学期。

在第三个学期的时候,有个学生突然告诉我,这个当事人又被抓起来了。我问:“你怎么知道的?”他说:“我在网上查资料的时候,在河南禹州法院的网站上看到一份判决书,看到被判刑那个人就是他。”我将信将疑,结果上网一查,果然是这么回事,因为名字是这个人的名字,判决书上写着曾在朝阳法院被判刑的“前科”。

后来,我们在反思这件事情的时候就开玩笑说:“是不是因为我们之前给他辩护得太成功,他被判得太轻了,反而让他没有得到有效的‘治疗’。”在北京服刑期满之后,他回到河南又用同样的方法作案。

他再次作案还是盗窃,就是偷东西,被人家发现之后,人家一追,他就逃跑。在跑的过程中,会有一些抗拒抓捕的行为。这样,他的行为就转化成了抢劫。

在河南作的这起案件,是盗窃电动自行车,最后被以抢劫罪判了六年零十个月。这次判得比较重,人到现在应该还在监狱服刑。

通过这样的案例,我也让学生去锻炼思考能力。

还有一个法律援助案例,也挺让我感慨的。

李:请仔细讲一下这起法律援助案件。

毛:一名四川女子和她的第二任老公来了北京,那是她第一次来北京。来北京之后,他们住在北京大山子那边的锦江之星宾馆。

这个人的老公应该是吸毒人员或者贩毒人员。第二天早晨,她老公外出,她一个人留在宾馆房间。不一会儿,警察破门而入,在他们住的房间的床垫子底下缴获了 100 多克冰毒。

案件起诉以后,我为这名四川女子提供法律援助。她被起诉的罪名是非法持有毒品。她老公也同时被抓起来了,但是等我们拿到起诉书以后才知道,她老公并没有被起诉。

她老公为什么没有被起诉呢?这个人有前科,具有和公安机关打交道的经验,他一口咬定这件事情和自己没关系,他什么都不知道。一边是她老公在推脱,另一边警察跟她说:"如果你把事情都推到你老公身上,他会被判得很重。"她就承认了自己知道那些毒品。

因为非法持有的前提是"明知是毒品",在其供述中,这个女子承认了她明知是毒品,这样,她的非法持有毒品罪就跑不掉了。

在接手这起法律援助案件之后,我和学生进行了认真研讨。对于如何辩护,我们有两个思路。一个思路是按窝藏毒品罪辩护,另一个思路是仍按非法持有毒品来辩护。

如果是非法持有毒品罪,她就可能会被判处 7 年以上有期徒刑;如果是窝藏毒品罪,就有可能被判处 3 年以下有期徒刑。但窝藏毒品罪的前提是,她老公被立案侦查认定为运输或者贩卖毒品。实际上,他老公应该是运输和贩卖毒品，但是由于他死不承认，什么都不交代，最后没有被起诉。

按非法持有毒品罪来辩护，就要强调一个问题，毒品是她老公的，不是她的，她是暂时性保管。从非法持有毒品的角度看，她老公应该是主犯，她应该是从犯。从犯也可以从轻或者减轻处罚，也有可能把刑期减到7年以下。

面对这个案件，我们在从各个方面为当事人考虑。在法庭上，公诉人也表示同意我们的观点，认为这个当事人应该是从犯，认为毒品的所有权不属于她，她是短暂保管。这样，我们就觉得很有希望，觉得当事人很可能会被判处7年以下有期徒刑。但在下达判决的时候，法院最终没有认定从犯，按最低刑罚判处她7年有期徒刑。

我就问法官为什么没有认定从犯，法官说："因为她老公根本就没有被起诉。只有她一个被告人被起诉，没有办法区分主犯和从犯了。我们也很同情她，只能按最低刑对她下判决。"

这个当事人特别可怜，她和前任老公有一个女儿。第二任老公以前因为贩毒被判过刑，是个刑满释放人员。不知道什么原因，他们结婚了。第一次跟着第二任老公出远门，她就被判处7年有期徒刑。我们在讨论这个案子的时候，也觉得这个当事人太吃亏了。但是法律就是这样，有时候很无情。

后来，判决下达之后，我去看守所会见她，动员她上诉。可能是因为办案机关做了她的工作，让她不要上诉了，她表示不上诉了，认为上诉也没有用。

我们找了很多判例做了研究，我们认为："在主犯没有被追究刑事责任或者没有归案的情况下，根据相关判例和法理，也是可以认定从犯的。"我们想从这个角度继续为她做一些努力，但是她自己放弃上诉了，我们就没有办法了。

在最后一次会见的时候，她交代了一下家里的事情，包括不要让父母知道她的事。我告诉她："这个做不到，因为判决结果和刑罚执行，都是要通知亲属的。"她也让我告诉她的前任老公给她送一些生活必需品。因为她的现任老公当时被抓,和她关在同一个看守所。他的家人给她老公送钱的时候,却没有给她送。

我打电话给她前任老公,这人还不错,答应给她寄衣服、寄钱。

通过这个不算大的案件,让学生对法律有了一个真切的认识。有的时候,我们会觉得法律很柔和,有时候又会看到它特别残忍的一面。以刚才说的这个当事人为例,她来了一趟北京,一下子被判了七年有期徒刑。她即使有委屈也说不清。我们想救她,法官也想救她,法官已经在法律上尽了最大努力,用了最低的刑罚。学生在参与了这个案件的过程之后,明白了法律实施过程中,有一些出乎他们想象的东西。

前面说的那个河南小伙子抢劫的案件,一开始,我们觉得自己辩护很成功,一个抢劫犯才被判了一年有期徒刑。但是,后来出现的后果却是,他又再次犯罪了。四川女子这个案子,是检察官和法官都很同情她,但刑期却怎么都减不下来。学生们通过这些案例会真切地感受到,法律有其残酷的一面,现实有时是冰冷和坚硬的。

类似的法律援助案件,我们代理了很多。慢慢地,我就开始做一些收费的案件了。

第一起收费案件以检察院撤诉告终

李:你的第一起收费案件是一件大案还是小案?

毛:我代理的第一起收费案件,有一定的戏剧性。

当事人本来是找张青松代理案件的,后来张青松让我来代理。我当时收了 3 万元律师费。

这个案件的当事人也是一名北京律师,被指控敲诈勒索罪。他的朋友出了车祸,被别人撞了,律师以个人身份帮朋友和对方谈判维权,他也没有收费。

这是一起酒后驾驶引发的车祸,当时报警了,派出所和交警也都出警了。律师的朋友人被撞伤，车也被撞了，对方主动提出来，说我们给你赔点钱，私了算了。这样，律师就帮助朋友出面来谈判。

在谈判过程中，谈到了要多少钱的问题，律师告诉他朋友："你可以多要一点，要 10 万块钱吧。"他们就给对方回话："你把我们的车撞坏了，又把人撞伤了，你还是酒后驾驶，你们赔我们 10 万块钱吧。"最后，双方讨价还价，谈的结果是付 8 万元，先付 5 万元。

双方商量后之后，约定在某个咖啡厅见面。结果，见面的时候，派出所的警察从天而降，把律师和他的朋友抓走了。从案卷材料看，对方在约他们见面的同时就报了警，说他们敲诈勒索，喊他们来拿钱等于是个圈套。

警察把他们抓了之后，可能是觉得这个案子定敲诈勒索有问题，就把他们取保候审了。在一年以后，公安局突然把这个案子移送到检察院，检察院就以敲诈勒索罪把律师和他的朋友一起起诉到了法院。

接到这个案件之后，我到北京市西城区法院阅了卷。回来以后，我就一直在研究这个案子。研究之后，基本断定这是一个无罪的案子。因为，在这个案子之前，刚刚发生了黄静案。

李：黄静案，就是女大学生对华硕笔记本电脑的天价索赔案吧？

毛：是的。在那个案件中，黄静索赔 500 万美元，海淀检察院最终以不起诉处理的。但是，检察院在不起诉决定书中没有说明理由，后来在国家赔偿决定书中认为属于"维权过度"，但不构成敲诈勒索犯罪。

黄静的案子没有走到法院，我们这个案子是起诉到法院了。当时，我就想把这个案件做成典型案例，最好能拿到生效的无罪判决，让它产生示范意义。

在这个案子上，我下了很大功夫。从法律、法理和事实证据等方面做了充分论证，也和法院进行了深入沟通。从开庭情况看，效果也很好。

敲诈勒索是以非法占有为目的，我们这个案子是当事人在维权。"维权"和"敲诈勒索"的区别在于，当事人要这个钱有没有事实和法律依据。对方撞了我们这方的人和车，这个基本事实是客观存在的。凭借这个事实，我们这方是有权索赔的。

在赔多少的问题上，公诉人的逻辑是"你索赔可以，你可以按实际损失来索赔，为什么要10万元"？他们认为，索赔数额超出法律支持的范围就是非法占有。

针对公诉人的逻辑，我做了分析，这就涉及法律分析和法律范畴运用的问题。我在法庭上说："公诉人的理解是错误的。因为，在实体法意义上或者说法院在作出裁判时支持多少赔偿，是一个层面的问题；而在程序法意义上，当事人提出多少诉讼请求是他的权利，这是另一个层面的问题。在全国各地法院有很多天价索赔案，当事人起诉索赔一两个亿，可能法院最终只判决支持10块钱，但不能因此说当事人具有非法占有的故意。诉讼请求权和实体性权利是两个完全不同的概念。"

我从法律上做了这些分析之后，公诉人就无话可说了，法院也觉得这个案子挺难办。法院倾向于这个案件不构成敲诈勒索，就连续几次延期审理。在拖延了大半年时间之后，检察院最终撤回了起诉，法院裁定准许撤回起诉。

在撤回起诉一个月之后，检察院做出了不起诉决定。

李：你对这个结果怎么看？

毛：办理的第一起收费案件就取得这样的结果，我感觉还是挺好的，挺有成就感。

后来，《北京晚报》一个记者对这个案件做了报道，报道的主题就是"维权过度不等于敲诈勒索"。

在案子结束后，我把这个小小的案子也写成了案例分析发表在学术刊物上，并在网上传播。

我们学者型律师有这样一个特点，不管是什么性质的案子都会做得很深很透，哪怕是一个很小的案件。在我们眼里，案件没有大小之分，一些被外界认为很小的案件，所涉及的法律问题往往也很复杂。

比如，前面说到的那个河南小伙子的案子，就涉及盗窃转化为抢劫的问题。他在盗窃的时候没有偷到东西，在抢劫的时候抗拒抓捕。在这种情况下，抢劫能不能认定未遂？另外，他携带了一把螺丝刀去盗窃，算不算携带凶器？这些问题都影响到定罪量刑。我在讲课的时候，常以这个案件为例，就是想告诉学生：虽然是一个很小的案子，但是在法律上往往涉及比较复杂的问题。

这个敲诈勒索案也是这样，做法律分析论证，就像解剖麻雀一样，能够挖掘出来好多问题。我通过做一个案例分析，在法理上也把敲诈勒索和维权过度之间的界限做了一个梳理。

高起点，介入大案要案

李：你有这么深厚的理论素养，一旦入门，在实践中应用法律应该很快就能进入一个比较高的境地。换句话说，理论素养让学者型律师天然具有做律师的高起点。

毛：我代理的第二起收费案件，是在安徽省公安系统比较有影响的黄山两民警案件。

黄山市祁门县公安局两名刑警被检察院指控故意伤害致人死亡，或者说是刑讯逼供致人死亡，因为我原来在安徽省公安厅工作，黄山市公安局的领导就找我出来做辩护人。

这两名刑警抓了一个盗窃犯罪嫌疑人。在晚上审讯到八九点钟的时候，因为他们计划第二天带这个嫌疑人去辨认现场，就没有把他送回看守所。如果严格执行规定，他们应该把人送回看守所的，但是因为第二天要去辨认现场，他们和大队长说了一声就没送。

按照这两名刑警的说法和其他证人证言的印证，那天晚上，审讯到将近 12 点的时候，他们就让嫌疑人趴在审讯椅上睡觉，他们在那里上网。到了早晨 6 点，一名刑警发现嫌疑人的脸色不对劲。因为两个刑警里有一个是法医，这个法医就赶紧给嫌疑人做人工呼吸，另一个打 120 叫急救车。

早上 6 点多钟，急救车来了之后发现嫌疑人已经不行了，就宣布死亡了。

事情发生后，公安局第一时间报告给了检察院。检察院做了一些初步调查工作后，就联系法医做法医检验鉴定。根据检察院的判断，肯定有刑讯逼供，不然人怎么会死在审讯室呢？在法医鉴定结论出来之前，两名刑警就被拘留了，拘留以后很快就批捕了。但是，安徽省检察院的法医鉴定结论出来之后呢，明确认定死者有潜在心脏病，由于疲劳等因素诱发潜在性心脏病导致猝死。也就是说，死者死亡的主要原因是潜在性心脏病，疲劳、饥饿、寒冷这三个因素是诱因。

凭什么认定疲劳、饥饿和寒冷这几个因素呢？疲劳，是按照刑警的供述，让死者在审讯椅上坐了一夜，长时间固定体位；寒冷，是因为他身上有鸡皮疙瘩，到底是在室内导致的这种反应还是在室外抢救过程中导致的，不是特别明确；饥饿，是因为发现他的胃内容物消化完毕，问刑警和食堂的人，说都晚上 6 点钟给他送饭吃，他说自己不舒服不想吃。

一开始以为是民警刑讯逼供导致死亡，但是经过法医鉴定发现死者身上没有任何外伤。这样一来，死因就成问题了。后来就认定为长时间固定体位导致的疲劳、寒冷和饥饿三种诱因诱发心脏病导致死亡。

对这样一起故意伤害致人死亡案，刑警觉得很委屈。他们说，第一，我们没有打他，他身上也确实没有任何外伤；第二，我们没有冻他，因为我们和他在同一个房间，房间里有火炉，房间里温度是正常的，其他出入这个房间的民警也可以作证；第三，关于饿，我们送饭给他、让他吃饭，他不吃，我们也没办法；第四，长时间固定体位导致的疲劳问题，我们在晚上 6 点、12 点等时间几次打开手铐让他上厕所、喝水。

这是安徽省检察院直接介入侦办的案件，他们抽调了一个专案组来办理这个案件。从某种意义上看，在这个案子上，检察院和公安局两边形成了某种力量对峙。

在案件一审的时候，我和当地几个律师介入了。一审以故意伤害致人死亡对两名刑警均判处了十年有期徒刑。

对这个结果，两位刑警肯定觉得挺亏，就上诉了。二审的时候，已经到了2013年了。当时，新的《刑事诉讼法》刚刚实施。在二审开庭的时候，我们扩充了律师团队，朱明勇等知名律师也加入进来了。针对“死因”问题，我们请法医专家刘良教授作为专家辅助人出庭。

这也是第一例专家辅助人出庭的案件，为此《南方周末》做了报道。专家辅助人出庭后，首先肯定了安徽省检察院的这份法医报告，认为死因鉴定基本上准确。同时，进一步指出，疲劳、压力、心情激动等因素都可能是诱发潜在性心脏病导致猝死。具体到“冻”，尸体迹象不明显；具体到“饿”，即使当晚死者吃饭，饭后4~6小时胃内容物也会排空……总之，主要死因是潜在性心脏病，其他都是诱因，对死亡所起作用较小。也就是从责任认定上，两位刑警的责任很小。

在这起案件中，我们作为律师，从法律和证据方面做了非常充分的工作，包括让很多警察作为证人出庭。

这起案件在当地影响非常大。在两次开庭的时候，黄山市公安局及几个区县公安局每次都有几百名警察穿着制服在法院外围等候。每次进入和走出法庭，他们都以掌声迎送，对律师们非常尊敬。

后来，二审法院对这个案子改判。罪名没有改，还是故意伤害致人死亡，刑期改成了一个3年、一个3年零6个月。改判是在法定刑以下量刑，最后报经最高法院核准的。媒体对这起案件的报道也非常多，包括《南方周末》《南方都市报》《潇湘晨报》《东方早报》等均有报道。

李：你曾经在公安机关工作了11年，现在以律师的身份代理这起案件，最大的感触的什么？

毛：代理这起案件，我有很多感受。警察这个群体在遇到这种类型案件的时候，也是非常需要律师帮助的，他们发自内心对律师有崇敬之情。

这起案件对当地公安有很大教育作用，包括如何看待律师的问题。警察受到不公正待遇，一样是需要律师帮助的。这起案件对警察如何对待律师，是一次很好的观念上的教育。

对我来说，这起案件是一个真正意义上有影响力的案件，或者说耗费时间和精力比较长的一个案件。从一审一直跟到二审，这个案子我一共办了两年多时间，做得比较深，也比较透。

我做案件的原则是“少而精、深而透”。在代理这起案件的时候，新的《刑事诉讼法》规定的一些新制度、新的手段我们都用上了，而且是全国首例专家辅助人出庭案件。专家证人对死因鉴定发表质证意见，效果非常好。

从这个案件中，我自己也学到很多东西。我是第一次接触到“死因”问题。虽然以前也学过法医学，但是对“死因”问题没有认真研究过。从这个案子开始，我针对法医学上“死因”的分类等理论和实践问题做了全面研究，看了很多资料。在这之后代理案件时涉及“死因”问题，我就非常熟悉了。

李：学者型律师做事情确实不一样。

毛：这可能也是我们学者型律师的一个特点。一个案件做下来，与之相关或者相类似的问题就基本上研究透了。下次就可以直接运用了。

后来，有一个案件找我做辩护人。就是湖南临武“瓜农案”，就是所谓瓜农被城管打死那个案子。

李：在“瓜农案”中，你代理城管？

毛：“瓜农案”中，我代理城管队长廖卫昌，面临的问题和安徽警察故意伤害致人死亡案非常相似。

“瓜农案”是我和我们深圳分所蔡华律师一起办理的案件，时间在2014年三四月份。我们介入的时候，案件已经进入二审阶段，一审也是以故意伤害致人死亡，判处廖卫昌有期徒刑11年。此前，这个案件被媒体炒得沸沸扬扬。

我们调看了视频和其他案件材料，一个事实很明确：被害人具有“小脑与脑干桥延沟交汇处血管畸形”，也就是说，在局部地方血管壁特别薄，稍不留意就可能破裂。从事发现场的视频上看，在争吵的时候，瓜农脖子上可见静脉怒张，说明这个人情绪激动，血管压力很大，很容易破裂。他出事，有几个因素：第一，他比较疲劳，因为他半夜就摘瓜赶到城里来卖；第二，饥饿，他早晨没有吃饭，死前 6 小时未进食；第三，情绪激动，城管想赶他走，前后赶了几次，他只要看见城管就破口大骂。

出事的时候，城管在马路对面，瓜农隔着马路骂城管，城管就走过马路到对面了，快走到瓜农摊位的时候，瓜农就拿着秤杆子朝城管这边戳，城管队长上去抓住秤杆，双方就开始拉扯。在拉扯的过程中，瓜农倒地。到底是城管把他推倒在地的，还是他在这个时候血管已经破裂倒地的这个情况搞不清楚。反正在拉扯的过程中，城管对瓜农没有任何明显的殴打行为。

从录像上看到的情况是，在双方推推拉拉的过程中，瓜农一屁股坐在地上，然后头一仰就倒地了。后来，人就死了。

法医鉴定的结果是脑部血管破裂死亡，血管破裂的主要原因是瓜农自身具有潜在性的病变，诱发的因素就是疲劳、饥饿、情绪激动，也不排除和推推拉拉有关。

这个案子二审开庭的时候，法院通过微博进行网络直播。

在代理这个案件的时候，我们费了很大劲儿。在开庭前，我们也请法医专家，就死因问题出具了专家辅助人意见。在开庭的时候，我们也申请了七八位证人出庭。我们的首要任务是澄清社会上关于“城管打死人”的传言，“秤砣砸死人”这类说法完全是无稽之谈。然后，我们就想把城管的刑期减下来，但非常遗憾的是，这个案件的二审判决还是维持了一审判决十年有期徒刑的结果。

因为社会舆论压力太大，法院不敢改判。再加上死者家属还在闹，还在告，对法院也是一种压力。

这个案子判十年，对这个城管队长来说是很不公平的，因为推推拉拉并不属于“殴打”，城管基本上是正常履行职务，结果被以故意伤害致人死亡判了十年。这个城管队长也是有老婆和孩子的人，他的孩子才几岁。等十年以后出狱，他基本上什么都没有了。

类似的案件，因为有很多案外因素，虽然我们作为律师做的工作是一样的，最终的判决结果会有很大不同。按理说，“瓜农案”应该改判，但是因为舆论压力，法院不得不维持了原判。

接下来，我代理的案件就陆续开始多起来了。每年都会有五六起案件。

李：找你的案件多起来，是因为你的影响力扩大的原因吧？

毛：是。慢慢地人们就知道我了，有的当事人是看了新闻媒体对我的报道慕名而来。

这几年，我陆陆续续做了不少案件，其中包括福建莆田的许金龙等四人抢劫杀人冤案。

“为人辩冤白谤”的行动与思考

李：许金龙案是一起很有影响力的错案被纠正的案例。这起案件背后一定有很多可以总结和分享的内容。

毛：这起案件我们前前后后花了很多时间。在(案件再审改判)一年多以前，我们就帮当事人申诉。

李：我听王耀刚律师说，你是主动站出来代理这起案件的。

毛：是的，我是在网上看到了这个案件的情况，看了之后我就觉得这个案子肯定是冤案。然后，我就联系帮许金龙在网上发材料的莆田人许国珍先生。这个案件，王耀刚接触的比我早，但是他没有太留意，就从手边滑过去了。我接触这个案件的时候，正好是我们尚权所刚刚启动蒙冤者援助计划，要筛选案件。我看了许金龙案件的材料之后，觉得符合我们援助的条件，而且只要我们去努力，启动再审、改判无罪的可能性很大。

这样，我就主动联系了许先生。后来，这起案件就被列入了蒙冤者援助计划，我和王耀刚各自代理其中一个当事人的案件。

为了这个案子，我去了莆田七八次。我和王耀刚律师去了好几次监狱，去向许金龙、张美来了解情况，去见他的家属，去福建省高级法院进行沟通。

在今年春节前四天，2月4日，案子再审开庭。上午开庭，下午宣告无罪，人释放回家。

这个案子是我们尚权所和中国政法大学一起进行的蒙冤者援助计划中第一个成功的案件。对这个案子，媒体的报道就太多了，包括中央电视台都做了报道。

其实，在此之前，我也参与过其他一些冤案的平反。

李：你能讲讲参与其他冤案平反的故事吗？

毛：福建福清的陈夏影案，是其他律师主办的，我参与协助。

这个案子2015年5月再审开庭的时候，一开始是计划让我以辩护人身份出庭的。后来，因为当地有个律师要加入进来，我就不出庭了。开庭的时候，我坐在旁听席上。

从陈夏影案和许金龙案之后，我更加关注冤假错案的平反。

李：为什么呢？

毛：因为按照明代吕坤的说法"为人辩冤白谤是第一天理"，我觉得这是一件功德无量的事情。从个案推动司法完善的角度来看，平反冤案是有意义的事情。

从陈夏影案到许金龙案，一路走过来，现在我们正在援助的一个案件是福建宁德一起一家五口人被冤的案件。也有一些其他案件，正在梳理准备纳入援助计划。

目前，我的主要精力就在这一家五口人被冤的案子上。

这个案子，福建省高院去年已经立案复查。我到宁德柘荣县看了现场，走访了当事人家属，发现这个案子非常惨。这一家五口，一个是我的当事人，两个是他弟弟，另外两个是他父亲和叔叔，他们都遭受了惨无人道的刑讯逼供。

我的当事人一家五口人被冤枉，是因为一起杀人碎尸案。我的当事人被作为主犯判了死缓，其他人分别被判了三年到八年不等的有期徒刑。除了我们当事人还在监狱服刑，其他四个人已经陆续出狱了。我一开始去他们家的时候，他父亲还活的，但在前不久因为伤病复发突然去世了。

李：你为什么如此确信这是一起冤案？

毛：他们家被当作所谓杀人碎尸的现场。但是，所谓案发现场完全是子虚乌有。在所谓案发现场，(办案机关)没有提取到任何物证，血迹、骨头渣、肉末这些东西一点都没有提取到，就提取到三根头发。

办案人员提取到这三根头发，就说是死者的。但是，头发的颜色、长度都不对。

李：你说的"不对"是什么概念？

毛：办案机关做的是线粒体DNA检测，就是母系遗传基因。这种鉴定，只能用来排除犯罪嫌疑人，并不能得出"同一"的鉴定结论。而且，头发的来源也不清不楚。

除了这三根头发，再没有别的物证了。家里的菜刀、案板被说成是分尸工具，但是从上面什么物证都没有提取到。

在抛尸现场，也没有发现他们的任何指纹、脚印、车轮印。

因为什么物证都没有，定案依据就是口供。完全是这五个人遭到刑讯逼供之后交代的所谓犯罪事实。

他们这一家非常凄惨。主犯现在还在监狱，我在(2016年)6月去会见过他，看到我们律师来帮他伸冤，在会见室就长跪不起。他太冤枉了，看见我们来他看到希望了。

这个案子在当地比较敏感，当地公检法都知道这个案子。

应该说，我们已经把前期的工作做得很透彻了，包括证据分析、申诉意见都提交给福建省高级法院了。

我觉得这个案子早晚会启动再审程序，因为这个案子明显是一个冤案。

李：如果这个案子能改判，你参与改正错案应该说成绩卓著了。因为为纠正一个错案投入的精力至少是办理一个正常案件的三倍以上。

毛:肯定是这样。投入的精力非常大。

最近这三年,我每年基本参与一个冤案的平反工作。冤案平反,耗费的时间、精力、财力非常大,因为你得一趟又一趟地跑。好在这些案件纳入蒙冤者援助计划之后,尚权所承担差旅费。但是时间是我们自己的,为了这个案子,我已经往福建高院跑了好几趟了。

这个案子今年或明年有望平反,一旦平反,这个案子肯定惊天动地。惊天动地的原因就在于,一个家庭的五口男丁全部被冤枉。刑讯逼供是惨无人道,关键是杀人分尸现场就是他们家的一个房间和卫生间,完全是子虚乌有。

当初,警察把他们家卫生间掘地三尺都没有找出任何证据来。如果是在那个卫生间杀人分尸,用刀把人剁成七八块,下水道里一定会有骨头渣和肉末,但是办案人员什么都没有提取到。在现场,他们就提取到三根头发,就假定头发是死者的。

李:媒体还没有报道吧?

毛:没有。已经有媒体做了采访。

这就涉及我另外一个重要体会,我们做刑事案件,有必要注意发挥媒体的作用。很多案件,是在媒体报道后,办案机关才能慎重,才会公正处理。

我代理的不少案件都是这样,尤其是一些冤案和错案。前一段时间,我和朱明勇律师一起代理了安徽一位律师被指控行贿犯罪的案件,起诉书指控他行贿130多万元,我们仔细研究案情之后发现这130多万元是子虚乌有的。

我们代理的是二审,庭审结束后,这起案件当庭裁定发回重审。前几天,再审刚开完庭。在这起案件中,也是靠刑讯逼供拿下虚假的口供。我们发现在办理这起案件的过程中,检察院有很多违法的地方。从传唤到立案都违法,检察院还从当事人的律师事务所“敲”走100万元,就是没有任何法律依据地转走律师事务所100万元，到现在也不给说法。

针对这些问题，我们一般除了正面开庭应对，也会采取一些"协同"手段。一方面，是让当事人家属对办案中存在的违法问题进行控告，针对的问题是刑讯逼供、违法扣押财产等；另一方面，就是通过媒体把违法问题揭露出来。这样，会在当地形成一定的关注度，也会引起上级法院和检察院的关注，这样案子就有可能得到公正的结果。

这就是中国刑事辩护的一个特点，就是要有系统思维，多种手段并用。我借鉴了"死磕"律师的一些做法，他们经常会采用控告、媒体披露的手段。中国的刑事案件有个特点，就是在律师介入之前，官方就会有定性，对有的案子会发布通稿，单方面做不利于被告人的报道。律师在代理案件之后，往往有必要对这种信息进行澄清或者反击，实际上就是借助媒体和自媒体进行信息披露。

在媒体和自媒体上进行信息披露，对我们律师来说，可能是不得不做的事情。我们的目的不是干预司法，而是为了在信息上起到一个平衡和矫正作用。因为官方已经做了连篇累牍的报道，我们发出声音主要是为了对官方一些信息起矫正作用。

现在，我们代理的职务犯罪案件比较多。我们在代理这类案件的过程中发现，检察院违法办案的问题也比较严重。我们为此就采取控告式辩护，收到了不错效果。

李：*你刚才提到控告式辩护，这是一个新概念。*

毛：早些年，我代理了安徽六安一个派出所所长的受贿案，这个所长被纪委的办案人员打得浑身是伤。我是在案件二审时介入的，我去看守所会见他的时候，发现他腿上的伤还没有好，就对他身上的伤拍了照片。

拿着这些伤情照片，我和当事人亲属就到当地的省纪委和市纪委控告，要求对当事人的伤情进行法医鉴定。后来，有关方面被迫做了法医鉴定。一开始，办案机关说他身上的伤是皮肤病"角质增生"；后来，做了法医鉴定，结果是当事人身上的伤是"外力打击所致"。

有了这个结论，我们心里就有底了。拿到鉴定结论后，我们这方就开始控告。后来，这个案子被发回重审，当事人被判处缓刑。

对违法行为的控告，是对法庭辩护的一种补充，有时能收到很好的效果。

在代理案件的过程中，我不断总结经验。我自己的感受是，每个案件都有收获，都有进步。

走着走着，就到了刘汉案件那里了。

刘汉案，重建证据体系

李：能具体讲一讲你参与刘汉案件的情况吗？我指的是律师业务方面的情况。

毛：刘汉案件，是我迄今为止参与辩护的最为重大的案件。

这个案件在一审的时候，我没有参与，是张青松和另外一位资深的刑事辩护律师宣东办理的。

案件二审的时候，是2014年6月。当时正好是接近暑假放假，我有时间，张青松就邀请我协助他进行二审辩护，我说“可以”。

由于张青松想在正式开庭之前才介入，二审工作主要是我一个人在做。在代理这个案件的过程中，我的感受就更深了。因为这是一个级别很高的专案，政法机关有一个强大的班子在支撑这个案件。

我自2014年6月介入这个案子之后，一直到二审开庭、宣判和死刑复核程序都参与了。

因为案子卷宗很多，留给律师准备的时间相对来说就很短。在向湖北省高院递交代理手续之后，法官就告诉我“二审给你们的时间和一审时差不多”。这就是说，我有一个多月的准备时间。

一个多月时间，对我来说非常紧张。一是案卷有1000多册，二是我没有参与一审，对我来说，这个案件几乎是从零开始。好在一审的时候，尚权所的律师团队做了大量基础性的工作，特别在他们在集体阅卷的时候做了大量阅卷笔录。

因为那么多案卷材料,我不可能一一去看,就只能从重点入手。

李:你说的重点具体指什么?

毛:一审的时候,开庭时间有十几天,在这十几天当中有大量庭审笔录。我说的重点是从一审的诉讼卷,特别是庭审笔录。我把庭审笔录全部看了一遍之后,对控方指控的十几个罪名基本上了然于胸了。

接着,我用了一个星期的时间,在一审判决书和辩护词的基础上写了一个上诉状。在上诉状中,我用三四页纸把案件的主要争议点和异议点都写到了。

写完上诉状,等于我完成了第一个任务。拿着上诉状,我就到了咸宁去递交上诉状。递交上诉状之前,我必须先去会见刘汉,让他在上诉状上签名。但是,咸宁看守所说因为上诉期还没有满,二审还没开始,二审辩护律师还不能会见,要求我先到湖北省高院办理代理手续。

面对这种情况,我提出来:"你们不能剥夺当事人的上诉权,现在上诉状需要刘汉本人签字。"通过交涉,看守所工作人员把上诉状拿进看守所让刘汉在上面签了字。拿到刘汉签字的上诉状之后,我马不停蹄地跑到咸宁中院递交了上诉状。

递交上诉状之后,二审程序很快就启动了。接着,我们就向湖北省高院提出阅卷申请。因为张青松是在开庭前几天才接入二审工作,在启动二审程序之后,我们所联系了四川律师陈武来协助我做前期工作。

这个案子涉及人员和案件非常多, 在一审的时候是分成七个案件分别来开庭的。在接手这个案件之后, 我就向湖北省高级人民法院提出申请,这也是我提出的第一个申请,就是要求把其他六个庭的庭审笔录都复制给我。

李:你为什么提出要复制其他六个庭庭笔录的申请呢?

毛:为什么呢?因为在一审开庭的时候,我们尚权所的常铮和蔡华律师在另外一个庭出庭为刘维辩护。从他们那里,我了解到同案被告人在法庭上的陈述和他们在侦查阶段在公安机关的供述不一样。特别是在刘汉"组织、领导黑社会性质组织"这方面，到底有没有组织体系、有没有帮规、有没有指示做一些事情等，在侦查阶段很多被告人说的都是不利于刘汉的内容，到了法庭上，他们说的内容就大都变了。

为了解这些东西，我必须调取庭审笔录，并把庭审笔录作为证据来使用。我不仅可以把这些庭审笔录在二审中作为新的证据出示，而且可以据此构建一个新的证据体系。因为完全按照控方的证据体系走的话，作为律师你在侦查卷中是挑不出大毛病来的，你会发现侦查卷中的材料大都是高度吻合的。

我提出申请后，迟迟没有收到法院的答复。到了开庭前会议的时候，很多律师都去了。在征求我们意见的时候，法官问："有没有申请合议庭成员回避的？"

因为我代理的是第一被告人刘汉，我就第一个发言："审判长，之前我申请调取其他六个庭的庭审笔录，你们是不是做出决定了？如果你不同意，我现在就申请你回避。如果是合议庭不同意，我就申请合议庭回避。如果是审判委员会决定的，我就申请审判委员会回避。我要求调取的笔录，是其他同案被告人在庭审中的供述和辩解，我是要作为证据来使用的，是必须给我提供的。因为这个案子是人为地分成七个庭的，不给我复制庭审笔录，就没法了解其他被告人在别的庭上是怎么说的。"

审判长听了我的发言后说："我一会儿答复你。"

在庭前会议上，其他方面都挺顺利。到最后，又回到复制其他庭的庭审笔录这个问题上。这个时候，审判长就问湖北省检察院的工作人员："你们是什么意见？"检察院的人："按照法律规定是不能调取别的庭的庭审笔录的，你只了解你自己这个庭的情况就可以了。"但在后来，审判长还是给了我们一个满意的答复："经请示，同意你们复制。"

我提出复制庭审笔录之后，其他被告人的律师也提出要求复制，包括为刘维做辩护的常铮和蔡华律师，都得到了批准。

这一步,对我的二审辩护是非常关键的。除了研读一些关键的证据材料和一审辩护词之外,我们在二审中还要论证刘汉不是黑社会老大或者在某一起案件中没有责任,相关证据很难从侦查卷中找到。

拿到其他六个庭的庭审笔录之后,我把涉及的十几个同案犯对同一个问题在庭审中各个环节的陈述全部归纳出来,作为二审的新证据提交。这些人在不同的法庭受审,他们之间不可能串供,他们在关键问题上的陈述和回答基本上是一致的,因而是可信的。

这种情况,对我们辩方来说非常有利。我用七个庭的一审庭审笔录重新构建了一个对被告人有利的证据体系。

李:对你以一审庭审笔录重新构建的证据体系,公诉方是如何应对的?

毛:这样一来,这个案件在二审过程中出现了两个证据体系。控方说,侦查阶段所获取的言词证据是协调一致的,这是一个完整的证据体系;我说,一审中所有分散在七个庭的同案犯的供述和辩解也是一致的,这是我重新构建的证据体系。

按照庭审中心主义,应该采信哪一个?从法律层面,我等于给控方甚至合议庭制造了一个很大的坎,而且是一个很难绕过去的坎。

走这一步,一方面让我能在很短的时间内抓住案件的核心问题;另一方面等于给控方制造了麻烦。因为控方本来已经准备好了,按部就班应对。由于他们在做准备的过程中并没有认真去阅读其他六个庭的庭审笔录,我提出新的证据体系后他们也必须去认真研读。他们也赶快去看其他六个庭的庭审笔录,看看律师的着力点在什么地方。

第一步是复制其他六个庭的庭审笔录,第二步是调查取证。在我们调查取证的过程中,大多数证人不愿意作证,有一些和刘汉比较亲密的人包括一些下属愿意作证。我们找了六七个证人,所有取证过程不仅都做了笔录,而且都做了全程录音录像。

在庭审中,我们调取的证人证言也收到了很好的效果。我们把这些证人证言笔录作为证据全部提交给法庭后，开庭时当庭宣读了。对刘汉而言，控方收集的证据是一边倒地把他说成一个魔鬼式的人物；我们收集到的他的前妻、下属、随从等人的证言，一方面，对案件相关事实进行了证明，对刘汉企业的经营状况做了正面描述；另一方面，他们也对刘汉个人做了正面评价。

有的内容本身和案件关联不大，但是在庭审中，我也进行了宣读，因为这对于刘汉而言很重要。

这些证据出示完之后，一名检察院的人休庭后对我说："毛律师，你在出示这些证据的时候，刘汉频频点头。"我说："那是因为证人的话，说到他心坎里去了。你们的证据都一边倒，把他说得很不好。"他说："这些证据主要能满足刘汉的心理需求。"

说到这里，我就跟他多说了几句："确实有这个因素。靠这几个证言虽然对案件来说起不到扭转局面的作用，但是，我们作为律师应该考虑到他的心理需求，维护他的尊严感。我们知道改变一审判决结果很难，但是我们一方面不放弃努力，另一方面也在维护他的人格尊严。"

事实上，一直到最后我们都没有放弃努力。在死刑复核的时候，也是我在做。在这个阶段，我们也是给最高人民法院提了很多要求，包括核实一些检举立功的问题。

李：*你有总结案件的习惯，对刘汉案这样的大案，你是如何总结经验的？*

毛：总结下来，刘汉案二审辩护，有两个点，就像我刚才说的一样。一个是重建了一套证据体系，让控方感到了律师的分量；另一个是调取了有利于被告人的一些证人证言，在一定程度上改变了证人证言一边倒、没有人说他好的状况，对刘汉在心理上是一个很大的支持和安慰。

这个案件是我办理的案件中劳动强度最大的一个案件。开庭开了五天半，这五天半时间，对我来说，可以说是"暗无天日"。因为张青松是开庭前几天才介入的，他的原则是二审少说话，因为在一审时该说的话已经说过了。所以,二审开庭时,基本是以我为主在发言。

这样一来,在二审中,大多数质证、发问、出示证据、辩论等工作基本都是我在做。问题是,我对这个案件的准备工作只有一个多月时间,很多东西根本来不及细致地准备。这样,在每天晚上,我都要总结当天的,准备第二天的庭审内容。

那五天,我每天晚上通常只睡两个小时。每天晚上都是工作到凌晨,稍微睡一会儿再起来工作。但是没有办法,我必须把当天庭审的内容消化下来,再结合之前的准备把第二天要说的话基本整理出来。辩护词也是在那期间,边开庭边形成的,是一个几万字的长篇辩护词。

对我来说,对体能和意志力的考验达到极限了。由于涉及内容太多,无论怎么准备都不可能满意,但是我又必须保证高质量地完成庭审。好在,最终我尽职尽责地完成了这次庭审。在发表辩护词的时候,我一个人说了大半个上午。辩护词发表完,效果还是非常好的。我发表完辩护词之后,张青松对我说:“这才是博士的水平。”我心想,算是不枉我一番辛苦。应该说,我把庭审中和一审中暴露的所有问题都基本讲透了,尤其是证据采信问题。

在本案中,明显有两个证据体系,我把7个庭的庭审笔录都综合起来,这些被告人说的是相互吻合的。按照我提供的证据体系,根本不存在黑社会“组织规约”等情况。侦查阶段的证据是另一个体系,法庭如何采信?按理说,我们的证据体系应该受到重视。在庭审过程中,我把每一个罪名和量刑情节都说到。在法律问题上,我在二审时说得比较透彻,包括《刑法》上很多专业性的问题。比如,主犯对集团的全部犯罪承担责任,这是一个责任范围的法律规定,但是具体到每起案件,责任程度是不一样的。有的是事后知道的,有的是事情进展过程中知道的,不能要求刘汉对每个案子都承担最严厉的主犯责任。包括其中一起杀人案,因为涉及死刑问题,我在庭审中花了大量时间来质疑这起案件。这起案件的核心问题是孤证,就是刘汉有没有指使同案犯去杀害王某。在案卷中,只有同案犯一个人的证言，这在学理上叫作孤证，而孤证是不能用来定案的。

一审判决书为了解决孤证的问题，在逻辑上使用了很多手法。判决书中说，同案犯的证言中有十几个地方均有证人证言等来印证。我指出，从逻辑上，并不能从部分真实得出全部真实的结论，同样不能从部分虚假得出全部虚假的结论。我认为一审判决书用的是类比推理，而类比推理是得不出确定性结论的，只能得出可能虚假，也可能真实的结论。不能因为他讲了 100 件事情，其中 99 件是真实的，另外一件就一定是真实的。在这起杀人案中，关于是不是刘汉指使这一点，只有刘汉和同案犯两个人的供词，一个人说“有”，另一个人说“没有”，怎么能认定“有”呢？即使证言的其他内容有别人的证言印证，但这个指使杀人案的内容并没有其他人能够印证。

我在辩护中，经常使用形式逻辑。针对刘汉案件中杀害王某的案件，我就使用了逻辑推理。我注意到控方和一审判决书结论背后隐藏的推理的过程，我发现问题以后就会指出对方的逻辑推理是错误的。要么大前提和小前提是错误的，要么用的是不能得出确定性结论的类比推理。在刘汉案件中，涉及杀害王某的案件时，我认为一审和二审法院都存在孤证定案的问题。判决书中说，有大量证据可以印证某证人证言的真实性，问题是你们有证据证明其证言的部分内容是真的，我能举出七八个证据证明其证言的部分内容是假的，那么怎么能得出刘汉指使他人杀人的事情一定是真的这个结论？

还有一些问题，就是进一步阐明一审中没有讲透的法律问题。因为找一个法律学者介入辩护是刘汉自己提出来的，他觉得需要一个学者在法律上来辨析。对这个案子，我们在法律上做得很深、很透、很细。

李：*我听起来这次辩护有点像教科书式的辩护。*

毛：在代理这个案件的过程中，还有一个方面值得说一说的就是会见。在会见的时候，我和办案机关沟通得算是比较好。我们双方第一次打交道的时候，公安机关的一位负责人就说：“我们了解了你的情况，你之前做过公安工作,请你一定能理解、配合我们的工作。"

从公安机关的角度看,他们是怕出问题,尤其担心我们在和刘汉交流的时候导致他的情绪波动,导致监管的压力增大,他们也担心我们会把任何东西带出去。因为知道他们的想法,我就告诉他们:"我们除了了解案件事实本身、听取他的意见之外,另外一个很重要的工作是把他的家人在外面的情况,包括他母亲的情况告诉他,总的原则是报喜不报忧。你们放心,从当事人利益的角度,我们也肯定告诉他好的消息,让他安心。关于案件方面,我们肯定会依法依规地和他谈一些问题。"

在后来会见的时候,我就提了一个要求,就是会见时允许刘汉抽烟。严格地说,看守所是不允许抽烟的,但看守所还是网开一面了。后来,我和看守所之间达成了一个默契,我每次去会见,看守所都会提供烟。因为为了避免从外面代来的东西里不安全,每次都是由看守所提供烟。我从律师角度看,也觉得合理。

我是会见刘汉最多的人,每次会见都做笔录。总之,我们的目的达到了。刘汉想说的,想问的,我们该谈的都谈了。

李:你说自己是会见刘汉最多的人,你印象中刘汉是个什么样的人?

毛:刘汉这个人是一个很感性的人,是一个性情中人。

有一次,是快到中秋节的时候,他写了一首诗,我也记在我的会见笔记里了。

在每次开庭的时候,我们都会跟法院说,让我们去临时羁押的地方见一见刘汉,法院也都同意了。在最后一次庭审结束后,我和张青松到临时羁押室去见刘汉,他还很客气地站起来说:"你们两位律师辛苦了。谢谢你们。"总而言之,他对我们二审的工作,尤其是二审期间我们做的调查取证、证据体系方面的工作都很满意。他觉得我们尽力了,替他说了话,他也很欣慰。

刘汉是一个非常有教养的人,在法庭上,他说话偏离主题的时候,审判长会打断他说话。审判长是位女性,刘汉跟我说:"我很尊重女性,审判长是女性，不管在什么情况下，她打断我说话，我都没有针对她说些什么。”他在法庭上也说：“审判长，你说的话，我都会听的，会服从。”在庭审中，他表现得一直很配合。当然，他想说的话，法庭也基本上都让他说了。他在法庭上自行辩护，也花了几个小时时间，最后陈述的时间也挺长的。

因为我一直把这个案子跟到死刑复核阶段，我也是在他被执行死刑之前最后一个见他的律师。在死刑复核阶段，我会见了他两次。

这个案件最终结果，大家都知道。我们作为律师，只能说履行了辩护职责，尽了自己的本分。

逻辑问题之于刑事辩护

李：讲到案例时，你和门金玲律师两个人有共通之处，就是你们代理案件和专职律师不一样，专职律师代理案件可能很多、很快，你们代理案件数量很少，但做得很深、很细。

毛：少而精。我们就是要做到深而透。面对一个案件，我们能把边边角角的问题都做透彻。做得透彻，是我们作为学者的一个追求，也是一个学术习惯。无论是做课题还是代理案件，都要把问题研究透、说透，在法律上做到极致。

在法律问题上，就是要穷尽现有法律规定，我们会把所有有利于当事人的点都提取出来，该说出来的都说出来。

李：你代理的这些案件会和尚权所律师分享吗？

毛：有时会分享。因为尚权所有内部交流制度，在交流的时候，我会和大家分享。但是，实话实说，对这些内容，我们都没有认真地总结过，包括我自己也没有特别认真地进行过总结。

其实，我经常到各地律师协会讲课。在讲课的时候，我会讲一些专项的内容，讲过阅卷、调查取证、刑事证明、非法证据排除等，还讲过我前面说到的形式逻辑运用。虽然讲过这些内容，但是有很多东西还没有来得及去总结。如果有时间去总结，会很有价值，希望今后能多做一些。

李：你刚才讲到的逻辑问题很重要。我过去采访过许多律师，关于逻辑问题，你是第一个讲这个问题的人。以我一个做过30年法治新闻的老记者的观察，逻辑问题在刑事辩护中相当重要。

毛：今年在各地讲课的时候，我专题讲到了形式逻辑问题。今年(2016年)在西安给陕西律师讲课的时候，我第一次讲到了形式逻辑运用问题。后来在深圳律协、龙虎山青年刑事辩护律师培训班上反复讲过这个问题。

我在深圳讲课的时候，朱明勇律师在场，他也听了。他跟我说："我也很注重逻辑问题，但是却没有专门总结过。"

逻辑对法律人来说非常重要，它是法律运用的一个基本工具。法律职业离不开推理，因为不管是事实认定还是法律运用都是一个推理过程。在刑事辩护过程中，我们做的工作就是反驳，反驳对方的大前提、小前提、论据、结论，也反驳对方论证的方法、逻辑，就是看对方的推理方式是否正确。

逻辑之所以非常重要，是因为它一方面能让你透彻地看到对方的论证中存在的漏洞，因为在证据不足的情况下，控方是很容易玩逻辑上的把戏的，就像我刚才讲过的一样，类比推理是最常用的。他们知道是孤证，但是为了让这个证据显得真实可信，他们会用很多逻辑手法，最终的结论是为了得出自己出示的证据"合法、真实、可信"的结论。问题是，从逻辑上讲，控方无法得出自己想要的结论，只能得出"很可能是"的结论。

我们如果能娴熟地运用逻辑推理的话，会发现控方逻辑推理上的谬误很多。归谬法是我经常用的方法。在开庭的自由辩论阶段，我往往就不谈证据问题了，就专心听公诉人怎么说。这样，公诉人论证的过程我就听清楚了。有些案件，在证据问题上，构成要件是存在缺陷的，这个问题在逻辑上是绕不过去的，在论证过程中一定会出现漏洞。这个时候，我们用归谬法来指出对方的论证是荒唐的："按照你的逻辑，我们还会得出另外一个结论。"

逻辑的运用确实非常重要，但是法学界普遍没有重视这方面的内容，在法学教学中也没有得到重视。

李:会不是很少有人有能力把这个问题讲得清楚透彻?

毛:对。这个问题很重要,尤其是从刑事辩护的角度讲逻辑。但是,因为研究法律逻辑的人很少,能把这个问题讲透很不容易。

为什么说法律逻辑对于刑事辩护很重要,是因为通过形式逻辑就能看清楚对方隐藏在文字背后的逻辑错误。法律分析的过程是一个专业的思维过程,这个专业的很重要的一点就是“透过表面看到事物的本质”。

公诉人写的是起诉书、发表的是公诉词,在做这些工作的时候,背后一定是有推理过程的。如果你能把公诉人推理的过程还原出来,你就会知道自己的反驳点或者辩点在什么地方。

具有了逻辑思维能力,能提高自己的法律分析能力,能提高自己的辩护能力,能让我们透过表面迅速地认识到问题的本质。在很多案件中,我都运用了逻辑分析。

李:在帮钱列阳律师策划了《三思而行》这本书之后,我对刑事辩护有了比较深入的了解。在此基础上结合和门金玲律师的交流,我对学者型律师对实践问题的研究有了深刻认识。你们的研究和思考,都是非常有意义和价值的东西。

毛:我们通过实践获得或者通过理论和实践相结合研究得来的东西,与仅仅从纸张上得来的东西肯定不一样。

李:做法律实践的人如果没有深厚的理论功底做支撑也很难做到一定高度。

毛:是这样。学术的积累或者说专业层次的提升对做律师来说还是非常重要的。如果你对刑事法律这个领域的理论研究没有达到一定的高度和深度,就可能永远是只知其一不知其二,或者一叶障目不见泰山。

这就和医生看病人是一个道理,一个案件到一个高手的手里,他可能看一个小时或者听半个小时基本上就能做出一个专业的判断,就能做出是不是构成犯罪的判断,最终可能会是一个什么样的结果。比如,我和蔡华律师办理的广东东莞的一个镇领导受贿案。这个案子的起因是一个日本公司驻中国地区的负责人因涉嫌职务侵占受到调查,他说"那些钱,我都送给中国官员了",其中就涉及我的当事人。

后来,日本检察按照辩诉交易的程序对这个日本商人做了处罚,罚款几百万日元。这个消息通过外交途径反馈到中国来之后,最高人民检察院非常重视,就让广东省检察院和东莞市检察院进行侦查,侦查结束后就向法院起诉了。

我们接到当事人委托是在案件一审开庭前夕。听完当事人家属做的介绍后,我对这个案子有了基本判断,这个案子定不了罪。为什么呢?行贿人就是那个日本商人说，自己当时是和一个朝鲜族的中国翻译一起去过镇长办公室。这个翻译也是日本那家企业的员工。在"去过镇长办公室"这一点上,日本人和翻译说得一致,问题在于,日本人说他送了 30 万元港币的钱，翻译说:"我看见他送了一个礼品袋，但是我不知道里面装着什么。" 证据就这么多。

后来，日本商人没有到中国来作证，办案机关也没有到日本找这个人。这个证据就没有办法认定,因为它是一个孤证。

据我们判断,钱很可能就是那个日本商人自己侵占了。因为日本有关部门已经对他进行调查了,我们就查了日本的刑法规定。按照日本刑法的规定,职务侵占会被判处十年以下有期徒刑。为了自保,他只能说把钱送给中国官员了。在他自认的情况下,日本按照反不正当竞争法来处理,就是通过简易程序罚款了结。这个日本人说的另一起行贿案件就更是子虚乌有了,他说这个翻译在一家饭店"陪我见了镇领导,一起吃了饭"。翻译却说:"我没有陪他去过那个饭店,也没有和他们在一起吃过饭。"

我看了证据之后,就断定这个案件的结果肯定是无罪。接案之后,我拉着蔡华律师一起代理,庭开得非常成功。在开完庭之后,法院就不停地延期,一直延期了一年多时间。在 2016 年五六月的时候,这个案子以检察院撤回起诉、然后不起诉告终。

李：听你介绍下来，你代理的大多数案件的结果都很好。无罪或者撤回起诉的比例很高。

毛：大多数案件的结果是好的。我代理的案件里，像无罪或撤回起诉的案子已经有六七起。因为在接案子的时候我们就会进行挑选，有一定的选择性。

李：除了在案件选择上的因素，可能和你们在办理案件的过程中工作做得到位也有很大关系吧？

毛：是的。我们把案子论证得很到位。我们会把实体法、证据法上的问题还有其他许多问题都论证得很到位。我们会明确地告诉法院，按照中国的《刑法》《刑事诉讼法》和公认的法律原理，这个案子不能认定为犯罪。因为认定的话，就会违法刑事法律方面的一些基本规定和基本原理。

我们把问题向法院讲清楚、讲透彻之后，法官就可能会和检察院协商。在没办法的情况下，检察院就会撤诉。

对案件对这种判断，包括对冤案的判断，大概了解一下基本案情和证据情况，我就大致能做出基本判断。因为冤案有一些共同特点，第一点，基本上都是依据言词证据即口供来定案；第二点，在这类案件中，基本上不存在直接指向被告人的物证，像指纹、DNA 这些东西肯定是不存在的；第三点，都有被告人没有作案时间的相关证人证言。在案发那个时间，他没有作案而是干其他事去了，肯定有相关人员会知道的。只要符合这三个条件，基本上可以断定一个案子是冤案。

李：如此判断，和你做了多年公安工作有关吗？

毛：有关。我做了那么多年公安工作，对一些案件的性质基本能判断出来。因为，一个人如果是真凶的话，他即使遭到刑讯逼供了，“被打出来的口供”和现场情况也基本上是吻合的；如果他不是真凶，他的口供一定有一个发展的过程。这个发展的过程，就是办案人员不停地诱导的过程。经过一个比较长的诱导过程，口供和案件现场的情况才能基本吻合。因为不是他作的案，如果侦查人员不诱供、指供，把他打死也没有用。他对现场情况说不出来,警察只能一点一点地去"教"他。

口供分析也是一项很有技术含量的工作。有一些东西是不变的,比如犯罪嫌疑人一开始知道的东西、警察一开始知道的东西。问题在于,一开始警察对很多情况也不甚了解,一开始以为这样的,后来却发现是那样的。警察一旦转变看法,犯罪嫌疑人也随即跟着转变,这一定是警察诱导的结果。所以,作为一名做过多年警察的人,对案件的判断是没有太多障碍的。换句话说,对有些案件,我一直怀疑,办案机关明知是冤假错案还是将错就错了。因为,从口供就能发现,一个人都已经承认杀人了,他就不可能隐瞒杀人工具和赃物这些事情了。他没有交代的话,一定是交代不出来。他一会儿说扔在河里了,一会儿又说埋在土里了,一会儿又说找不到了,最后,警察把河水抽干了也找不到,掘地三尺也找不到。他不知道在哪里,就只能编,编出来的东西就会变得荒诞不经。比如,在许金龙案件中,警察问赃物金戒指哪里去了,编了一圈儿,最后说在赌场赌博输给别人了。

再如福建福清的陈夏影案,经鉴定,勒索信不是被抓的3个被告人写的。警察一开始以为是他们写的,他们的口供也是他们写的。鉴定结果出来之后,警察也傻眼了,敲诈信根本不是他们3个人写的。怎么办?就重新编,编来编去,最后诉诸莫须有了,说是在街上请一个算卦的老头儿帮忙写的。

这种变化反映出来的问题就是,案件肯定是假的。所以,接触冤案多了之后,有一些冤案确实有人为的原因。因为办案人员已经意识到案件极有可能是冤案,但是他们在心理上已经陷入了心理学上说的"确证偏见"不能自拔了。

以前,我们在做侦查学研究的时候,一个很重要的课题就是研究"确证偏见"。因为人一旦先入为主,他会一条道走到黑。他在办案的时候,只会选择和调取能够定罪的证据,对不利于定罪的证据一概是排斥心理,而且不是一般的排斥。有的案件中甚至出现这样的情况,就是把证明某个人无罪的证人全部抓起来,让他们改变自己的供述。在司法认识论上,这是个值得研究的很大问题。

通过很多错案，我们分析出来这些问题。那么，怎么解决这些问题？一方面需要从侦查技术的层面重视，另一方面要从法律的层面着手。法律上为什么要提倡无罪推定？为什么要允许律师介入？为什么要设置那么多程序层层检验？对这些问题，从认识论的角度也很容易解释，就是侦查机关在办案过程中很容易犯错误，他们有外在的破案压力、他们立功心切、他们受外界信息的干扰、他们很容易先入为主。因为有这种情况的存在，才需要律师介入来纠正他们认识上的偏差，才需要办案机关承担无罪推定的责任，才需要检察机关的审查，才需要法院一审、二审和死刑复核。这样，这些东西就都得到解释了。

我在给政法机关讲课的时候，就重点讲认识论、讲确证偏见、讲先入为主、讲心理上的误区。心理上的误区和逻辑上的误区是一个道理，心理上的误区引发的问题也很严重。人在做很多事情的时候，主观性都是很强的。就拿很多冤案来说，证据虽说是有客观性的，其实都是有很大主观性的。包括鉴定结论，主观性都是很强的。所以，就很容易犯错误。

一旦认识到司法实践中这些深层次的奥秘之后，再去看案件的时候，就是知道问题的症结在什么地方。然后，再结合娴熟的法条，案件就变得简单了。就法条来说，是我们学者的长项。在尚权所，同事只要遇到法条的问题，他们往往就会来找我。我会告诉他有没有这方面规定，有的话是哪个规定中的哪一条。因为长期讲课并在实践中应用，我们这些学者对法条特别熟悉。

李：你说的对法条的熟悉是指从立法的本源上了解法律规则？

毛：是的。毕竟，我二十年时间都在做刑事法律方面的研究和实践，从来没有离开过这个专业，因而对它的所有东西都了如指掌，运用起来也就驾轻就熟。

在法庭上的时候，只要涉及一个法律问题，我马上就能给公诉人或者法官一个回复，能够把问题和规定很快一一对应起来。

李：我通过和门金玲律师及你的沟通确信，律师高超的水准和素养，对当事人的命运会起到很重要的作用。

毛：非常重要。我们办理案件的过程中，有一个很深的体会。律师和案件之间是讲缘分的，就是说我遇到这个案件，这个案件也遇到了我，两方面因素结合起来才能扭转当事人命运。朱明勇律师也有这个体会，他办了很多案件也是这样，人家找到了他，他碰到了这个案件，然后两个条件同时具备的话，结局就会非常好。

同样的案件，如果遇到一个很差的律师操作，很可能就会毁掉案件，有时甚至可能把案件做得无法挽救。专业还是很重要的。

李：在十年前，很多律师在抱怨办案环境的时候，张青松律师就说："我们不能光抱怨，更不能因此忽视一个问题。"在刑事案件的平台上，很多公诉人和法官的水平高于律师。

毛：他说的问题现在一样存在。尤其是检察院和法院，从专业水平的层面，应该说他们的提升速度相当快，他们在专业方面的训练相当充分。尤其是检察机关，特别是市级以上的检察机关，还有经济相对发达的县级检察机关，人员素质都不错。

对于律师专业化，我也一直在提倡。因为整个刑事司法体系都是专业化的，从案件侦查开始，公安机关的刑警已经相当专业，他们分为禁毒、经侦、刑侦等部门，分很多专业队伍在侦查。到了检察院，检察院的公诉部门基本只干刑事业务。法院的刑庭法官也是只做刑事案件。因为整个体系都是专业化的，你外行的人跟他们都没有办法去交流，你必须是在同一个"专业槽"里的人才好沟通和交流。

如此说来，对非专业的律师进行的刑事辩护的有效性是值得质疑的。你如果达不到和检法工作人员同一个专业层面，你就没有办法和人家沟通。专业性非常重要。

这也是我对尚权所一直认可的原因。因为我觉得做专业律所的思路是对的，刑事辩护一定要走专业化道路肯定。所以，我从 2008 年做实习律师开始加入尚权所,到现在这么多年一直没有换地方就是这个原因。

加盟之后,我对尚权所的各项工作能支持就支持,而且是不遗余力地支持。

尚权所走了一条"对的路"

李:你怎么看待尚权所走的这条专业化道路?

毛:张青松创办尚权所的思路,一开始就是对的。从社会效益的角度讲,在专业领域得到了普遍认可;从经济效益的角度看也不差,虽然不能像民商或非诉业务那样赚很多钱,但是作为一个律师赚钱也不算少。而且,作为一个律师来说,赚钱只是一个方面,你赚多少钱算多?律师毕竟不是商人。

从各方面讲,尚权所走的路子都是对的。

做专业,才能往高处提升,才能往深处拓展。往高处提升,一个重要的体现,就是尚权所参与了立法完善工作。

人常说通过个案推动法治,前提是你得把这些东西总结出来、提炼出来,形成成果才能提交给相关部门或者在一些场合进行呼吁。尚权所在看守所有关规定改进方面,和公安部监管局也有很好的沟通。你说要推动,你不能口说无凭,那就是要有专业能力,立足于我们尚权所自身的一些案件,进行总结和提炼。另外,尚权所对行业领域内的热点问题,尤其是在新的《刑事诉讼法》实施之后一些热点问题,比如说会见、阅卷等环节中有哪些问题进行充分调研。这两个层面结合起来,基本上就是我们掌握的第一手资料,这些资料也正是立法机关和司法机关所需要的。所以,新的《刑事诉讼法》实施后,我们半年开一次会,开会的时候立法、公安司法机关的工作人员都会参与、中央政法委的工作人员也会参与。因为他们也需要掌握来自一线的资料。

这样,在专业领域,尚权所把各个方面的价值都发挥出来了。一方面,在专业领域得到了行业的公认。在刑事辩护领域,尚权所等于是一个标杆性的律所。另一方面，尚权所也在推动更高层次的法治进步，包括立法和司法改革。同时，它也在培训一批年轻律师，还要维持正常运转，维持大家体面的生活。这些方面，尚权所都兼顾到了。应该说，尚权所运作得非常成功。

从我的角度看，一方面是全力支持尚权所的发展，另一方面也从来没有动摇过对它的热爱。我从来没有想过换律所，有很多律所想拉我过去，给这个条件那个条件，我都没有考虑过。因为，尚权所能够全方位地实现我的各种各样的追求和理想。因为，在刑事辩护领域，尚权所最有代表性。

人物志

毛立新，从法援案到刘汉案的八年路

到2016年，毛立新的律师生涯只有八年。八年间，他从做法律援助的“小案件”起步，到代理刘汉案件这样的“大案件”，上升幅度如此之大，得益于他深厚的法学功底和认真精神。

在2016年8月一个宁静的周末上午，毛立新和我们分享了他从一名前途大好的警察转身做大学教授，与此同时又通过做兼职律师发挥自己法律实务之长的故事——

我的故事也从大学毕业开始讲吧。

1993年，我从安徽大学法学院本科毕业。大学毕业之后，我就进入安徽省公安厅工作。刑侦干了5年，经侦干了5年，在基层锻炼了1年，在公安机关一共干了11年。

2004年，我来到(中国人民)公安大学攻读博士。我和另外4人是公安大学招的第一届博士，其中刑事诉讼法专业2个人，2007年毕业。毕业后，我就到了北京师范大学，从事教学和科研工作。

我更多的经验积累，首先是司法实务。换句话说，对我来说，干实务更是得心应手。虽然是博士或者学者的身份，但实务对我来说是一件驾轻就熟的事情。事实上，我一直没有离开过实务。

大概在2007年年底，我和尚权所开始有了接触。我认识张青松和常铮，是在中国社科院法学所召开的一次会议上。当时，我正好坐在张青松的旁边。他给了我一张名片,我们俩就开始聊天。

那个时候,我才知道了尚权所,了解到这是一家专门做刑事业务的律所。

聊着聊着,我就跟张青松说:"尚权所这种模式,挺适合我。"因为我长期工作的经验和经历都在刑事方面,我读硕士和博士的专业方向也都是刑事诉讼法,在学校做科研的领域也是刑事司法。如果我做兼职律师的话,肯定是做刑事业务。

张青松一听,说"很好呀"。后面,就接着办理相关入职手续。

2008年的时候,我把实习律师的手续挂在了尚权所。目前在尚权所的律师中,除了张青松和常铮,我是进入尚权所比较早的一位。

到目前,我进入尚权所已经8年多时间了。

从我的情况看,我其实非常适合做一个律师。做律师是我长久以来的一个想法,这样一说,就又说到在大学读书的时候了。在大学毕业的时候,我一开始本来是想当律师的,但是因为分配的工作单位都不错,就没有直接去做律师。我们那个时候,大学毕业生毕竟很少,我被分配到安徽省公安厅。

之所以选择进省公安厅工作,是因为当时我对侦查工作比较感兴趣。这样,就到了安徽省公安厅刑警总队、经侦总队,搞侦查工作。

我在省公安厅发展也挺好,我离开的时候,大家都说挺可惜的。从仕途的角度看,我离开是挺可惜的。但从我个人的角度来看,我做了11年警察,感觉已经够了。在这个领域,除了继续升官以外,已经给不了我新鲜的东西了,剩下的就是按部就班的机关生活,从副处长、处长这么一路走下去。但是,我对当官兴趣不大。我追求的东西是更多的人生体验。

当时,选择去读博士,原因也可以说很偶然。那个时候,我在职读完法学硕士,对学术的兴趣还是蛮浓厚的,就想再往下读。当时,正好是公安大学开始招收第一届博士生,刑事诉讼法专业正好是我从事的专业,导师也是在刑事诉讼法学届非常资深的老教授崔敏,他的人品和学问都非常好,就想去考。

当时,我一直在办专案,很忙。好在我的外语没有丢,在专业方面正好刚拿到硕士学位,专业基础也还好,就想试一下。没想到,以排名第一的成绩考上了。考上之后,崔敏老师也很想招我,我就决定去读了。当时,我把经侦总队支队长的职务辞掉,把档案转到公安大学就开始脱产读博士了。

在2007年博士毕业的时候,就涉及一个到哪里去的问题。实务部门,差点就去了北京市检察院。后来觉得,再去实务部门工作可能和原来在公安厅差不多,就选择来到了北京师范大学法学院。选择到高校工作,一方面是为了继续搞学术研究,另一方面北京师范大学能为我解决孩子上学等实际问题,我就到了北京师范大学。

从2008年开始,我就一边做学术,一边做律师代理案件。现在,当事人找上门来的案件越来越多了。从那时起到现在做了20多起案件,大多数案件的效果都不错。有六七个无罪或撤回起诉的案件,二审改判的比例也比较高。因为我代理的案件本身就不多,而且在接案件的时候也有一个挑选过程,所以案件取得良好效果的比例就比较高。

客观地说,找到我的案件都是或大或小有点儿问题的案件。案子到了我们手里之后,我们把问题妥善地解决掉,包括与司法机关沟通好,如果沟通的进程比较顺利的话,结果一般都还可以。

这样一路走下来,到代理刘汉案的时候,我已经能很好地驾驭重大案件。那个案件,是我律师生涯的巅峰之作。

五 合伙人之路

从律师到合伙人,是大多数律师的"梦想",尚权所的年轻律师也不例外。

与此同时,尚权所的创始合伙人张青松的理想是希望北京市尚权律师事务所成为一个代际传承的百年老店。基于此,尚权所开通了"律师晋升合伙人"的上升通道。沿着这个通道,数名年轻律师在近年内先后加入了尚权所合伙人之列。

几位合伙人从律师到合伙人的路径中,留下了尚权所律师的成长故事。

成长路 1

从公司白领到尚权所合伙人

对话人物：高文龙（北京市尚权律师事务所合伙人）

代表性案例：董良杰寻衅滋事案

高文龙是一位半路出家的律师。

尚权所既是高文龙律师生涯的起点，也是他在律师行业成长的快车道。他从普通律师晋升为合伙人的路径虽然独特，但可以复制。

通过高文龙从普通律师到合伙人的成长路径，我们可以看到尚权所合伙人制度的昨天、今天和明天。

作为一名合伙人和刑事业务能力达到一定水准，且在某一方面能力突出的律师，2016 年 6 月 16 日，高文龙律师和我们分享了他的刑事辩护经验、智慧和心得。

高文龙说："在律师这个行业，专

业最重要。”

从白领到律师

李：对你自己的故事，我们还要从头讲起。当初，你是因为什么机缘选择了刑事辩护？又是什么机缘选择了尚权所？

高：当年，我从中央民族大学法学院本科毕业后，进入了北京大学法学院全资公司北大英华公司（全称为北京北大英华科技有限公司）工作。在这个公司，我一共待了9年时间。

在2001年的时候，我就考取了律师资格证。由于第二年就开始实行统一司法考试制度，所以我考取的律师证是最后一批律师资格证。

虽然考取了律师资格证，但是由于北大英华公司的条件和待遇非常好，我有点贪图安逸，就一直没有往外走。

自从我考取律师资格证，就一直有同学和朋友跟我讲：“我们拼死拼活考不下律师证，没办法去当律师。你考下来了，怎么不用呢？”

到2008年的时候，我“出去”的愿望就变得比较强烈了。

因为我做的那份工作和北大法学院的老师有比较多的接触，我跟汪建成教授相处得非常好。在决定走出去当律师的时候，我就去征求汪建成教授的意见。他告诉我：“如果你真想做律师的话，就先从刑事辩护做起。不管你以后干综合律师业务，还是某一项专门律师业务，你都要先从刑事辩护业务做起。因为刑事辩护业务最原始、最具有挑战性，而且最规范，如果你刑事业务做得好了，以后转行做民商业务或者综合业务问题都不大；如果你先做综合业务，再做刑事业务，难度会大一些。”

汪建成教授的建议非常有道理。因为他在我心目中既正直、又有学识，是一个非常好的人。接受了汪老师的建议后，我又问他：“汪老师，您能不能给我推荐一家律师事务所呢？”他就说：“我认识一个律师事务所的主任，也比较了解这家律师事务所。这家律师事务所只做刑事案件，你去了之后肯定会有很多收获。因为这家律师事务所有学习制度，有每周的例会制度，有案件研讨制度，还有法律法规的学习制度。对于你这样一个离开法律工作时间比较长的人来说，这家律师事务所应该是一个比较好的选择。最为关键的是，这家律师事务所专门办理刑事案件，你不会受到其他那些案件的干扰。”

汪建成教授说的律师事务所就是尚权律师事务所。这样，他就把我推荐到了尚权所。

李：你自己有比较吗？

高：当时，对于我本人来说，对律师事务所没有多少了解，根本谈不上什么比较。我对律师业没有多少认识，连刑事辩护是怎么回事都不太知道，对刑事辩护的认识基本上停留在对港台剧里一些刑事辩护情节的认识状态。我以为刑事辩护什么都可以做，就像我们在电视上看到的那样，律师甚至可以告诉自己的当事人“你可以这样做，你可以那样做”。

到了尚权所之后，我才知道，原来我们大陆的刑事辩护律师的规矩是很多的。比如，风险的防范、业务的学习、与检察院的沟通、与法院的沟通、与当事人的沟通，这些东西都需要学习，都需要熟练。

了解了这些之后，我对刑事辩护律师的了解有了豁然开朗的感觉。才知道，原来辩护律师和我想象中的样子完全不一样。

李：我在采访张青松律师的时候，他给了你很高的评价。他说：“高文龙律师来尚权所的时候，在学校学的东西基本都还回去了。但是，他成长非常快，现在已经是尚权所合伙人之一了。”张青松律师说，你操作每一个案件的专业化程度都非常高，能超过你的人寥寥无几。

刚才转达了张律师的表扬，现在我们书归正转。你当时入职时，律师的执业环境是什么情况？

高：我入职的时间是2009年。说实话，总体感觉不是特别好。

我入职之初，经常听到的是“律师的执业风险防范”这个词组。接触了一些事情之后，我觉得刑事辩护律师就像张燕生律师说的那样是“刀尖上的舞者”。那个时候，张燕生律师因为一起案件差点失去自由。

重庆打黑期间的李庄事件，也发生在我入职不久。

那个时候，我也参加了一些研讨会，听律师们对执业风险进行研讨。我这才知道，原来刑事辩护律师这个职业这么危险。

李庄律师的事情和张燕生律师的事情，对一个新入行的刑事辩护律师的心理冲击可想而知。听到这些事情的时候，我内心受到的震撼大到无与伦比的程度。我根本想象不到，刑辩律师可以危险到这个地步，办着案子就可能被抓进去。

那个时候，我感到很恐慌。但是，当我静下心来去想的时候，又觉得事情没有那么严重。因为如果我按照《律师法》《刑事诉讼法》和我们律师事务所的要求去规规矩矩地办理刑事案件，我们依法去做事情，应该没有多大风险。如果我规规矩矩去做了，但是有人非要构陷我的话，我只能坦然地去接受了。

当我想通这一点之后，觉得按照自己的想法去做这个职业就可以了。

没有助理的尚权合伙人

李：尚权所的最高决策机构是合伙人会议，你作为合伙人会议成员之一，既参与合伙人会议的决策，也负责律师业务的管理工作。你能否介绍一下尚权所的合伙人晋升制度？

高：尚权所的合伙人晋升制度，白雪会介绍得比我好。她作为执行主任，对我们事务所分所的建立，对合伙人晋升、合伙人的分级和计点等制度已经有了成熟的想法。而对我们来说，她的那些新的想法还在领会的过程中。

李：尚权所的律师业务采取"团队协作"模式。作为合伙人，你在因为不同案件或者说业务不断组建和拆分的团队中是什么角色？

高：你对我们律师事务所确实非常了解。

我们尚权所这么多年来，一直奉行一个理念就是所有律师都不招收助理，至少没有一个律师有自己专门的业务助理，包括张青松律师也是这样。

在遇到案件的时候，我们尚权所的律师可以互为助理。比如说，在前年的时候，张雨律师有个案件，他就带上我一起做。在这个案件中，我就是他的助理。

那个时候，我已经是合伙人了，而张雨律师还不是合伙人。但是，我们之间共同办理案件和彼此是不是合伙人没有任何关系。作为他的助理，他安排的工作我都要去做。

还有一个更极端的例子，就是我们所现在正在办理的一个案件。我们所有一位姓张的年轻律师接了一个案子，他还是一名实习律师，他在办理案子的时候还不是特别方便，他就叫上我们所另外一个合伙人张宇鹏律师和他一起办案。严格地说，张宇鹏就是他的助理。在办理这个案件过程中，并不是因为小张律师的能力达不到，而是因为他还在实习期。

李：尚权所律师没有助理的管理方式，呈现出一种什么状态呢？在这种律师团队中，彼此之间的黏合剂是什么？

高：我们尚权所这样做，对律师来说是有好处的。如果确立了助理律师制度，比如说张青松可以有两个助理、张雨可以有三个助理……这样一个制度一旦确定，只能“从上往下”用人。

这样的话，如果我是一个新律师，我需要有人合作的时候就很难指挥一个合伙人来配合我的工作。当一个年轻律师有这种需求的时候，放眼一望，律所都是合伙人和资深律师，他可以调动的人力资源非常有限。因为他本身是一个律师助理，怎么可能指挥合伙人为他当助手呢？

从另一个角度看，新律师请资深律师和自己一起办理案件，对年轻律师来说也是一个学习的机会。

尚权所律师之间都是平等的，大家之间的黏合剂是案件。

大家都在一个律师事务所执业，大家之间都是平等关系的同事。在某种意义上说，刑事辩护律师是没有权威的，在办案子时候，某一个律师的经验更丰富，某一个律师对法律规则更为熟悉，如果“钻进去”的话，很难说谁更权威。所以说,对我们尚权所律师来说,彼此之间的黏合剂就是案件,就是大家如何一起把案件做好,大家都有这样一个目标。

"我的师傅是张青松"

李: 律师是一个具有"工匠"性质的职业,用张青松律师的话说"一名优秀刑辩律师的培养特别难"。你的师傅是谁?可否和年轻律师分享一下"师傅的重要性"问题?

高: 我的师傅是张青松。

我到尚权所之后,就一直跟着张青松律师做案件。张律师一直不让我这样说,他笑着跟我说:"你如果出去跟别人说我是你的师傅,你就完蛋了。因为你在我的阴影下,出不了头。"

"这个没关系。不去说谁是我的师傅,要看师傅是谁。如果我的师傅不好,我说出来感觉丢人就不去说了;说张青松是我的师傅,我感觉很自豪。"我跟张律师说。

从我的认知来看,一个新入行的律师,需要一个非常好的机遇。说这个机遇是好机遇,师傅非常重要。

以我跟着张青松这么多年的经历,我对师傅的理解是好师傅必须具备几个特征:第一,人要正;第二,要有足够的经验和技能;第三,他要肯带徒弟;第四,他要在带徒弟的过程中,在经济上做出一些让步,让新入行的律师能度过刚入行时最艰苦的那几年。

我觉得这四个条件不可或缺。

第一点"人要正"就不要多说了。因为师傅要带着徒弟在正确的法治道路上前行,他不能把徒弟带上邪路。

第二点关于"经验",这个经验一定是要有高超的经验。一个人虽然正直,但是他的经验一般,他如果在面对当事人的时候把所有要求都答应下来,就相当危险。

第三点"肯教徒弟"为什么是好师傅的特征?如果一个律师很正直也

有高超的技能,但是就是不愿意把这些教给徒弟,你徒弟也没办法。我理解的教,是不仅要“教”,而且是毫无保留地“教”。

而这个“教”也是手把手地“教”。手把手地教,教不出大律师。最有效的教,是师傅把自己最擅长的事情交给徒弟而敢于眼睁睁地看着徒弟把事情办砸,自己不干涉。如果师傅连一个标点符号怎么写、法律文书怎么措辞都要去教徒弟的话,徒弟怎么能有思想?

理想的师徒状态是,师傅看着徒弟干,在徒弟需要帮助的时候,师傅给他一些指导。

当徒弟做一件事情碰到钉子或者遇到挫折的时候,自然会总结经验。如果一个徒弟很聪明,他自己总结出来的经验对自己以后的帮助是最大的。同样的事情,师傅教给徒弟十次不如让他自己总结一次。

就是说,师傅不仅要肯教,而且教的方法要得当。

第四点就是师傅对徒弟经济上的让渡。如果一个师傅前三个条件都具备,就是不舍得给徒弟钱。师傅认为,你一个年轻人跟着我学习就够了,我的经验是无价的,钱的事情你就不用跟我谈了。徒弟跟着这个师傅,在一年内学了很多东西,但是因为没有钱交房租可能就被房东撵出去了,只能睡大街了。这个时候,另一个律师事务所有个律师,虽然水平差一点儿,但是他一个月能给我 2000 块钱,在残酷的现实面前,徒弟可能就要选择跟着差一点儿的律师走了。

如果师傅对徒弟在经济上做出一些让渡,而且他的让渡让徒弟觉得师傅给我的钱“挺多的”,让徒弟感觉我虽然是个实习律师,但是和其他律所的实习律师相比,自己的待遇很好。比如,同样去一个地方,别的律所的实习律师是坐公交来的,我是打车来的,他的感觉就不一样了。

这四点,我觉得任何一点都不能少。

很幸运的是,这四点我都遇到了。

李:你确实很幸运。

高:记得有一次,张青松律师在“阳光小班”讲课的时候,讲到一个类似的话题。

“阳光小班”是北京市律师协会为了培养年轻律师所做的一项“青年律师阳光成长计划”，张青松律师业是“阳光小班”的授课老师。

因为我对这个话题有一些总结，张律师讲课的时候，我也去说了一下。那次，来听课的一个年轻律师对我说，她自己在律师事务所的待遇非常悲惨。她所在的律师事务所有很多大牌律师，但是没有一个人肯带她，没有一个人给她活儿干。她说：“我一天到晚一个人坐在那里，就像一个傻子一样。没事干，就自己研究一些法律问题，在研究的过程中遇到一些障碍，好不容易看到一个律师在那里看微信，就过去请教，结果人家看都不看我一眼，一句话就把我打发掉了。”

这就是说，这个年轻律师在那家律师事务所找不到任何存在感。

记得当时我对这位年轻女律师说：“你说的这种情况，在我们尚权所根本不可能遇到。”

李：在尚权所，资深律师如何对待新律师？

高：在我们尚权所，只要你有问题，你敢说，就会有人叫上几个人，把你叫到屋里，大家一起抽一支烟，或者喝一壶茶，和你聊这个问题。

他们能和你聊到什么程度？就是，我有问题请教两个资深律师，我可能都听烦了，他们两个还在说。他们会说：“这个问题，咱们还要继续说一下……”

到什么程度呢？我都明白了，他们还要说。

那个年轻女律师听了之后，既惊讶，又佩服。后来，她有什么问题就舍近求远向我请教，我记得她至少给我打过三次电话。她在电话里问的是案件方面法律的理解、证据的分析等问题，我就在电话里耐心地跟她说。

在我看来，大家是同行，她又信得过我。我说的不一定对，大家一起来沟通交流或许对她能有所启发。

这就是师傅的重要性，团队的重要性。

如果没有遇到好的师傅，没有进入好的团队，有的律师在一个地方待上三年五载可能连一点儿成长都没有。我们尚权所在这方面为年轻律师提供了一个很好的舞台,提供了一个很大的平台。

李:请描述一下你心目中的尚权所平台?

高:你也知道,我们尚权所的各种研讨会、论坛、会议特别多。我们的会议从来没有限制谁可以怎么做,比如说只有主任或者合伙人可以上台发言。研讨会的议程可能在一个月前就确定了,确定后会发给大家。你只要有准备,想上台发言,就提前把发言题目发给主管,事务所就会安排你上台发言。

在我们的论坛上,很多人觉得能提交一个论文就是很光荣的事情,更别说上台去说上一二十分钟了。坐在台上的是谁?是大咖呀!是像陈光中、卞建林、陈卫东这样的专家。

我们所的环境、师傅带徒弟的人文传统真的不多见。尚权所虽然是我走过的第一家也是唯一一家律师事务所,但是我跟别的所的律师聊过,了解到像我们尚权所这样的律师事务所绝无仅有。

人物志

高文龙，苦中有乐的刑辩路

从偶然的闯入到渐渐的痴迷，从以“练手”为初衷到现在的欲罢不能……在古老的刑事辩护中，高文龙越来越体味到刑辩的魅力所在。

加盟尚权所以后，高文龙师从主任张青松律师，办理了大量有影响的刑事案件。如果用两句话概括从来经历的话，高文龙用“爱上刑辩，无怨无悔”来总结。

以“刑辩”练手？从此“爱不释手”

来尚权所以前，高文龙在北京大学法学院全资公司北大英华公司工作，负责全国法院系统和检察院系统的在职干警的专升本和初任、普高等继续教育培训。

在平时的接触中，许多法官和检察官对律师的看法，让高文龙对律师有了一种不同以往的认识，他们对法庭上与之“对抗”的律师并无敌意，相反，对一些很有水准的律师还充满了尊重。

“很大程度上，这让我有了一种做律师的冲动。”高文龙说，当时他已经通过了律考，做律师在客观上没什么障碍。于是，高文龙征求了北大一位老前辈的意见。

老前辈认为，要当律师就先从刑事辩护入手，因为在所有业务中，刑事辩护虽然最古老，但也是最专业、最严谨的。如果做刑辩能得心应手，那其他业务都是“小菜一碟”。

就这样，带着憧憬，带着冲动，高文龙放弃了北大安逸舒适的工作“下海”了。

几年来，高文龙跟着张青松等律师办理了大量案件，有辛苦、有挫折，当然更大的是收获，充满魅力的刑辩让他欲罢不能。“本想是拿来练手的，不想却爱不释手了。”高文龙说。

人称“拼命三郎” 干活不惜力

与做其他业务的律师相比，专攻刑辩的律师可能要更苦一些，这一点，高文龙有着切身体会。

有一次，外地有一个涉黑的案子，开庭前10天，被告人的家属才找到尚权所。接受委托后，高文龙和另外一位同事马不停蹄地赶往当地阅卷，“一共70多本卷，光是拍照，我俩就拍了一天半。”高文龙说，由于时间太紧，回到北京后，他一头扎进“案卷”中整整看了一周，其中有三天就在所里没回家，夜里实在太困，就在办公室眯一小会儿。

那个案子的辩护结果还算理想，而高文龙连续一周的没日没夜地阅卷，也在所里赢得了“拼命三郎”的绰号。

对此，高文龙淡淡一笑，说：“‘拼命三郎’不敢当，但是干刑辩，有时候确实得有点儿‘拼命’的劲儿。”

之所以这么说，一是因为与民事案件相比，刑事案件有许多律师无法控制的因素。比如，何时能阅卷、何时能会见、何时开庭等，这些事都不是律师能左右的；二是在客观条件下，与控方的信息不对称，也是极其考验律师功底的。

“刑辩很能锻炼人，”高文龙说，从某个角度来说，要想成为一名合格的刑事辩护律师，就得卖力气，“干活不能惜力，再加上脑子灵活、业务过关才成。”

敢于“坦白”自己　善于“引领”庭审

俗话说“知己知彼，百战不殆”。高文龙却不怕“己”被“彼”知。一般情况下，只要时间允许，他都会在审查起诉阶段，将自己意见提交给检察院一份。

“不能否认，在有些情况下，控方会在庭上拿出一些不被辩方律师所掌握的关键证据作为撒手锏，令对方措手不及。再加上双方的各种不对等因素，与控方相比，辩方往往处于劣势。”高文龙说，在这种情况下，他的这种“提前坦白”的做法，确实令许多同行不解。

“这也是我跟张青松律师办案学到的一招。”高文龙说，一开始，他对于张青松律师的这一想法也不认同，“这不是等同于把自己的老底全部暴露于大庭广众之下，让对方掌握主动吗？”后来，通过实践，他发现结果并非如此。

高文龙说，刑事辩护不能把期望全部寄托于法庭之上的唇枪舌剑，“实践证明，做好庭前工作同样重要，而且有时候，往往能有意想不到的结果，甚至是大喜过望。”

目前，在尚权所主任张青松律师的倡导下，在审查起诉阶段提交律师意见已成为尚权所的“规定动作”之一。

对此，高文龙理解，提前把自己“暴露”给对方，未必会使自己处于劣势。更重要的是，如果你对案件有充分的把控，如果你的理由充足，那么就完全有可能“提醒”甚至“说服”控方，让控方更改罪名甚至做出不起诉的决定。“换个角度说，也可以对一个案子的‘走向’起到一种‘引领’的作用。”

这样的成功案例，在高文龙手下有好几起。“要么是检察机关更改罪名，甚至做出不起诉决定；要么是在法庭上，庭审按照我们的思路进行”。

“这就是律师意见发挥作用的一个很好的例证。”高文龙坦言，在司法实践中，由于检察机关分工细，公诉人往往比辩护律师更专业。但辩护律师考虑问题往往不站在公诉人的角度而是站在被告人的角度，"立场"的不同，导致看问题的角度就可能不同。在审查起诉阶段，如果律师能充分地对被告人的行为进行论证并给予准确的定性，律师意见往往能引起检察机关的重视。

"对一个行为在法律定性上有争议是正常的，但绝对不能低估对手的能力。"高文龙认为，在审查起诉阶段提交律师意见，就等同于辩护律师的意见被采纳的机会多了一倍。而且，由于"屡有收获"，高文龙已经越来越倾向于所里的这一"规定动作"。

庭上不温不火，庭下正确引导

社会上始终有些人认为，律师干的就是"拿人钱财，替人消灾"的活儿。因此，律师卖不卖力气，就看庭上的表现。对于他们而言，律师在庭上与公诉人针锋相对，恨不得吵个脸红脖子粗，争个面红耳赤，这样的律师才是好律师。

对此，高文龙有自己的看法，他认为，一个儒雅的律师，一个受到法官和公诉人尊重的律师，同样是好律师。

"辩护思路是否清晰、言语是否正中要害、发言是否不被打断、意见是否得到重视，这些都足以说明一个律师的水平。"正是基于这样的认识，高文龙比较重识庭前与公诉人和法官的沟通，庭前交换意见时不卑不亢，庭上辩护时不温不火。

对于刑事案件而言，庭审效果怎么样是一方面，判决结果更能说明问题。对于大部分被告人和他们的家属而言，无罪是他们追求的最好结果，但这并不现实。

高文龙虽然执业时间不是很长，但他很注意对被告人及其他们的家属进行正确的引导。如果真的不构成犯罪，那无罪辩护的思路是无可质疑的。但如果事实并非如此，强求"无罪"的结果就是不可取的。在这种情况下，高文龙会实事求是地跟被告人和他们的家属或委托人分析案情、讲清利弊，征得他们的理解，力求取得最理想的结果。

热心公益　法援案件不放松

高文龙热衷并擅长办理职务犯罪和经济犯罪类案件，几年来也取得了一定的成绩。与此同时，对于“不挣钱”的法律援助类案件他也十分认真地办理。

曾经有一起法律援助的案件，四个抢劫的年轻人作案后，当时抓了两个，跑了两个。后来，跑了的两个人也相继到案，高文龙为其中一人进行辩护。

“那个案子事实清楚，证据确凿。”高文龙回忆，那个小伙子是被公安机关抓获的，他参与作案五起，造成一人重伤，但到案后只交代了一起。

尽管律师发挥的空间并不大，但高文龙还是向法庭强调了该人到案后能“主动交代问题、认罪态度较好且积极退赔”等情节。最终，法院认定了这些酌定的从轻情节，从轻判处被告人有期徒刑十年。

苦中有乐　爱上刑辩无怨无悔

对于刑事案件来讲，“不起诉、撤诉、无罪”这些“完胜”的结果是律师和当事人追求的最高境界，但能达到“完胜”这一最高境界的，毕竟是少之又少。

庭审过程并不是律师能掌控的，庭审的结果也不是律师能左右的，但只要律师的工作做到了位，在判决中就一定能有所体现。“辩护意见被采纳或部分采纳、死刑变成死缓、重罪变轻罪、多个罪名能拿掉一个或多个……这些都说明律师的工作起到了作用，也是辩护律师乐之所在。”高文龙说。

相对于民事案件特别是做非诉业务的律师而言，刑辩律师的收入与他们是没有可比性的，但这并不影响高文龙对刑辩的痴迷。

从抱着“练手”的观点入行到欲罢不能，高文龙用“无怨无悔”来形容。

（文章来源：法邦网）

成长路 2

从"外来律师"到尚权所合伙人

对话人物：张雨（北京市尚权律师事务所合伙人）

代表性案例：工体驾车撞人案

张雨是一位新近加入尚权所合伙人团队的资深律师。

作为一名对刑事辩护情有独钟的资深律师，尚权所对张雨来说曾经是一家传说中的律师事务所。以一名"成熟律师"的形象加入尚权团队之后，他通过自身的努力和能力很快便从一名普通律师晋升为合伙人。

在尚权所，张雨律师不仅代理了"工体撞人案"这类有影响力的大案，还是尚权所死刑复核业务团队的负责人。

作为一名合伙人和刑事业务能力达到一定水准，且在某一方面能力突出的律师，2016 年 6 月 16 日，张雨律师和我们分享了他的刑事辩护经验、智慧和心得。

张雨说:"专业化的时代到来了,我们给自己贴上标签后,才能在律师这个行业里有更大发展。"

我早就知道"尚权"

李:欢迎张雨律师和高文龙律师一道来到法律出版社接受我的专访。也谢谢你在刚才高文龙律师接受采访时的耐心等待。因为你和高文龙律师一样,都是尚权所的合伙人,我对你们两个人所提问题也基本一样。第一个问题是你和尚权所的缘分。

张:我刚才看到一个新闻,说13个含金量最高的资格证书之一是律师证,而且排在第一位的职业资格考试是国家司法考试。做这个排名的同时,律师被作为高薪行业向社会公众推荐,律师的排名顺序在注册会计师等职业前面。律师资格似乎是很荣耀的一个资格。

分享完这个新闻,开始讲一讲我的故事。

2005年的时候,我通过了司法考试。拿到律师证之后,先在老家河北省河间县执业。

李:在老家河间县做了几年律师?

张:两年。这就涉及高文龙律师刚才说到的师傅的问题了。我没有他那么幸运,我的经历可能是律师成长的另一个版本,就是没有专门的师傅去带的律师成长版本。

应该说,对一个年轻律师来说,有一个专门的师傅去带你是非常幸运的。但是,依我的了解,绝大多数律师是没有师傅来带的。

律师这个行业在培养下一代或者接班人方面的确是有很大欠缺的。除非你是他的亲戚或者朋友,老律师会去带你。因为在律师这个行业,成熟的律师都很忙,资深律师哪有时间去带一个和他没有关系的年轻律师?

那个时候,我在成长过程中,就是注意观察,遇到问题之后,看事务所哪个律师业务好就向哪个律师请教,不厌其烦地问。不能叫不耻下问,叫

“不耻上问”。有的时候,就会问得人家很烦,但是没有办法,因为自己要学东西,就不能怕别人烦你(笑)。

通过问别人和自学,我慢慢地就对律师业务入门了。入门之后,再结合自己的一些办案心得,就渐渐成熟起来了。当然,在这个过程中,为了向老律师学习,自己接到一些案子,也会主动跟老律师合作。

钱列阳律师曾经说过一句话,律师这个行业长经验跟吃饭一样,不管你吃牛肉、吃羊肉、吃驴肉,最后长出来的都是自己的“肉”。他的话说得非常对,说的直白一点儿就是集百家之长形成自己的风格。

李:你大概是什么时间来北京做律师的?当初出于什么样的考虑?

张:我是2009年来北京的。

在2011年的时候,我觉得自己该转型了,就是从综合业务律师转型为专业的刑事辩护律师。在此之前,我什么案子都做,但逐渐地向以刑事案件为主的案件靠拢。在2011年的时候,感觉自己应该往专业方面发展了。

那个时候,就往尚权所投简历,终于在2011年11月份的时候如愿以偿地进了尚权所。

刑事业务一点都不狭窄

李:原来,你也是“北漂律师”。

张:我到尚权所的时候,已经是一个成熟的律师了。既有自己的案源,也有自己的办案风格。

律师这个群体是什么情况呢?应该说,每个律师都有自己的个性,都有自己的办案风格。

我进入尚权所之初,尚权所律师包括张青松律师也是把我当作一个独立的律师来看待的。进入尚权所之后,我和所里的律师有了更多的合作。

进入尚权所这几年,我得到了更多专业化的学习机会和锻炼,可以说自己有了更大的成长。我自己认为,这种成长是“质的飞跃”,对我的律师生涯来说是重大转变。

李:尚权所走的是律师业务比较狭窄的刑事业务的专业化之路,而刑辩业务是传统的律师业务。作为一名年轻律师,你在加盟尚权所时是怎么考虑这方面的问题的?

张:关于律师专业化这个问题,我通过自己的经历说一点儿体会。我自己也是从一名什么案件都做的律师走上了专业化道路,最后加入了专业化律师事务所。

说到专业化的问题,大家首先会想到这条路比较窄。但是,对宽窄这个问题要相对地来看。如果把时间往前推十年,推到尚权所成立之初的那个时候,如果你要做某一个专业领域的业务,大家普遍难以接受。我听张青松律师说,当时很多人对他要开办一家专业做刑事业务的律师事务所的做法表示质疑。大家普遍在怀疑,你做刑辩专业能生存的下去吗?包括张青松律师自己也有顾虑,他说不知道尚权所能撑几年。

在尚权所从风风雨雨中走过十年之后,大家回过头来看,实际上刑事业务并不狭窄。刑事业务不但不狭窄,而且还在进一步细化中。现在,已经有律师在专门做与毒品有关的案件,有的律师在专门做职务犯罪案件。

刑事业务进一步细化了,细化的前提是市场,是市场机遇到来了。

李:你所说的"刑事业务不狭窄",是指刑事业务的面在扩宽,服务质量在向纵深发展?

张:就刑事业务而言,这几年和前几年相比,量上翻了几番。这是因为,一方面委托人的觉悟上升了,大家普遍意识到律师的重要性了;另一方面,大家的经济条件普遍提高了,有条件请律师了。

在这样的市场条件下,足以让一个刑事专业律师事务所生存得很好。我觉得,下一步可能会产生专业办理毒品犯罪这样的律师事务所了。

我们也意识到了这个问题,尚权所也提倡我们向更加专业化的方向发展。现在我们什么刑事案件都可以做,所里提倡大家往某一个细分的专业上定位和发展。你要给自己贴一个标签,就像现在买手机说买的是苹果牌的一样，将来当事人在找律师的时候就说找代理职务犯罪类案件的高文龙律师、找死刑复核案方面的张雨律师。做到这一点的话，等于我们给自己贴了一个职务犯罪辩护人、死刑复核案辩护人的标签。在当事人想找这类律师的时候，第一个想到你。

现在，很多律师对专业化道路还心存顾虑，我们所在招聘律师的时候就能发现这个问题。虽然我们尚权所这个牌子在律师圈内有知名度了，但是当我们看到某个律师的刑事业务做得很棒，想邀请他(她)加入我们时，他(她)就会有顾虑，说不舍得把自己原来的民事客户、法律顾问这些资源抛弃，也担心自己一旦走上专业的刑事业务道路之后收益是否还能维持原来的水准。

因为我喜欢往尚权所拉人，所以遇到过不少这样的律师。

这件事情，只能拿我自己的经历做例子。我当年为了专业做刑事业务，就把其他的业务和资源抛弃了。也不能说自己当年迈出这一步时，就信心满满地认为前途是光明的。

就此机会，我在这里跟同行们分享一下我的观点："专业化的时代到来了，我们给自己贴上标签后，才能在这个行业里有更大发展。万金油式的律师已经过时了。"

李：你心目中的尚权所平台是什么样的？

张：我们尚权所的平台或者说舞台是很大的。我们每年举办的活动很多，尚权论坛是一个一年一届的活动，还有各种培训和研讨会。在这样的场合，我们会聘请一些外面的专家，如果我们尚权所有某个方面的专家，所里是很愿意把自己的专家推出去的。

对我们律师事务所的律师来说，你来到尚权所之后，可能没法保证你的收入情况，但是只要你有才干一定会把你推出去，是可以让你登上舞台的。舞台给你提供了，你有多大发展当然要看你有多大本事。

李：你一定也是带着成为合伙人的梦想在前行。从尚权所律师到尚权所合伙人，说明你在尚权所经历了一次非常重要的上升节点。能介绍一下

你从尚权所新律师到尚权所合伙人的路径吗？

张：2015 年，我向所里提出了加入尚权所合伙人的申请。经过全体合伙人投票并一致通过之后，我就成为合伙人了。

在我们尚权所，加入合伙人团队有两个“门槛”。第一道门槛是“全体合伙人同意”，这道门槛是把“人和”放在第一位；第二道门槛是独立的创收能力。你自己觉得具备成为合伙人的条件之后，可以向律所提出申请。

李：这就是说，你能成为尚权所合伙人的第一个条件是获得已经成为合伙人的所有律师的同意。

张：这是第一位的。因为大家在一起是一个团队，优秀团队的首要标准是“人和”。“人和”就是大家为了一个共同的事业一起进步，你得和大家合得来，要有合作精神。

李：刚才，你谈了自己对团队精神的理解。在你心目中，尚权人是一支什么样的团队？

张：我们尚权所是一个整体的团队。每周，我们都会有一次集体研讨会。会议内容有时是新的规定出台以后的学习和研讨，有时是对案件的研讨，对一些疑难案件关键的辩护点进行研讨。

将来，如果我们所的律师足够多的话，张青松律师也鼓励大家向进一步的专业化方向发展。这样，我们的大团队就可能衍生出一批专攻某一类型案件的小团队。

李：律师是一个具有“工匠”性质的职业，用张青松律师的话说“一名优秀刑辩律师的培养特别难”。

张：现在各个行业都在提倡工匠精神，是在做事情的时候精雕细琢。对我们律师来说，就是对个案进行精雕细琢。

我理解，工匠再前进一步就是大师。

有一句话说，“侠之大者为国为民”，律师这个职业也是为国为民。现在，能做到在自己的业务之外为国为民的人还是少数。对更多的律师来说，还是要通过个案来推动法律进步。

尚权所有一个口号，叫作“通过我们的努力，推动中国刑事法治进步半毫米”。我们更多的时候，是在通过对每个个案精雕细琢、通过个案的公正来推动法治的进步。

李：我发现律师行业对“互联网+”特别重视，不少人在思考这个问题，也有一些人在做这方面的尝试。也可以说，律师业内对“互联网+”有一种恐慌情绪。因此，我对尚权所律师如何思考或应对“互联网+”浪潮很感兴趣。

张：对“互联网+”，我也有一点自己的感悟。这几年，“互联网+”与律师行业的关系越来越密切了，有的律师已经非常娴熟地把互联网和自己的工作“+”在一起了。比如，有的律师通过在互联网上讲课来宣传自己和团队。我们尚权所现在也在做网上宣传，也经常会组织一些网上沙龙。

对一个律师来说，如果没有赶上这个潮流，你可能就会被这个潮流淹没。所以，对我们来说，如何具有专业能力很重要，会宣传自己也很重要。

代理“工体撞人”案

李：作为一名专业刑事辩护律师，你能通过一起案件来讲述一下自己的法律理念吗？

张：你是说具体的案件吗？

李：是的。我关注到了你办理的“工体撞人案”，这个案件其实很有代表性。

张：这个案件是我在 2015 年代理的一个案件，在侦查阶段就介入了。

这个案件的案情大家都比较清楚，网上也做了很多报道。现在，案件在二审阶段，我继续为当事人提供法律援助。因为当事人坚持让我继续代理这个案子，但是不想付律师费了，就通过他的家人去找北京市法律援助中心，案子在二审的时候又指定给我了，我就接着代理了。

这个案子从案情和争议点来说，没有什么特别能体现律师水准的地方。最突出的一点是，受害者人数众多，连死带伤一共 12 名受害者。在开庭的时候，受害者方面来了很多人。

李：在2014年12月26日那天，金复生因为与北京三里屯经济管理中心发生纠纷而实施报复行为。他驾车在工体东路将北京三里屯经济管理中心的司机康某撞倒后，开车往工人体育场走，在路上撞了一名路人后，又在工人体育场院内撞了十个人。这起案件，在当时产生了非常恶劣的社会影响。案件的突出特点，正是法律如何抚慰无辜的受害者。作为金复生的律师，你的一言一行对受害者来说都可能产生刺激。

张：受害人都有律师。有的受害人自己请了律师；对没有请律师的受害人，法律援助中心指派了律师。

当时，法庭上出现了这样一幕。被告人这边只有我一个人孤零零地坐在那里，受害人那边坐了十几位律师。受害人家属在旁听席上，如果让他们也坐在法庭上来，法庭上都坐不下了。

这种案件，受害人家属的火气非常大。鉴于这种情况，在刑事附带民事赔偿部分，为了防止激化矛盾，我征得了被告人的同意，对受害人提出的赔偿请求，只要有证据支持，我们就统统接受。

在刑事部分，公诉方提出了不少问题，我在辩护的时候都做了回应。但是，这个案子毕竟影响太恶劣了，在光天化日之下伤害无辜，罪名是以危险方法危害公共安全，一审还是判了死刑。

虽然是这样一个判决结果，当事人对我辩护工作还是满意的。

李：在代理这个案件的过程中，你是否会和当事人做充分的沟通和交流。

张：这些工作，我都做了。

法律层面的、证据层面的辩护，我们都是要去和他进行仔细沟通的。特别是辩护意见，我们在开庭前和他做了沟通，免得在开庭时出现被告人不认可我们律师的辩护意见的情况。

辩护人和当事人意见不一致的情况，在我们的工作中是不允许出现的。

当然，金复生本人是有一些个人想法的。因为这个案子的前因，是他自己的民事纠纷接连败诉，才导致他做出了驾车撞人这样一个行为。他把刑事案件的结果看得比较淡，就是想把自己心中的“冤屈”说出来。

这样，我和他达成一个方案。我告诉他：“你在法庭发问阶段有机会说话，在最后陈述阶段也会有机会说话，我会把你的意见反映给法官，让法官给你留一些发言的时间，但是，你的话必须简洁。你像跟我聊天一样从头到尾讲述一遍是不现实的。”在开庭的时候，他还是把自己想说的一些话说出来了。

虽然没有起到实质的作用，从法院判决的要求来说也不可能让这些内容起到实质性的作用，但是对一个面临会被判处死刑的人来说，把自己心中想说的话说出来，对他来说也是一个安慰。

李：这个案子其实暴露出一个社会问题，就是弱势群体因为“前因”报复社会的问题。在案件审理的过程中，你是否做了这样的工作，就是提醒有关部门和工作人员在报复社会的问题发生前，通过自己的工作防止这类问题发生？

张：这类案件确实越来越多了。

为了让更多的人认识到这一点，在为金复生辩护的时候，我把它作为一个社会层面的原因提了出来。这个案件在案发前，有这样一个情节，金复生在开车撞人之前是公开宣扬了的。

金复生是一个老上访户，他对派出所的片警说，如果你们不管，我就要去撞人。他要把造成他民事案件败诉的那些人撞死。后来，他打市长热线。他说，就在作案前，他最后一次打了市长热线，他直接跟接电话的人说：“我要去撞人了。你们管不管？”当然，他说的这件事情没法证实。打完这个电话，见没人搭理他，在十几分钟后，他就去做这个事情了（指驾车撞人）。

后来，在我会见金复生的时候，他就说：“如果当时有人给我回个电话，劝一劝我，也许我就做不出那事儿来了。”

李：你在辩护中具体是怎么说这件事情的？

张：我说，据金复生本人讲，他如何反映问题，如何打市长热线，而且也有证据印证我说的情况。

如果有关部门在发现苗头的时候能引起警觉，在发现苗头的时候能采取一些措施，就不会有今天这个惨剧的发生。造成今天的惨剧，金复生的责任固然摆在那里，但是也不排除有关部门和人员失职的责任。

面对这样一个严重后果，不能把责任推在金复生一个人身上。

李：对。把"前因"揭示出来之后，能成为后来者的警示。

张：有这样一个细节。在案发之前，APEC 会议在北京召开。民警对他说，你在会议期间别闹事，他就听话没闹事。会议之后，发现还是没人管自己的事，他就下定决心要报复社会了。

人物志

张雨，先“北漂”，后专业化

张雨是那种对未来特别有规划的人。

在高考时，和多数人盲目地选了个高考志愿作为未来专业方向不同，张雨有意识地选择了法律专业。在大多数人尚不懂得职业规划的大学时代，他已经把刑法专业作为主攻方向。

和成千上万受限于地方执业环境和市场的年轻律师一样，张雨为了谋求更大的发展空间而成为一名“北漂律师”；在做“北漂律师”两年之后，他再度有了发展目标，那就是成为一名专业的刑事业务律师。正是因为这样的人生规划，在2011年的时候，张雨加入尚权所律师团队。

现在，让我们来聆听张雨讲述自己的故事——

我是1998年参加高考的，在填报高考志愿的时候，我就在反复选择专业方向，最终填报了法律专业。

那个时候，我也是像高文龙律师说的那样，因为受了影视剧的影响，最终选择了法律专业。据我了解，走进我们律师这个圈子的人，几乎当年都受到了影视剧的影响。

一个很有名的老律师就说过，他当年选择当律师就是因为受到了一部外国电影的影响，这部电影就是印度电影《流浪者》。

那个时候，我们中国的律政题材的影视剧也在模仿西方。后来我才知道，影视剧为什么不按中国法庭的状况来拍摄，是因为中国的法庭实在太沉闷了。如果把我们的庭审原封不动地搬到影视剧里，观众不会感兴趣。

就是受那些影视剧的影响，我们有一批人加入了律师行业。

我上大学的时候，人们对法律概念的认识是"中国的法律基本上等于刑法"。那时，大家普遍没有民法和诉讼法的概念，大家的基本认识是"法律就是刑法，案子就是刑事案件"。也就是在那个时候，刑事法律激起了我的兴趣。

在大学时期，我一直把刑事专业作为主攻方向。

在我大学毕业那年，我国开始实行司法考试制度。2005 年，我通过了难度非常高的司法考试。通过司法考试之后，我选择了在老家河北省河间县当律师。

在我们老家那样一个县里当律师，是没有太大发展前景的。当时，我一狠心、一跺脚就来北京了。

我是 2009 年来北京的。到北京之后，我换了几家律师事务所，是属于换事务所比较多的律师。

来北京的第三年，也就是 2011 年，我觉得自己的律师职业生涯到了该转型的时候了。在此之前，我做综合业务，什么案子都代理，是个"万金油律师"。

我说的转型，就是从综合业务律师转型为专业的刑事辩护律师。因为这个目标，我把自己律师生涯的"下一站"选定在尚权所。

尚权所这个名字，我在老家当律师的时候就听说了。

那个时候，《中国律师》杂志会刊登律师年检公告，看那个公告就知道哪个律师事务所有哪些律师，我记得当时就专门找过尚权所有哪些律师。

对我来说，那个时候的尚权所是传说中的尚权所。

在确定了要做专业做刑事辩护的发展方向以后，我就开始往尚权所投简历。实话实说，托了好多关系，比如通过与尚权所熟悉的律师介绍，终于在 2011 年 11 月的时候如愿以偿地进了尚权所。

在尚权所这个平台上，张雨在成长为一名优秀的刑事辩护律师的同时，也在死刑复核的理论和实务方面有所建树。如今，他既是尚权所死刑复核业务的负责人，也是尚权所 6 名合伙人之一。

成长路 3

基层民警到专业刑事律师的转变

对话人物:张宇鹏(北京市尚权律师事务所合伙人)

代表性案例:聂磊涉黑案

张宇鹏是尚权所合伙人团队中的一名律师。

这个从警察到“万金油律师”,再到专业刑事辩护律师的年轻人,自称在职业生涯中走过“弯路”。

在刑事辩护律师这条路上,张宇鹏的进步路上几度幸遇名师。在到尚权所实习期间,他的指导老师是刚刚执业的常铮律师,并有幸得到了张青松律师的指点;他曾代理青岛聂磊黑社会案——在这起名案的一审期间,他的师傅是刑辩大律师钱列阳;在该案的二审过程中,他的师傅是另一位刑辩大律师高子程。作为一名年轻律师,张宇鹏在成长过程中幸运的遇到三位刑辩名家。他们对他的成长带来怎样的影响？

作为一名合伙人和刑事业务能力达到一定水准，且在某一方面能力突出的律师，2016 年 7 月 19 日，张宇鹏律师和我们分享了他的刑事辩护经验、智慧和心得。

张宇鹏说："尚权所的每一个成熟律师都愿意去指导年轻律师的办案工作。"

从律师到合伙人的成长之路

李：同一个问题，我问过尚权所的年轻合伙人高文龙律师、张雨律师，现在轮到问你了。张青松律师有个著名的理想，就是希望尚权所成为一家一直能够传承下去的百年老店。基于此，尚权所打开了"律师晋升合伙人"的通道。请你介绍一下尚权所的律师晋升合伙人制度，介绍自己从律师到合伙人的成长之路。

张：尚权所一直以来非常注重年轻律师的培养工作，现在也是这样。

尚权所要想继续发展，必须在人员上保证继续发展的可能性，就要对年轻律师进行培养。

我个人觉得，年轻律师更能认同尚权所的理念，更能认同尚权所这种走专业化的发展方向。尚权所应该吸纳更多的年轻人作为尚权所的新鲜血液。从另一个角度看，尚权所也能从培养年轻人的过程中发现有合伙人潜质的律师并对他们进行重点培养。

李：我想插一句话，当初你的师傅常铮是怎么带你的？

张：常铮本人是被张青松律师手把手教出来的。在这种情况下，她办案的方式和掌握的技能、规范与张青松律师基本上是一脉相承的。

因为我有过公安工作的经历，当时常铮带我是年轻的师傅带年纪大的徒弟。常铮律师在执业的过程中，我从她身上学到的更多是她的敬业精神。毕竟，当时她也很年轻，她的执业经验不可能说有多么丰富、不可能有多么丰厚，我从她身上学到的东西更多的是敬业精神和对刑事辩护工作的热爱。

李：能举个例子吗？

张：当时，我们共同办了一个案子。那个案件的案卷比较多，为了保证按时完成阅卷工作，我们经常会熬夜加班。在办理这个案件的过程中，有一次出差的时间长达七八天。

在外面出差这么长时间，目的只是会见这起案件的当事人。案件的当事人涉嫌受贿犯罪，当事人符合法律规定的会见条件，但是侦查机关不准见。为了能够见到当事人，常铮律师带着我，每天和看守所的管理人员、检察机关的侦查人员不断地进行沟通、交流并据理力争。

从常铮律师的这些行为上，我能感觉到她对刑事辩护的热爱。在她身上，我能感觉到有永远使不完的劲儿、始终保持高昂的斗志。

李：对你来说，常铮是你入门的师傅。在尚权所，可能除了常铮还有其他师傅级别的律师。有的律所，普通律师可能接触不到愿意教自己的师傅，但听高文龙律师说，尚权所的师傅都乐于把经验传给后来人。他说："如果你有问题问老律师，他会倒杯水仔细跟你讲，有的时候，你都不想听了，他还在讲。"

张：尚权所的每一个成熟律师都愿意去指导年轻律师的办案工作。

高文龙律师说的情况确实存在。甚至会出现这种情况，我们看到年轻律师坐在那里，他不问也不说。这个时候，老律师会着急，会主动去找年轻律师问："这个问题，你真的能懂吗？为什么不来问我？"

我们希望年轻律师多学东西。我们这些有一定办案经验的老律师都知道，刑事辩护业务和其他业务不同，它对技能的要求，对律师的自律要求非常高，年轻律师一不小心可能就会误入"歧途"。所以，尚权所的老律师非常关心年轻律师的发展。

李：有年轻律师向你请教，你是不是也会不厌其烦地去指导？

张：会的。每个律师教导年轻律师的方式不同，有的律师喜欢直接示范给年轻律师看，我的习惯是先让年轻律师去做，放手让他去做，他做完之后，我来给他进行补充，提出问题让他进行改进。我是通过这种方式对年轻律师进行引导。

律师这个职业非常注重实践，你理论基础再扎实，如果不通过实践也很难掌握技能。

李：在尚权所没有成熟律师带助理的做法，师傅和徒弟的关系相对更宽泛。

张：尚权所的助理律师是“公共助理”，每个律师只要有需要，就可以去找助理。

现在，尚权所实行计时工资的方式，年轻律师做得越好，找你协助做工作的老律师就越多，你就有更多的机会去接触各种各样的业务。同时，你的收入也会增加。反过来，如果你工作能力差，又不愿意学习，老律师就不愿意找你。慢慢地，这样的律师就会被淘汰掉。

我们设计计时工资制度的初衷就是通过优胜劣汰的方式督促年轻律师发展，尚权所的年轻律师都比较优秀，到目前为止我们团队还没有出现年轻律师被淘汰的情况。

在我看来，尚权所律师的成长是通过大量实践来完成的。年轻律师跟着老律师去办案，就这么简单。在实践中，年轻律师跟着老律师去学习，不断提高自己。

李：你现在办案子也会带着年轻律师吗？

张：会。实习律师和刚转正的律师都带。

李：有的时候出于工作的需要，有的时候出于对年轻人的培养。是这样吗？

张：对。更多时候是出于对年轻人的培养。我还没有像张青松和常铮律师那样忙得分身乏术，必须把一些工作交给别人来做。我的大部分工作都是自己亲自来完成，但是出于培养年轻人的需要，同一个案件，我会在自己工作的同时也把工作交给年轻律师去做。如果我自己没有做，也就没法告诉那个年轻律师“这个地方该怎么做”或者“那个地方出了什么问题”。

尚权所的合伙人团队的理念就是要付出,大家也愿意付出。当然,付出的目的是为尚权所更好地向前发展。

李:接着介绍尚权所的合伙人制度。因为尚权所的合伙人团队既承担着管理律所的责任,又承担着业务创收的责任,是引领尚权所前进方向的一批人。在尚权所,普通律师如何能晋升为合伙人?

张:在尚权所,我们更注重从年轻律师中培养合伙人。从我自身的观察来看,有一些成熟律师虽然加盟了尚权所,但是他的理念并不一定和尚权所的理念完全契合。所以,你会发现,我们现在的合伙人团队都是从年轻人中提拔起来的。

从晋升道路来看,我们目前还没有一套系统或完整的体系。现在,我们所的执行主任白雪已经在策划一个律师晋级的制度和规划。通过这个制度和规划,年轻律师能够看到自己的发展方向,能知道自己如何能一步步地成长为合伙人。

李:在尚权所都是年轻律师晋升为合伙人。以我的理解是,年轻律师把成为合伙人作为自己成长的标志。

张:在我们尚权所,常铮律师的成长过程本身就有示范作用。她在那么年轻的时候就成长为合伙人,对年轻律师有激励作用。大家在对自己的职业进行规划的时候,也会考虑到这一点。

刚才我提到,年轻律师认同尚权所的理念。这样,他就愿意为尚权所付出,来为尚权所做贡献,付出越多,收获越大。年轻律师如果想通过在尚权所的发展实现自己的价值,最好的途径就是成为合伙人。

李:我原来以为,当合伙人能拿到更多的钱呢。

张: 尚权所的合伙人拿不到更多的钱, 只能比其他律师有更多的付出。从收入上来说,我们要舍弃更多利益。

李:对在尚权所这个平台上成长,你有什么感悟和年轻律师分享?

张:就我个人看来,尚权所这个团体的人和人之间存在一个和谐的关系。它会让你感觉到亲切,让你愿意融入到这个集体当中。

我有过一段在外面的其他律师事务所执业的经历，在其他律师事务所我没有感受到像尚权所这种融洽的气氛。在尚权所，大家在平常相处时,就像兄弟姐妹一样。

李:听常铮说,尚权所的律师流动性比较小。大家不愿意离开是不是和你说的气氛融洽有关?

张:我不否认在这十年内,有一些律师因为各种各样的原因离开了尚权所，他们离开的时候多少都表达过留恋尚权所的感情。对多数律师来说,都希望在尚权所这个团队中工作。

大家之所以有这个想法,是因为尚权所这种融洽的氛围。我们知道,刑事业务在律师这个群体中收入是比较低的,风险是最大的,从辛苦程度上看,可以说是最高的。所以,能走这条道路的律师都是因为有一种理想,都是因为热爱刑事辩护。正是这种理想和热爱支撑我们走到了今天。这就是你刚才说的,尚权所流动性相对小的原因。

我想跟年轻律师或者年轻人说的是,你选择了一个单位,收入和优越感都不是最重要的。最重要的是,你能有一个融洽的工作环境和团队,这样你工作起来才能快乐。

李:律师是一种自由职业,在某种意义上说,大家各自为政的情况可能多一点儿。

张:尚权所在这一点上和多数律所有所不同。尚权所没有严格的上下等级之分,合伙人之间、合伙人与主任之间、合伙人与普通律师之间都很平等,大家彼此之间经常会在一起开玩笑。你根本不用担心领导在背后给你穿小鞋一类的事情。

李:你的意思是说,尚权所民主的氛围很浓厚?

张:是的。这个律所是张青松律师创办的,在刚成立那个时候可以说是他一个人管理、一个人“独裁”(笑)。当时,从他的角度看,他一开始就希望这个律所的运行是一种民主的方式,有民主的氛围。他一直也是这么做的。

这么说吧，我们可以对他提出比其他律师更为严格的要求，而且他也能够接受。

在尚权所，包括实习律师都可以和张青松律师开玩笑。我们尚权所这个合伙人团队和普通律师之间相处的都非常融洽。大家彼此之间随便地开玩笑，都没有任何问题。

事实上，大家彼此之间不存在严格意义上的谁管理谁、谁领导谁的问题。大家都从平等的角度相互对待彼此。这种情况，在其他律师事务所绝对看不到的。

李：虽然尚权所的管理团队很年轻，但是张青松好像对大家非常信任。

张：是这样。自常铮担任主任以后，张青松律师就隐在幕后，在把年轻律师往前推。让年轻人去锻炼成长，去承担起引领事务所的责任。

张青松律师把管理工作交给年轻人去做之后，他把更多的精力放在事务所的规划和业务的发展上面。

我觉得，这一点同样是他看得比较远的地方。近一两年来，我们才看到全国各地突然之间涌现出了很多年轻的律师事务所主任和年轻的优秀律师事务所管理人员。

有一点不得不说，尚权所发展到今天的规模，跟张青松律师的高瞻远瞩分不开。他能看得非常远。

尚权所的业务管理和学习

李：你能详细地介绍一下尚权所的业务部门管理工作吗？据我了解，尚权所现在实行“工资律师”和“提成律师”双轨制。在业务上，有的律师是独立地把一个案件从头做到底，比如王耀刚律师；有的律师是参与整个案件的某个环节的工作，比如张兴梅律师主要负责阅卷工作。对你来说，是如何进行业务管理的？

张：我接手业务管理工作以来，在原有管理工作的基础上，重点是对业务的发展进行了中长期的发展规划。

作为专业的刑事律师事务所，专注于刑事辩护工作是必然。但是，从现在来看，更多的企业或者政府机关的客户在刑事案件发生之前，就要进行刑事法律风险预防工作。这样，我们自2016年开始就开始重点发展刑事非诉法律业务。

从大的规划来看，未来的尚权所的业务部门会划分为两大块：一块是刑事诉讼业务部门，另一块是刑事非诉业务部门。尚权所专注于只做刑事业务这个核心不会变。我们力求通过这种方式，为客户提供全方位的法律服务。

结合你刚才提到的问题，我来谈一下业务分工问题。律师的能力是有差异的，既有能独立办案独当一面的律师，也有在某一方面能力比较突出的律师。考虑每个律师的业务特点和专长，合理化地进行业务分工是非常必要的。

在业务管理上，尚权所是通过律师记录工作日志来进行。尚权所有一个电子管理信息平台，通过这个平台对律所所有工作人员进行管理。我们要求每位律师把他的工作内容记录在电子管理信息平台上，业务管理部门会对他们的工作日志进行检查。

无论是主办案件的律师还是律师助理，都要把自己的工作详细地记录到电子信息管理平台上来。

这种管理，一方面是规范律师工作，另一方面也是在保护律师。

我们通过信息平台上的内容来判断律师在办案中处理问题是不是存在不规范的地方，或者律师可能遭遇的法律风险。如果有风险，我们会及时做好应对工作，在律师为客户提供优质服务的同时，保障律师自身安全。

对于提成律师，比如你刚才提到的王耀刚律师，他是不拿工资的律师，我们会通过管理平台进行更为严格的要求。如果通过工作日志发现律师办案不规范，在结案的时候，我们会把他的工作列为“不合格”。

对于律师助理来说，是通过工作小时来领取薪酬的。他的每一项工作都要记录到信息管理平台上来。我们会通过工作小时数来计算他的工资。在这种情况下,要求他的记录要非常详细。如果记录得不详细,他的工作小时就无法确认。

从管理上看,应该说非常严格。

李:尚权所的律师业务采取团队协作的模式。作为合伙人和业务部门负责人,你能描述一下这方面的情况吗?律师与律师之间的业务配合也好、分配也好都是大家比较关注的问题。利益分配问题,对很多律师事务所来说都是难以很好解决的问题,在尚权所好像不是一个特别大的问题。大家对尚权所的分配方式和人文环境比较认可,靠的是什么?

张:靠制度。这也是张青松律师提出来的观点,并获得了大家的一致认同。

尚权所有一套完备的分配制度,同样也有一套管理制度,包括合伙人之间的制度和约定都是完备的。只要所有的事情和问题通过制度来解决,结果就都是大家能够认可和接受的。

大家首先认可了制度,这是最重要的。

李:团队协作方面也靠制度吗?

张:尚权所律师之间的团队协作非常多。

因为尚权所接到的案件基本上都是复杂或者说高端的刑事案件。开个玩笑,不是特别难的案子,人家也不来找我们(笑)。

举个例子,涉及黑社会性质组织的案件是最为复杂的案件类型之一,我们所也办理得比较多。在办理这种案件的时候,就需要调动集体的力量来完成,大家之间通过分工进行配合。我们有专门的阅卷人员,有专门的出庭辩护人员,有专门整理质证意见的人员。尤其是面对涉黑这种案件时,需要做出更细的分工。

事实上,我们所的律师单独做这些工作都有能力完成,但是为了保证工作的效率和质量,我们做了分工。在这种情况下,律师之间能够达到信息共享和交流。

我们在承办重大案件甚至包括敏感案件的时候，必须进行集体讨论。为此，我们设立了“重大疑难案件讨论制度”。每个律师在办理复杂案件的时候，都会提出来进行讨论。这也是我们所团队合作的体现。

因为律师个人能够看到的东西毕竟有限，通过集思广益的方式，力争做到每一个案子都能精细地考虑到每个点。讨论案件，是我们经常做的一项工作。

李：一个律师团队，除了通过制度让大家在工作方面达成共识，还是什么黏合剂？

张：说得直白一点儿，我们经常在一起去搞活动。我们大家在一起吃饭、喝酒是很常见的。

我认为，尚权所律师彼此之间黏合度比较高，还是因为律师之间没有等级。律所有融洽的气氛，就是最好的黏合剂。

尚权所没有刻意地去做很多公司或企业在做的团队互动活动，但在不知不觉中这些都做到了。

李：尚权所非常重视律师的业务学习，还专门设立了“尚权学习日”，你能介绍一下这方面的情况吗？

张：律师不能光办案。因为法律在不断更新，律师应该通过不断学习来提高自己的专业知识水准。

尚权所的学习传统从2006年建所开始一直保持到现在，每周我们都会组织律师进行为期半天的业务学习。当然，学习的方式和内容是经过了很多变化的。形式上，从传统的业务学习慢慢扩展到观影、模拟法庭，内容上扩展到律师礼仪、如何和客户沟通等内容。

上面说的是尚权所日常的学习活动。此外，我们还有一个“尚权刑辩沙龙”，这是一个每月一次的学习活动。这种学习就不仅仅是针对尚权所律师了，我们会邀请全国知名的刑事辩护律师通过网络视频直播的方式向全国律师来传送刑辩技能。当然，尚权所律师也会参与其中。

2016年，张青松律师又提出了一个新的学习想法，就是集中尚权所所有律师进行密集的大型培训活动。按我的理解，这种培训活动类似于一些公司或者部队的习武大练兵，目的在于系统地提高律师的专业素养。

在学习方面，我们所还有公益活动，比如免费培训。

尚权所在推广专业能力学习方面，不仅仅针对尚权所自己的律师，我们更多地把精力放在了提高全国刑事辩护律师素养方面。

虽然因为尚权所的规模有限无法做得太多，但是我们一直努力在做。我们做的培训包括每年四次在全国边远地区对律师进行刑辩专业技能培训，这种培训活动都是跟当地的律师协会合作进行，针对的是法律知识欠发达地区。今年，我们在西安进行的培训是本年度的第一次培训，7 月底在内蒙古进行培训。

偏远地区的律师对这种活动非常欢迎，因为北京、上海等地的律师接触的高端培训的机会非常多，偏远地区的律师很少能接触到这种高端培训。一般情况下，他们是通过听录音的方式进行学习，这种面对面与大牌律师交流的机会很少。

在西安进行培训那次，全陕西省的律师来了 900 多人。

另外，自 2015 年开始，尚权所针对喜欢刑事辩护业务的青年律师开展了一项为期三年的培训活动，叫"青年律师刑事辩护技能特训营"。在特训营里，我们邀请到大牌刑辩律师对年轻律师进行最基础的业务培训。2016 年的培训活动，在江西鹰潭的龙虎山举行。

对尚权所来说，最著名的学习活动是"尚权刑事辩护论坛"。一年一度的"尚权刑事辩护论坛"，针对当时前沿、尖端的热点问题进行研讨，我们会邀请全国知名的刑事辩护律师、学者、司法机关的专业人员参加，也会邀请全国的律师参加。

律师和公检法办案人员"都很辛苦"

李：你当律师的时候，法治环境是一种什么状况？

张：我从警察的岗位上回到吉林大学法学院读书的原因，就是因为基层公安机关工作人员法律意识的缺乏，其他执法机关的法律意识也不是特别强。

那个时候，法律工作者的法律意识都比较缺乏，社会群体的法律意识就更欠缺了。

在那种情况下，张青松律师能够创办一家专业做刑事辩护业务的律师事务所，走专业的刑事辩护这条路真的很不容易。

如今，十年过去了，我们的法治环境应该说是越来越好。尤其是从社会公众的群体看，大家的法律意识普遍有很大提高。遇到问题，大家首先会想到通过法律途径来解决。虽然普通群众并没有系统的学习法律知识，而是通过影视剧等途径了解到有事情要找律师，但法律意识已大大增强。

在这种情况下，对律师来说意味着当事人对律师的专业化水准要求越来越高。

十年前，尚权所看到了十年后今天的法律需求，并做出了一个走专业化道路的选择。

李：你从吉林大学法学院硕士毕业后，没有重新回到执法机关，而是进入了律师行业。当时的律师行业是一种什么状况？

张：这方面，我留意的不是太多，也没有特别观察过。我是在学习的过程中，对个人的职业选择逐渐发生了变化，才选择了做律师，但当时对律师行业并不是特别了解。

李：在当律师之前，你曾经做过三年时间警察。这段职业经历，对你做律师有什么影响？

张：我当警察的时候，没有参与过侦查工作。要说从侦查角度看，对律师工作是否有帮助，在我身上体现不出来。我想这个问题，王耀刚律师更有发言权。

我能感受到的，就是之前提到的公安系统整体的法律意识、法律素养水准比较低。那是因为当时公安队伍中高素质的人员太少，现在就不一样了,现在有大量有法律专业背景的大学生充实到了公安队伍中。

李:“死磕派”律师对公检法的人和事都充满怀疑,你作为一名有过公安机关工作经历的律师,是不是更能理解公检法的工作?

张:这个问题,你说到点子上了。

虽然公安队伍整体素养的提高比较大,但是随着社会公众整体素养的提高,大家的满意度也许并没有提高。

公允地说,和十年前相比,公安机关队伍的整体素养有了很大提高,但是群众对他们的要求也更高了。这样就导致群众始终认为公安素质低。

最近沸沸扬扬的雷洋案就是一个例子。我有很多在公安系统工作的同学,他们对这个案子的评价和社会群众,甚至和律师是完全不一样的。

法律工作者之间是需要相互理解的,但是个别比较偏激的律师对公安工作并不理解。我自己有的观点和我同学也不一样(笑),但我明白一点,就是公安工作非常不好做。

为什么呢?公安系统的工作量非常大,经常得不到休息。在执法工作中,遇到片面的或者不太客观的评价给他们造成的负面情绪就会比较强烈。这种状况,容易发展为一种恶性循环。用一句话来说,眼见都不一定为实。你看见警察在那里殴打一个人,事实上,警察是不是在殴打那个人呢?真实的情况可能是,警察正在制服罪犯。

只能说,普通群众要理解公安机关的工作,包括理解律师的工作。因为律师在社会上也存在很多负面的形象,被群众误解。法律工作者之间,律师和公、检、法工作人员之间更应该相互理解。

有的时候,我们律师在法庭上跟公诉人和法官针锋相对地争论或者讨论一件事情的时候,大家情绪都上来的时候,可能就会存在一种激烈的对抗,但是,庭审之后,大家相互握一下手,互相理解就很好。因为大家的工作都非常辛苦。

李:我花费这么大的时间和精力来组织这本书,是因为尚权所这个团队不仅"小而精",而且代表了律师事务所专业化的发展方向。你们所起步早,在经过十年的发展之后,也已经发展得很不错了。如果按收入来衡量的话,尚权所律师的平均收益是北京市律师业的两倍。我从外部观察的话,一直能感受到尚权人有一种人文情怀,是以一种匠心来做自己的事业,在这方面可能和创始合伙人张青松律师有非常大的关系。

因为张青松律师理念,尚权所吸引了一批志同道合的年轻人,大家来到这个平台后,能够愉快地、超负荷地工作和奉献,这说明尚权所有自身品格。通过这本书,我想把这些内容展示出来。

虽然张青松律师说,我们就是一个法律服务的提供者,但是在律师业内,尤其是刑事辩护业内,尚权所可能是一个带动行业发展的标杆。事实上,尚权所无论是向偏远地区的律师传送经验还是对有志于刑事辩护的年轻律师进行培训都是在做有益于行业发展甚至推动法治进步的事情。做这些事情,可能需要一种家国情怀。

张:可能有人跟你讲过,我们尚权所有一个"推动中国刑事法治进步半毫米"的口号。

在我看来,尚权所的创办者张青松律师本来就是一个理想主义者。我相信选择刑事辩护的所有律师都是有情怀的人。大家都有一种对公平正义的信仰,并且为了这个信仰在不停地努力。

跟钱列阳、高子程代理聂磊案

李:请分享一个对你成长影响重大的案例,一个对你作为一名刑事辩护律师的成长影响比较大的案例。

张:对我影响最大的案例是2010年青岛聂磊组织领导黑社会案。

此前,我跟钱列阳律师认识,他是聂磊案的主办律师。当时,钱律师出于提携新人的目的,他邀请我去做他的助理。这样,我就有机会参与了这个案件,也就有机会接触到了人生第一个特别重大的案件。

跟钱列阳律师一起给聂磊做辩护工作,也是我参与的第一起涉黑案。

等于在从事刑事辩护工作之初，我就接触到了黑社会案件，就有机会跟着名律师给黑老大辩护。这个案件对我的职业生涯来说是非常重要的。

为什么说这个案子对我的影响非常大呢？

黑社会案件是刑事辩护业务中的高端业务，一是涉及的罪名多，二是被告人数量多，三是案卷内容非常多，这些导致工作量非常大。在办理这个案件的过程中，我个人感觉成长非常快。

我全程参与了这个案子的一审、二审和死刑复核工作。

一审的时候，我是跟钱列阳律师学习。从阅卷、质证、发问，到最后形成辩护意见，在这个过程中，我从钱律师身上学到了很多东西。

这个案子二审的时候，辩护律师是现在的北京市律师协会会长高子程律师。当时，聂磊的老父亲邀请我和高子程律师一起做二审辩护工作。

高子程律师和钱列阳律师办案，是两种完全不同的风格。通过二审跟高子程律师的学习，我体会到了大律师之间不同的风采，学习到了不同的经验。

对一个年轻律师来说，这是非常难得的机会。

通过参与这个案件的一审和二审，我和两位大律师有了不少接触，跟办理聂磊案件的高素质法官接触也很多。这个时候，对刑事辩护甚至包括对法律工作的理解就更为深刻了。

在二审结束后，聂磊被维持死刑判决。后来，我继续协助高子程律师做了这个案件的死刑复核工作。通过这个案子，我把刑事案件涉及的主要流程全部走了一遍。

因为聂磊案对我个人来说等于进行了一次系统的训练，所以这个案子是对我的职业生涯影响最大的案子。

正是这个案子最终促使我走上了专业的刑事辩护道路。

李：你最终走上专业的刑事辩护道路，和这个案子具有的挑战性有关吗？

张：是的。我以前在尚权所实习的时候，没有机会跟张青松律师一起开庭做辩护工作。聂磊涉黑案，让我第一次近距离地接触到了刑辩大律师的风采。那种能够得到当事人、法官尊重的感觉，是在其他的法庭上感受不到的。

可以说，两位大律师的表现给我树立了做一个优秀刑事辩护律师的目标。

人物志

张宇鹏，人生不能没有弯路

“我走过很多弯路。”在2016年一个炎热的夏日坐在我面前时，张宇鹏的开场白如是说。前一天，他刚刚从外地出差回京，沙哑的嗓音中透出疲惫。

张宇鹏说的弯路，是指在求学路上有间隔，职业路上有转变。当年，从中国人民公安大学本科毕业后，他回到家乡当了警察。在工作一段时间之后，他又通过考研的方式重返校园。在研究生毕业后，张宇鹏重返北京并选择了以律师为业。

现在，让我们来聆听张宇鹏讲述自己的故事——

我在法律职业路上走了很多弯路。我的本科是在（中国人民）公安大学读的，所学专业是安全防范。这个专业听起来和法律不搭边。

大学毕业后，我回到老家吉林省通化市，进入当地的公安机关工作。在公安局工作的三年内，有两年时间是在基层派出所工作。

那个时候，我发现基层公安的工作人员虽然有一身正气，但是法律知识比较匮乏，大家基本是靠本能来判断和处理工作。这样，我就针对自身的情况主动增加法律知识学习。

后来，通过研究生考试，我在2003年进入吉林大学法学院学习。在吉林大学法学院，我跟随导师闵春雷老师学习刑事诉讼法学专业。

经过三年系统的法律专业学习之后，我的想法发生了变化。因为对法律工作的想法产生了变化，我在研究生毕业后回到了北京。一开始，我在北京一家律师事务所做律师助理。

2008年年初，在一个偶然的机会，我认识了钱列阳律师，他把我推荐给了尚权所。

当时，我想找一个能学到专业知识的律师事务所来度过实习律师的阶段，钱列阳律师就把我推荐给了张青松律师。

在经过一个简单的面试之后，我进入了尚权所。因为之前在其他律所当过助理律师，我进入尚权所后发现，这个律师事务所虽然非常小，但是它的各个方面要求却比较高，包括对律师的专业水准要求比较高、管理也比较规范。另外就是，尚权所的工作氛围和律师之间的关系比较融洽，我非常喜欢。

尚权所的环境虽然非常好，但是由于尚权所只做刑事案件，我想去尝试做做别的律师业务，用现在的话说就是“世界那么大，我想去看看”。在实习律师转正之后，我就离开尚权所了。

从尚权所出来后，我先去了北京市盈科律师事务所(简称盈科所)。盈科所是一家比较大的律所，当时正处于上升阶段。后来，我离开盈科所，又去了一家做综合业务的律师事务所。

在此过程中，我接触了民商事案件，包括非诉业务。

在这期间，我发现自己无法割舍刑事业务或者说对刑事业务的喜爱。另外，在这个时候，我也意识到自己应该找一个专业方向去发展。

2014年的时候，常铮律师担任尚权所主任。她曾是我在尚权所做实习律师时候的指导老师，当时，她刚执业不久就做我的指导老师了。因为和她的特殊关系，我就跟她谈了几次，表达了自己想回到尚权所的愿望。

在2014年7月的时候，我又回到了尚权所。

回到尚权所之后，跟常铮律师也好、张青松律师也好，因为彼此之间有过长达一年的共事的经历，他们基于对我的人品和办案能力的了解和认可，自然而然就接纳了我。

基于他们对我的信任，我回到尚权所不久就开始承担律师事务所的一些管理工作。我从业务部门的主管做起，主要负责对律师进行执业管理、风险控制和业务学习方面的管理。能成为业务主管不是因为我的能力比别的律师强，是因为他们认为我能认真地把这项工作做好。

在做业务管理工作的同时，我也继续跟张青松律师他们学习办案。在回到尚权所一年多以后，我表达了想加入尚权所合伙人团队的想法。

我提出加入尚权所合伙人团队，一是基于业务发展的需要，二是因为对团队的热爱。在尚权所这个团队，从收入上来说，合伙人不如提成律师拿得多。

经过合伙人团队的考察，大家同意我加入合伙人团队。现在，我分管律师业务部门的工作，未来必须在合伙人这个位置上有所考虑，来推动尚权所有所发展。对我来说，主要是推动业务管理方面的发展。通过尚权所这个平台，更好地发挥自身的作用。

在和张宇鹏进行对话的过程中，从他的言谈之间不时会透露出对尚权所的归宿感和希望它越来越好的期盼。

六 新人成长

在尚权所的刑辩团队中，年轻律师已经成长一支重要力量。他们当中，有的从综合业务律师转向专业刑事辩护，有的则从“0”起步进入刑辩行业。在尚权所名师云集、机会多多、将刑事案件“拆分”后精雕细琢的平台上，他们正走在通往刑辩专家的路上。

从尚权所的年轻律师成长故事中，既能感受到专业化律师的成长之艰，也能看到他们所代表的律师业未来走向。

成长路4

“审前专家”的悟与思

对话人物：巩志芳（北京市尚权律师事务所律师）

代表性案例：刘汉和刘维涉黑案、重庆某县政协副主席受贿案、江西某县委书记受贿和滥用职权案

在尚权所律师团队中，巩志芳是一名正在成长中的年轻律师。经过在尚权所的熏陶和历练，其自身的突出特长和能力已经开始显现。为此，张青松将一顶“审前专家”的冠冕加在了巩志芳头上。

作为尚权所未来的中坚力量，以巩志芳为代表的年轻律师走过一条什么样的成长路？在刑事辩护专家云集的尚权所，他们受到了哪些熏陶？

巩志芳一直牢记着张青松律师说过的这句话：“我们办案子的时候，每一个事实都要有证据来支持，哪怕它是一个孤证；你所发表的每一个法律观点都要以法律作为依据，哪怕它是一个法律原则。”

尚权所的师傅们

李：在尚权所律师团队中，有一批正在成长中的年轻律师，你是其中一名代表性人物。一方面，你已经走上了独自闯荡律师江湖的道路；另一方面，你已经在审前事务的处理中显示出了突出能力。现在，我们主要交流三个方面的内容，一是讲述你自己的故事；二是讲述你作为一名年轻律师的成长路，分享你作为一名尚权所律师的成长经历和感悟；三是分享你所擅长的“审前律师业务”。

巩：我是 2005 年大学毕业的，2008 年拿到红本(律师证)。

2009 年，我参加了北京市律协举办的“阳光小班”接受培训。之后，我接着在“阳光小班”做志愿者。

在“阳光小班”做志愿者的时候，我负责服务的老师是刘文元律师。通过和刘老师接触，我了解了一些尚权所的故事。可以说，我和尚权所的缘分是通过“阳光小班”结下的。

当时发生的一件事情，促使我做了来尚权所的决定。

那段时间，我在北京一家法院同时帮两个朋友代理离婚诉讼。从这两起案件的结果中，我发现在民事案件审理过程中，法官的自由裁量权太大了。案件结束后，我下定决心走刑事辩护这条专业化道路。有了这个想法后，我就跟刘文元老师说想到尚权所来发展。

当时，刘文元老师是尚权所管委会主任。我按照尚权所的考核程序进入尚权所的时间是 2011 年。

李：在你的律师职业道路上，刘文元老师应该是一个很重要的人物。在你进入尚权所之后，他对你的业务指导多吗？

巩：对。在尚权所，我最早认识的人是刘老师，也是在他的帮助下进入尚权所的。我平时很喜欢和他聊天，有什么问题都会请教他，他对我的帮助很大。

李：你在尚权所走过一条什么样的成长路？一进入尚权所就开始独立办案了吗？

巩：刚进来那会儿没有独立办案。我进入尚权所之后，先跟着张青松律师办案，跟他学习了一年多时间。之后，我一直跟着常铮办案。现在，我正在走上独立办案的路。

我跟张青松办了一年多案件之后，他跟我谈话说："我跟常铮商量了一下，接下来这段时间，你主要跟着常铮办案。你跟着一个人的话，风格太单一了，你应该感受一下各种办案风格。"

李：你跟着张青松办案，从他身上学到了什么？

巩：跟着张青松办案的时候，我会观察他跟客户沟通、和司法机关工作人员沟通的情况。你会感到他的沟通能力非常强，你也说不上他有什么沟通技巧，就是能感觉到他跟别人沟通的时候，感觉很舒服，很多人都愿意接受。

尤其是和客户的沟通，更是能感受到他的沟通能力。在遇到一些在我看来棘手的问题的时候，只要他一出面，什么问题都能够化解掉。潜移默化地，我在这方面跟他学到了一些东西。让我具体描述跟他学到了什么很难描述，但是现在，我在和客户沟通方面也没有什么大问题。

如果非要去总结的话，就是"你要真诚"，"你要设身处地地站在客户的角度去考虑问题"，"只有你理解他，他才会理解你"。大家之间真诚的沟通和理解，再加上律师勤勉的表现，即使彼此之间有一些误解也能化解。在客户对你提出一些非分要求，在你无法做到的情况下，你不要着急，而是耐心地去跟他分析，做了是什么后果，不做是什么后果，或者说我们能不能做得到。当事人家属听了分析，基本都会理解律师。

最麻烦的情况是，当事人对律师产生一种抵触的情绪。律师业毕竟是一种服务行业。

另外，张青松律师这种丰富的经验，包括办案经验和法律功底非常深厚。他的法律思维也非常强，在面对一个问题的时候，你想不到的点他能想到，而他想到的那个点是根据法律规定或者法律原则来的。你听到他的"点"之后，自己去回味会觉得"这个我也应该能想到"，其实都不是什么高深的东西，都是法律上很明确的东西。

张青松律师带着我们办案子的时候说过一句话："我们办案子的时候，每一个事实都要有证据来支持，哪怕它是一个孤证；你所发表的每一个法律观点都要以法律作为依据，哪怕它是一个法律原则。"这两句话是每一个法律人都应该做到的，也是需要做到的，但是要做到确实很难。

李：你把张青松律师这句话记得这么清楚，它对你来说意味着什么？

巩：我一直在践行。一个律师如果把张青松律师说的中两点都做到了，他一定会是一个优秀的律师。

李：你的同事说，张青松律师对年轻律师比较敢于放手。

巩：从表面看，他是比较放手。我觉得从师傅的角度，他这样做是有自己的考量的。如果他在现在交给我一个案子会比我刚进入尚权所的时候要求我汇报的频次低很多。

李：你在和常铮律师合作办理案件的过程中，从她身上学到了什么东西？

巩：常铮的个人能力很强，而且她的精力比较充沛。她连续出差好多天，还会是一副精力很充沛的样子。她是个女强人，太厉害了。

虽然大家认为常铮是师承张青松，但是我感觉她的风格和张青松不一样。就在法庭上的表现来看，常铮给人的感觉更强势一些。她的法律功底很深厚，考虑问题比我们要深刻。

李：常铮对你的要求会比较高吗？

巩：每个人的要求都很高。相比之下，张青松的要求可能会更高，因为他比我们年龄大，是老师。我和常铮属于同龄人，我讲一件事情的时候，她比较容易接受，彼此也能商量。不是说张律师不接受我的观点，是说我和常铮接触的机会比较多，我和她聊的时候会比较放得开，是年轻人之间沟通的状态。

张律师有一个特点是，在聊天的时候，他喜欢让我们先说，哪怕说错了也没有关系。他主要想听我们对一件事情的分析过程，想让我们在不受他干扰的情况下发表自己的观点。他自己最后会说一点，但是不会影响我们的观点。和常铮之间的交流的感觉是，比较自由、比较平等。听张青松律师说完之后，如果认为他说得有道理，我们就没有办法再去说什么了；和常铮交流的时候，她发表了自己的观点之后，我还会去反驳。

李：刚才我们一直在聊师傅和徒弟的关系这个话题。对你来说，说到师傅就绕不开刘文元老师。你在什么情况下会请教刘老师？

巩：在案子上遇到问题的时候，比方说碰到难点、遇到拿不准的问题的时候会找他。

他的经历放在那里，经历过很多事情。在我们遇到办理案件的时候，涉及一些历史背景和当初的情况的时候就会请教刘老师。

李：我发现刘文元老师记忆力过人，他是不是凭借记忆就能给出很多答案？

巩：真的是这样。刘老师的高度，我是达不到的。

我到尚权所做第一个案件的时候，他给过我很大帮助。当时，张青松律师在代理一个案件，我负责阅卷工作。那个案子有二三十册卷宗，涉及挪用资金、虚报注册资本、虚假出资等罪名。这个案件是三峡移民那个时候的事情，资金账目比较混乱，账目往来的关联公司有好多个，钱在很多公司之间转来转去。

当时，这个案子的卷宗把我看晕了。看了一段时间之后，看不下去了。这个时候，请刘老师出马帮着看。我看了一两个星期没看明白，刘老师用了三天时间看完了。他看了之后告诉我，“你去把这个做出来”、“你去把那个做出来”，他把非常具体的任务交给了我。

按照刘老师的指点，我用三天时间就把资金的流向全部理顺了。当资金流向被理顺之后，整个案子一下子就变得清晰了。当时，刘老师给我的感觉就是四个字“太厉害了”。

李:有过这次经历之后,你有没有感觉自己在阅卷方面的障碍被清除掉了?

巩:有。在此之前,我根本不知道怎么去看卷,现在就不一样了。我不能说自己看卷很厉害，但是知道看卷不是从头到尾把卷宗的内容全都看完就可以了,是要看重点。在看事实的时候,要看事实的脉络。在看证据的时候,单独看一个证据是没有意义的,要在这个证据和那个证据之间跳来跳去地看。

我如果按照顺序去看卷宗,是看不出什么东西来的,是要把几个卷宗都摆在那里，需要去别的卷宗里找东西的时候要跳过这个卷宗去翻那个卷宗,只有这样跳来跳去地看,才能把案件的一些关键细节掌握清楚。只有把证据的证明情况搞清楚,才能在脑子里形成一个思路。

李:刚才你讲到了你和三位师傅的交往。尚权所还有很多资深律师,你和他们之间会是一种什么样的交流方式?他们会给你提供哪些帮助?

巩:大家在一个平台上工作,并不是说在某一个案件谁是我的师傅,是在平时的工作过程中和日常生活中去观察每一个人的时候，会发现每个人身上都有特别优秀的地方,而这些都是需要我去学习的地方。

李:你刚才说到和门金玲律师是老乡,你和她有业务上的交集吗?

巩:我和门老师合作办过一个案件。那个案件的结果是,我们介入之后,当事人很快就被取保候审出来了,基本就没有什么事情了。

通过和门老师等兼职律师接触,明显能感觉出来他们在法学理论、文字表达等方面比我们这些专职律师强很多。他们的弱点是实践少一点儿,对执法机关的“土规定”不了解。比如,门老师对“去哪里要拿什么手续”这类事情就搞不太清楚。她经常会在我们的微信群里问:“我要干某某事情去,需要带什么手续?”她一问,我们就都会告诉她。不然的话,如果她少带一个手续,想去会见犯罪嫌疑人真就见不上了,她的时间又那么宝贵。

"审前专家"谈审前

李：刚才你讲了在尚权所的成长过程中，受教于多位师傅的故事。现在，请你讲一讲你置身其中的尚权团队的工作和生活。据了解，你们律所在办理案件的时候，有的案件由律师自己独立完成，有的案件由多位律师参与，大家在案件的各个阶段分别承担不同的任务。可能是因为你在"分阶段"办理案件的审前环节做得出色，张青松律师将你称为"审前专家"。

巩：对一般案件而言，承办律师会从头盯到尾。

张律师说我是"审前专家"，我不知道因为什么(笑)。现在，从我个人的能力来讲，可能对审判之前的阶段包括侦查和审查起诉阶段的工作比较熟悉。这个阶段的工作因为没有公开程序，所以比较封闭，我们注重的内容就是沟通。沟通工作包括几个方面，和公检法沟通、跟踪案件进程、和当事人家属沟通、会见犯罪嫌疑人。

和公检法沟通包括书面的和口头沟通，追踪案件进程的目的是不能把案件跟丢了，再就是跟家属和犯罪嫌疑人做好沟通工作。在这些方面，我出的错比较少，张律师可能就认为我在这方面做得还可以。我还是不知道张律师为什么夸我，因为我能做到的大家都能做得到(笑)。

李：张青松律师在谈到团队合作案例案件时，提到尚权所在案件各个阶段的专家情况。比如，张兴梅律师阅卷特别好，你可能承担审判之前的相关工作比较多也做得比较好。

巩：我在做审前工作的时候，主要遵循两点：一是注重沟通，二是把该做的工作做到位。

沟通工作，就像我刚才说的一样要真诚沟通。律师业内有一句话叫做："律师最大的敌人是自己的当事人。" 而要处理好和当事人之间的关系，沟通工作显然很重要。

在审前，确实会遇到很多问题。比如，对法律规定的程序性权利就存在很多问题：第一，律师"知不知道"这些规定；第二，律师对相关工作"做还是不做”;第三,作为一个律师,你“怎么去做”。如果你把这三个问题理解了,而且做到位了很多问题就解决了。

按我的理解,张律师说的应该是这个意思。

我举个例子。我们在张家口代理了一起贪污、挪用公款、滥用职权的案件,按照法律规定,律师在侦查阶段可以会见犯罪嫌疑人。但是,由于在这类职务犯罪查处过程,都是纪委先行查处后交给检察院办理的,律师在申请会见犯罪嫌疑人的时候,办案机关就会以领导不让见等各种借口阻挠律师会见。

在这种情况下,律师怎么去做?就这个问题来说,法律上是没有障碍的。如果你如实告诉当事人“办案机关说领导不让见”,当事人心里肯定会想“我找你律师干什么”。如果当事人懂点法律就会问你“法律规定可以见,你怎么不去见”,律师就更麻烦了。

这个时候,律师怎么办?因为《刑事诉讼法》中有保障律师诉讼权利的监督机制,包括可以向检察院控告,这也是一个解决问题的途径。这个时候,先不要去管效果,不要去想走完了管不管用,不要预设结果。只要你把该做的事情都做完了,哪怕结果不好,当事人也会理解。你给他解释清楚,法律是怎么规定的,律师该做的工作都做完了,当事人也会理解和认可你这个律师。

我们在张家口代理的那起案件就是这样。在我们之前,当事人从北京请了一个律师,律师去看守所会见犯罪嫌疑人的时候不让见,他去了办案单位也说不让见,他回头就告诉当事人家属“不让见”,家属就把这个律师解聘了。当事人家属找到我们之后,我们已经预见到会有这样的情况,但是我们该走的程序还是要去走。跟人沟通肯定要先礼后兵,我们在看守所走了一遍,不让见;到办案机关走了一遍,也是不让见。在这个时候,我们就依照法律的规定到检察院去控告了,给上一级检察院写了书面的控告材料。收到我们的控告材料后,张家口检察院控申处的工作人员说:“我们从来没有遇到过这种情况。还有这方面的规定?”因为他们不知道有这方面的规定，我就把法律条文都给他们准备出来让他们看，也告诉他们“按照法律规定，你们必须在十天之内给我答复”。

张家口检察院的工作人员看了我们的材料后说：“我马上向领导汇报。”过了两三天，我打电话问情况的时候，检察院控申处工作人员说：“我们给办案部门打电话了，他们说没有不让你们会见。”这就是一个答复。我们拿到这个答复后，再次去找看守所：“我们去找办案部门了，他们说不是办案部门在限制，是看守所不让见。”看守所的人一听就火了：“我一个关人的单位，凭什么限制你们会见？”他们就给办案机关打电话说：“你们不能这样，你们再这么做，以后我们不关你们送来的人了。”

这样，我们就能会见了，问题就解决了。

只要保证自己的每个行为都有法律依据，我们就大胆地去做。第一，你做的事情不违法；第二，很多事情也是律师应该去做的，律师不会承担任何法律后果。

在我看来，一切合法的手段我们律师都可以用。如果法律给了我们律师武器，你却不去用，那怪谁呢？

像这样在会见的时候，办案部门不让见却成功会见的案例还有很多。

所谓“审前专家”，就是自己要把审前程序规定了解清楚，在把自己的权利和义务都搞清楚之后，然后去做了就可以了。可能很多律师不太在意自身拥有的这些权利，有的人会认为没有用。有人会认为“即使去控告了，检察院也不一定给答复，因为职务犯罪的办案机关是检察院，自己人不会监督自己人”，老去做这些设想，不去做具体工作。

李：不愧为“审前专家”，你刚才关于审前工作怎么做说得非常好。

从“分段律师”到“独立律师”

李：尚权团队成员在一起，除了工作还有生活。

巩：尚权所人少，好处就是大家在一起感情很融洽。

从一个年轻律师的角度看，我留在一个单位工作，这个单位有两点是吸引我的：一种情况是给我很高的待遇，我是为钱来工作的；另一种情况是我的待遇虽然不高，但是我快乐。

在律师业内，刑事辩护显然不是一个赚钱的专业。但是，大家在一个团队里能够开开心心地工作，就很满足了。

人少的律所，大家沟通起来很方便。没事的时候，大家可以在一起喝点酒什么的。这一点很重要，大家相处会有一种亲情在里面。大的律所就做不到这一点，有的大律所，自己的律师坐在同一个法庭上彼此都不知道。

李：你刚才说到，尚权所的办案模式是，在代理一般性案件时，律师会一个人从头做到位；在代理重大案件时，会调动团队力量分工协作，某位律师承担自己擅长的某个阶段的工作。你自己是一种什么状态？

巩：我正在转型，在三个月前，我开始独立办案了。

李：就是律师业内所说的从"工薪律师"转为"提成律师"了？

巩：对。我决定转型主要出于生活方面的考虑。毕竟，在北京的生活压力很大，像房子呀、孩子呀都需要比较高的费用。到了我现在这样一个年龄段，上有老下有小，生活压力其实很大。做工薪律师的话，我个人感觉没有办法给家人一个有尊严的生活。这是我决定转型的最真实的原因。

从个人发展的角度看，一直做工薪律师会有一种"背靠大树好乘凉"的心态，毕竟尚权所的"大树"在那里，在"大树"的庇护之下，我可能不会有太大的压力，但是也可能会影响到自身成长。我觉得，自己总是要独立去经风历雨，不可能老躲在"大树"下乘凉。可能是时机到了，我就做了这个决定。

李：起步顺利吗？

巩：还好。其实，对年轻律师来说，最大的问题就是案源。只要案源问题解决了，其他的问题就都不是问题了。

我刚刚起步，还没有那么稳定，但是已经陆续接到几个案件，有饭吃（笑）。

李：你接到的案子中，有没有这种情况，就是你以前打过交道的当事人把你推荐给亲朋好友了？

巩：有。这真的是一个积累过程，是自己的勤勉带来的一种附加效果。

当初，我跟着张青松律师做的第一个案件是重庆一个案件。我的当事人把他同一号里的另一个人的案件介绍给了我。重庆的这个案子经历的很长时间，从二审到发回重审的一审，再到二审。在这个过程中，我定期会去见当事人。可能因为我这种会见工作让他满意，因此他就把我推荐给别人了。因为有的当事人的律师不经常去见当事人，我离得这么远还经常从北京到重庆去见他，他不可能没有感受。

这是当事人给我介绍的第一个案件。最近，我接到的一个案件就与去年我帮朋友做一个案件有关。当时，我朋友代理了一起案件，到案件二审的时候因为腾不出时间就让我帮着来做。我帮着做了，也没收多少钱。那个当事人家属是个在校大学生，我跟她说："交多少律师费，你自己酌情决定。"她说："给你一万元吧。"我告诉她可以少给点儿："不要因为律师费给你造成任何压力，因为你还要生活。"她说"一万"。

今年上半年，我突然接到一个陌生短信说："巩律师，有一个信阳的案子，你接不接？"我以为是普遍撒网的事情，就没有当回事。过了半天，当事人把电话打过来了。后来，他们就把案子委托给我来代理了。因为我从来不在网上做宣传，就问他们是怎么知道我的，他们就说"是一个小女孩推荐的"。他们说的小女孩，就是前面那个案子的大学生。

后来，我的朋友知道了这件事，还开玩笑说："为什么推荐你，不推荐我？"

还有一些当事人，在案件结束后，遇到法律问题还会和我联系，会向我咨询法律问题。

和年轻律师分享一切

李：到了你和大家分享一个案件的时候了。

巩：每个案件都有独特的地方，对这些案件一点一滴的感悟就成了我作为一个律师的经验，这些积累都很宝贵。

比如，我刚才说的重庆的案件带给我的东西就特别多。那起贪污、挪用资金、虚报注册资本的案件花费的时间很长，通过这起案件，我学到的东西是最多的。因为它是我来尚权所后办理的第一起案件、经历的时间很长、里面遇到的问题很多，所以我学到的东西就很多，包括跟当事人家属的沟通、在会见时和犯罪嫌疑人的沟通、和司法机关的沟通。通过这个案件，我才知道了对当事人提供良好的服务还可以开发案源。这些东西对我的成长来说，是非常宝贵的经验。

以开发案源来说，因为你的勤勉、因为你的经验、你的专业能力得到了当事人的认可，他才会把你推荐给熟悉的人。首先是你的专业能力要得到当事人的认可，再加你是一个勤勉敬业的人，否则你只是一个"生活律师"的话，当事人没有必要这样做。关押在看守所里的人，多数人都有自己的律师，他们之间也会对律师进行比较：为什么这个律师经常来，我的律师就不来见我。他们一做比较，想法就会改变。这个东西，就是一种"慢功夫"，前提是过程足够长。在这个比较长的过程中，我们在需要会见的时候才会去会见，也不是有事没事就去会见。也可以说，这个案子就给了我这种机会。

李：你说的这个案件就是刘文元老师指导你阅卷的案子吧？

巩：是的。当时，我刚进入刑事辩护领域，对刑事辩护知道得还很少。

我们代理的是这个案件发回重审的二审，案子的结果比一开始好很多。有一次，我在火车上巧遇当事人的儿子，他说他父亲出来了。当时，他拨通他父亲的电话，我们还在电话里聊了一会儿。

李：现在，你进入尚权所已经有五年时间了，也就是说你成为一名专业刑事辩护律师已经五年了。你现在回过头来，如何看待自己当初选择刑事辩护专业方向这件事？

巩：不算错吧。专业方向是你对它挺感兴趣，我选择这个专业方向也许不完全是因为兴趣，但是我觉得只要选定了一个专业方向并且坚定不移地走下去,一定会有收获。

当然,我对律师要有自己的专业领域这一点非常认可。现在,我要思考的问题是,只做刑事案件是不是已经算一个专业领域了。因为刑法涉及社会生活的方方面面,只做刑事案件就是专业化吗?我觉得这是一个伪命题。杀人抢劫犯罪和涉税犯罪怎么能说是同一个专业领域呢?很明显,这是两个领域。

刑事诉讼、民事诉讼、行政诉讼是法律部门划分的一个范围,这种划分是从法律主体的角度进行的,但是社会生活的领域和法律部门不是一个概念。比如,建筑领域、税务领域的刑事案件内容有很大区别。我理解,"只做刑事案件"是在诉讼技巧方面比较专业,是对刑事诉讼的程序和特点比较了解,不是对所有刑事案件都是专业的。再举个例子,毒品犯罪和抢劫犯罪肯定是不一样的。所以,我认为刑事辩护律师还应该走更专业化的路线。

"更专业化"的路线涉及相关领域的其他法律知识。除了《刑法》和《刑事诉讼法》,更要了解案件所涉领域的基础的法律规定。比如,涉税的案件对税法、税务筹划、部门规章、税务局的相关文件都要进行了解,否则律师怎么去做辩护?

我们现在所在的刑事诉讼领域,侦、控、审三个阶段,既有程序上的专业,也有实体上的专业。与之相对应的是,律师在辩护的时候既要进行程序上的辩护,也要进行实体上的辩护,而实体上的辩护是最根本的辩护。如果抓不住实体问题的要害,仅仅把程序走得很漂亮,意义何在?

当然,这个问题不仅存在于律师行业,在检察院和法院也存在同样的问题。他们对办案人员的门类划分也没有细致到一定程度。具体到一个行业的时候,检察官、法官和律师都是行外人。比如说,尸检报告,为什么要引入专家辅助人制度,是有关部门已经意识到在具体的专业领域办案人员和律师都是行外人,必须让专家来告诉大家是怎么回事。

现在,已经有人在刑辩辩护领域朝更专业的方向发展了。比如,已经有律师发起成立了毒品辩护联盟。

李：包括尚权所也在探索更加专业化的发展路径。

巩：是。因为大家已经意识到更专业化是一个发展方向。

李：你还有什么想和年轻律师分享？

巩：第一，选择了一个方向之后，坚持做下去；第二，把法律吃透了，悟透了，你就是专家。

李：在尚权所这个平台上，你看到刑辩专家的诞生，自己是一种什么样的体会？

巩：我们年轻律师也许不一定能做到专家级，但是只要做到刚才说的两点，并且能坚持下去的话，你肯定能够吃饱饭。

李：在案源不够多的时候，工薪律师对新律师来说也是一个选择吧？

巩：对，人家给你钱，让你去练手。对我来说，不仅能练手，而且尚权所这个平台很好。

关键是大家愿意去交流。在尚权所，老师对我们这些年轻律师是"知无不言，言无不尽"。现在，因为大家都忙起来了，交流的机会变得少了，但是一旦有机会，大家还是愿意在一起进行交流。

李：这些都是你自己的思考和感悟，说得非常好。通过你的思考，能让别人看到尚权所年轻律师的形象和风貌。你作为一名1982年出生的年轻人，已经完成了自己能力的积累，到了该腾飞的时候了。

巩：正在转型，在这个过程中也有困难。

人物志

巩志芳，“80后”律师起飞了

作为一名年轻的“北漂”律师，巩志芳的身上有这个群体的深刻烙印。在孤独之外，还要为“明天的午餐在哪里”焦虑。在经历了一波三折之后，他来到尚权所并且在这里“从头做起”。经过在尚权所的五年专业化历练，巩志芳作为一名刑辩律师已经羽翼丰满。

在2016年收获季节即将来临时，我们来听巩志芳讲述自己的故事——

我是2005年大学毕业的，当年第一次参加司法考试。2006年，第二次参加司法考试并且通过了分数线。2007年做实习律师，2008年拿到红本(律师证)。我的律师职业起点，基本上是这么一个脉络。

我是河北人，和门金玲老师是老乡，我们俩都是河北邯郸人。

我毕业之后到北京发展，是一个人来闯荡，在北京基本上没有亲戚和朋友。通过司法考试之后，就一门心思想找一个律所去实习。因为作为实习律师，必须找一家律所实习一年才能转正。

因为父母不在法律行业工作，我们当时几乎不认识法律圈里的人，想找一个地方实习对我来说也是比较困难的事情。后来，我父亲得知一名同事的朋友在北京做律师，就请同事帮忙联系那位律师朋友，人家答应帮忙。那位律师在一家比较小的律师事务所执业，但是对我来说已经机会难得。这样，我就进入这家律所跟着这位律师开始实习。

因为这位律师是做刑事辩护业务的，我在整个实习期间主要是做刑事案件，间或做一两个其他案件。我和刑事辩护的缘分可能从这个时候就开始了。

在我实习期满以后，带我的那位律师就不带我了。在实习期间，我所做的主要是一些跑腿的工作，比如去看守所递交会见手续、阅卷等事务性工作。在我转正后再带着我一起工作，他的压力可能也会很大，他就让我自己去成长了。

虽说是自我成长，但对我来说还处于不知道下一步该怎么走的状态。这个时候，这家律师事务所的另外一位合伙人好心地收留了我。不然，我没有案源、没有收入，可能会被饿死。

这样，我就开始给这位合伙人做助理。他也是做刑事案件，对我也非常好，我跟他学习了很长一段时间。后来，他想谋求自己的发展，从诉讼业务转做非诉业务，就换了一个平台，到了一家大型律师事务所。老师走的时候，我也跟着去了那家大型律所。

在那家大型律师事务所，老师的事业发展并没有想象中顺利。他自己不太顺利，还要养活我们几个助理的话，压力很大。一方面为了给老师减轻压力，另一方面因为对那家律所的发展理念不太认同，我在那里待了不到半年时间就离开了。

离开那家大型律师后，我到了另外一家律所。干了一段时间之后，我和朋友决定去外地开辟属于自己的法律服务市场。这样，我们就到外地开了一家分所。

开一家律师事务所的难度显然超出了我们年轻人的想象。它需要人力成本，需要各种条件，一句话，那个宏大的愿望仅仅依靠我们两个人的力量是无法实现的。两个人在那里支一个草台班子没有问题，但是要把一家律所做大是不可能的。后来，这件事情无疾而终。

在这种情况下，我又回到了北京。

一切又回到原点，接下来，我该怎么办呢？

这个时候,我想起之前参加北京市律协举办的"阳光小班"。阳光小班是按"期"来进行培训的,"一期"是普通班,对三年以下职业经历的律师进行培训,培养基本执业理念和基本技能;"二期"是专业班,分成刑辩班、民诉班。我是"二期"学员,那个时候,"阳光小班"就是我们这些年轻"北漂"律师的精神寄托。

在北京那种漂泊的孤独感是很强的。我们这样的年轻人,在北京无依无靠。律协组织了这样的活动,等于把我们这些无依无靠的年轻律师聚集在一起了,让我们有了归宿感。

在"二期"学习结束后,我做了三个培训周期的志愿者。那个时候,我很愿意帮大家做一些力所能及的事情。

我和尚权所的缘分就是从这里开始的。

在做其中一期刑辩班的志愿者时,我负责服务的老师是刘文元老师。刘老师来"阳光小班"讲课的时候,我正在思考未来的路怎么走的问题。在认识刘老师之后,我就和他建立了联系,经常会和他进行沟通。

通过和刘老师接触,我了解了一些尚权所的故事。听了之后就觉得"这个律所不错",心想"为什么我现在才知道这家律所,以前怎么就不知道呢"?如果以前知道尚权所,可能直接就来这里了。虽然这么想,但是心里也在犹豫来不来尚权所。毕竟,来尚权所意味着从一个很广泛的业务领域进入一个很窄的业务领域。

当时发生的一件事情,促使我做了来尚权所的决定。

那段时间,我在北京一家法院同时帮两个朋友代理离婚诉讼。这两个案件的结果,促使我下定决心走刑事辩护这条专业化道路。

一起案件是我代理男方进行离婚诉讼。他们的财产包括住房和汽车。因为涉及分配财产问题,男方问我用不用找关系,我坚定地说"不用"。我认为分配财产的基本原则是一人一半,再偏也不会偏到哪里去。针对实物,应该是一人一套房,对差价进行折价补偿。男方提出留下房子,给女方现金补偿,判决结果却是房子和车都给女方,让女方对男方进行补偿。实际上，女方根本没有补偿能力。从表面看，因为提到补偿，判决是公平的，实际上并非如此。

另一起案件是抚养费官司。在这起案件中，我代理女方。从表面上看，我们这方提出的抚养费数额比较高，但是我们既能证明男方每年的收入非常高，也有证据证明孩子每个月的消费比较大，但是开庭的效果并不好。能看得出，法官的想法是“你抚养一个孩子怎么能要这么多钱”？我的当事人一看势头不对，就去找了关系，结果孩子就得到了高额的抚养费。

通过这两起结果反差极大的案件，我就发现民事诉讼中的自由裁量权太大了。代理这类案件，让我感觉心力交瘁，后来就决定转向刑事辩护了。在我看来，在刑事司法领域，公检法是相互制约的关系，大家都会为基本的公平公正负责。

在犹豫了两个月之后，我向刘文元老师提出了想到尚权所专业做刑事辩护的想法。

当时，刘老师是尚权所管委会主任。他说：“可以。但是，你得通过我们的考核。”然后，我就按照尚权所的考核程序进入了尚权所。时间是2011年。

在尚权所这个平台上，我接受了五年熏陶。2016年，我从案件流水线上走下来，开始独立地代理案件。我也许成不了一名专家级刑辩律师，但是我坚信“选择了一个方向并坚持做下去，把法律吃透了就是专家”，只要坚持这两点就会有未来。

成长路 5

在尚权平台从“0”起步

对话人物:陈泓宇(北京市尚权律师事务所律师)

代表性案例:刘汉和刘维涉黑案、任某票据诈骗案、邢某敲诈勒索案

对 1983 年出生的陈泓宇来说,尚权所对他意义非凡。这里是他律师生涯起步的地方,也是他从一个普通青年成长为一个专业律师的所在。

从“0”开始,稳健的陈泓宇一步一步走向专业和成熟。如今,这位在与当事人家属和当事人沟通上堪称出色的年轻律师,正在阅卷环节上深度历练。不久的将来,他应能成为一名代表尚权所律师水准的独立律师。

师从名师,说名师

李:在尚权所的律师团队中既有

像刘文元老师这样的资深律师,也有门金玲老师这样的专家型律师,还有律所合伙人和引领尚权所发展方向的管理者,当然离不开像你这样在尚权所平台上成长的年轻律师。

在和张青松律师对话时,他提到了你和巩志芳等年轻律师,说你们在尚权所这个专业的刑辩平台上成长得很好,说在接待当事人方面能超过你的人很少。于是,我就把你和巩志芳律师作为尚权所年轻律师的代表性人物。请你和大家分享一下你在尚权所成长的历程。

陈:在 2010 年 1 月 20 日,我加入了尚权所团队。那个时候,我还没有执业证和资格证,相当于来尚权所了解一下律师工作。

2011 年 7 月,为期一年的实习期结束了。通过公示和面试等一系列程序之后,我于 2012 年 1 月拿到了律师执业证。也就是说,在拿到实习证之前,我在尚权所主要做一些辅助性的工作。拿到实习证之后,就开始辅助其他律师办理一些案子了。虽然是在会见、阅卷、开庭方面做一些辅助性工作,但是起码能进入办案场所里了。

李:在起步的时候,有老师带你吗?

陈:有专门的老师带我。我的老师是张青松和刘文元两位律师。我非常幸运,有两位名律师做老师,但是律师这个职业特别适合套用“师傅领进门,修行在个人”这句老话来描述,虽然有老师进行指点,但是你必须用心去观察、在发现问题之后主动去请教。

我们尚权所虽然每个实习律师都有相对固定的老师进行指导,但是因为我们律所像一个大家庭一样,即使我的指导老师不在律所,我遇到问题去问其他老师的时候,他们也都会耐心地给我解答问题。

李:张青松律师和刘文元律师是你的指导老师,你跟刘文元律师一起办过案子吗?

陈:刘文元老师带着我办过案子,但是大多数时候都是辅助张青松律师、常铮主任办理案件。我可以举一个跟着刘文元老师办理案件的例子。当时,跟着刘老师办理的这个案了是我做律师初期介入的一个案子。

2011年,我在做实习律师的时候介入了那个案子。当事人是某个省会城市驻北京办事处主任,他的案子涉及5个罪名。我从实习期间就介入了这个案子,到现在这个案子还没有结案。经历了一审、二审、发回重审一审、发回重审二审,现在发回重审二审刚刚立案,还没有开庭。到现在为止,案件已经历时五年零四个月时间了,我的当事人还被关在看守所里。

现在,刘文元老师已经75岁,他目前主要的工作是给我们这些年轻律师做一些指导性工作,已经停止接收案件了,驻京办主任这起案件是刘老师手里唯一的一起案件了。

刘老师的经验实在太丰富了。做律师这个行业是一个实践性很强的行业,不能简简单单地说你的理论功底有多么深,更重要的东西可能是经验积累。

通过跟着刘老师办案,我从他身上学的东西主要是从他的经验中提取一些适合自己的或者对自己有帮助的内容。比如阅卷。

李:你刚才说到阅卷。据说刘老师的阅卷能力可是非常厉害的。

陈:阅卷对律师来说是一项非常庞杂的工作,一个简单一点儿的案子有几本卷,复杂一点儿的案子可能会有几十本甚至上百本卷,有的案件卷宗可能会是几百本甚至上千本。我们刚入行的年轻律师,拿到一本卷根本不知道从哪里下手,是该一页一页地翻看呢还是通过一套程序性的方法去看呢?

刘老师拿到十本卷,可能两三天内就能看完。如果我们拿到同样的卷宗,可能半个月都看不完。这个时候,刘老师就会教我们如何阅卷。比如,目录如何去看,程序性的文件如何去看。从他那里学到方法之后,就知道阅卷最重要的内容是从卷宗里提取到最重要的信息。

李:跟着张青松律师办案的时候,你从他那里学到了什么经验?

陈:张青松律师是一个非常具有个人魅力的人,他本人是吸引我进入尚权所的重要因素。

他的气场特别强大,你坐在那里和他聊一会儿天,会完全被他说话的方式和内容吸引,你会特别喜欢去倾听。他也是一个特别诙谐幽默的人。

在开庭的时候，我们都能感到法官特别愿意听他讲。我们在法庭上发表辩护意见的时候，会对着法官去说。当张律师发言的时候，我发现法官会看着他频繁地点头。不管你的辩护意见最终会不会被采纳，但那种感觉能帮助律师在其他律师、当事人家属或者旁听人员之间搭建起一种信任关系。

我跟着张律师办理的第一次案件是一起黑社会案件。当时，我是一名刚入行的实习律师，面对一大堆材料和卷宗确实不知道该从哪里下手，就去请教各位律师。他把这个案子交给我，我阅卷之后写出来的材料他也不一定会采用，目的就是让我锻炼一下。

当时，我因为做得不好，也会经常被张律师批评。在今天看来，那是一个青年律师成长必经的道路。通过在张律师手下锻炼，我知道了律师是一个需要非常细致、非常谨慎的职业，无论是会见、阅卷还是庭审前准备工作，唯有做了非常认真细致的准备工作才能在法庭上应对可能出现的各种各样的变化。

李：你被张青松律师批评的时候多吗？

陈：我们所今年成立十年，我来所里已经六年多时间了。我们所里的年轻人都知道，如果张青松律师不批评你，你可能就没什么前途了。他不批评我们的话，我们还有点儿不习惯(笑)。他不批评的话，即使做对了，心里也没有底，也会怀疑自己什么地方做错了。

有的时候，我们年轻律师会在私下开玩笑说："这段时间张律师突然不批评我们了，这是什么情况？"

李：你刚才也说到经常会跟着常铮办案子。你从她身上学到了什么东西？

陈：常铮律师的性格特点非常明显，她的性格偏向于男性的果敢，又不缺乏女性的细致。她做事情非常严谨，但是性子比较急，她交代给你的事情，你一定要按时做出来。

我跟着常铮律师出过庭，她在法庭上的应变能力非常突出。她和张青松律师的办案风格不一样，张律师更多地会从宏观的方面把握一个案件，常铮律师会非常细致地从“点”上来说这个案子。

虽然每个律师的办案风格是不大一样，但是每个律师的最终目标都是一致的，就是能够把案件做好，能够让当事人的合法权益得到最大限度的保障。

在我们所，常铮非常辛苦。她经常到外地出差，我们十天半个月都见不到她。最忙的时候，一个星期会走上七八个城市，甚至一天之内就能走两三个城市。

李：在尚权所这个平台上成长的过程中，除了跟着老师学艺，在这个平台上经常会有其他学习机会，比如在尚权所举办的研讨会上还经常会有陈光中等这样的刑事诉讼法学大家的出现。这样的场合对你们年轻律师来说意味着什么？

陈：对我们的成长帮助也是非常大的。其他律师可能是通过读他们的著作这样的途径才可能接触到这样腕儿级的人物，我们所会经常在召开一些研讨会或其他会议的时候请这些泰斗级的人物过来，这样我们就有了很多和他们面对面接触的机会。

简单地说，因为直接接触了这些著名法学家，对我们的学识和自信心都是一种提升。

李：昨天我和门金玲律师交流的时候谈到了一个问题，一个好律师应该从立法本源上了解法律规定和规则。这样才能准确地理解和运用法律来为当事人提供法律服务。她在给我讲自己办理的一个案例的时候，就讲到了她对法律规定和法理的透彻理解。通过和门金玲他们这样的教授级兼职律师的接触，尚权所的年轻律师在这方面是不是也会有所收获？

陈：是。兼职律师对我们帮助很大。

我和门金玲老师合作办过案子。那是一起故意伤害致人死亡案。在法庭上，门老师的辩护风格和张青松律师或常铮律师截然不同。她对法律规定的分析特别透彻，就像你刚才说那样对法律条文是从立法的本质上进行阐释的。

无论是对法律条文的理解，还是对庭审的程序，门老师把握得都非常好。

这个案子可能门老师也跟你分享了，结果还不错，当事人最终被判处有期徒刑15年。通过这个案子，我学到不少东西。我最大的收获是，当我接到一个案子的时候，比方说一个贪污案，首先要把涉及贪污罪这个罪名的所有规定包括"立法解释"、"司法解释"、座谈会纪要都罗列出来。罗列出来之后，先不要管别的，先看法条，因为你虽然是这方面的专业人士也不可能把所有规定都了然于心。如果再涉及其他部门法律，还要把这些规定全部找出来，也要去进行研究。在跟着门老师办了那个案子之后，我在工作中就一直这样去做了。

从门老师那里学到的方法，让我受益匪浅。因为从法律规定上对一个案子有了透彻的分析，和当事人家属沟通的时候自然而然也就顺畅了。只不过沟通的时候用的是自己的语言，不是用法言法语而已。

李：在梳理法律的时候会不会也有不清晰的时候？

陈：我们国家的刑事法律规定加起来有几千条甚至上万条，肯定会有不清晰的地方。在我搞不清楚的时候，就会请教我们所的其他律师，我们所毕竟有很多兼职律师在高校当老师。这些学术派兼职律师的理论功底都很深厚，他们的功底比我们深厚多了。我们遇到问题的时候，会给他们打电话或者他们到所里来的时候请他们坐下来讲解一下。每一次，我都能有满意的结果。

李：门金玲、冀祥德、毛立新等教授给尚权所带来了什么影响？

陈：我们所也不仅仅会请外面的老师给我们讲课，像我们所的兼职律师门金玲老师和毛立新老师也经常会给我们做一些专门性的辅导和讲座。像交叉询问、调查取证、阅卷技巧等内容，他们会经常过来给我们讲。

门金玲老师和毛立新老师给尚权所带来的前沿的、丰富的刑事法律方面的理论知识。我们有了理论的底子以后，遇到什么问题就可以和他们交流。

"我的未来不是梦"

李:你在尚权所已经六年时间了,尚权所是你律师生涯起步的地方。现在你已经到了成长为一个成熟律师的时刻。在尚权所这个非常注重培养年轻人的律所,六位合伙人的年龄都不大。作为一名年轻律师,你是不是会把成为尚权所合伙人作为自己未来发展的方向?

陈:那是肯定的。任何一个律师都不可能不想去进步。作为一名年轻律师,合伙人也是我们职业规划的内容或者说目标。但是,这件事情也得结合每位律师的具体情况去考量。

对我来说,脚下的路还是要一步一步地去走,等走到条件具备的那一步,自然而然就会成为合伙人。从现在来看,我自己还没有达到成为合伙人的标准,还在一步一步积累能力的过程中。

李:我听几个尚权所的年轻合伙人说,在尚权所做合伙人是要有奉献精神的, 有的合伙人明确表示, 我做合伙人就是为了给尚权所做一些贡献。如果条件成熟,你愿意去做这样的奉献吗?

陈:当然愿意。我现在已经在尚权所待了六年了,再过几年如果有机会成为合伙人的话,可能已经在尚权所待了十年左右时间。在一个律所也好,一个公司也好,如果已经待了十年,肯定对这个单位有感情。同时,我把律师这个职业也会当成事业来做,在尚权所专注地做这件事情的时候,奉献就是包含在其中的。

李:在尚权所有一批顶尖的刑事辩护律师。我们刚才说到,如果说成为合伙人是所有青年律师的梦想的话,作为一名在尚权所执业的年轻律师,成为一名像张青松和常铮那样的顶尖级的刑辩律师是不是也会是你的梦想?

陈:当然。对我来说,人生的职业规划分这么几步。第一步是成为一名专职律师,在某一个专业领域去发展;第二步是作为一名工薪律师或者提成律师,一步一步地去积累具备成为合伙人的条件。成为张青松或者常铮那样的大律师,可能既需要具备很强的能力,也需要有一定的机遇吧,各方面条件都要符合才有那样的可能。

成为大律师当然是我的梦想了,但是它需要一步一步去实现。

李:在和尚权律师对话过程中,我发现尚权律师的团队观念普遍比较强,大家彼此之间合作、交流、抱团的氛围比较浓厚,你怎么看待尚权律师这个团队?

陈:因为我从一开始做律师就加入了尚权所这个大家庭,对其他律所的了解并不是很多。对别的律所的了解,也就是到"听说"这个层面。我们所的各方面关系都比较融洽,大家在办理案件的时候,不管是大案子还是小案子,大家都会拿到台面上来说。

比如,我是这个案子的主办律师,我会召集一个小型会议。在会议上,我会发表自己的意见,也想听听其他律师的观点,大家都会各抒己见。面对一个案子,有的律师认为应该做罪轻辩护,有的律师就认为应该做无罪辩护。这样讨论案子,每个人会从不同的切入点来考虑问题,在对案件负责的同时,每个律师业能从别的律师那里学到东西。

李:通常情况下,大家会认为是年轻律师要向资深律师学习。在前面说的案件讨论过程中,有没有资深律师向年轻律师学习的情况?比方说,在尚权所还有比你更年轻的律师,通过这样的机会你是不是也能从比你更年轻的律师身上学到东西?

陈:是相互学习。能够进入尚权所的律师,每个人都有自身的优点。无论你是资深律师、做了一段时间的律师还是刚入职的律师,每个人身上都有优点。

李:有没有这样的情况发生,比你更资深的律师在讨论过程中发现你的观点非常好,反过来要向你学习或者吸收了你的观点?

陈:有。作为一名资深律师,他对一个案子可能已经考虑得比较成熟了,也有自己的一套办案思路,但是在讨论的时候,年轻律师的某一个观点或者某一句话可能会对资深律师有所启发。

在我们所,没有大牌律师对年轻律师的观点不屑一顾的现象。

在工作之余，我们也会在一起聚一聚，吃一顿饭什么的，但是像张青松和常铮这样的大牌律师和我们这些年轻律师之间没有任何隔阂。大家彼此之间开玩笑是很正常的事情。在吃饭的时候，我们也会起哄让张青松买单，他有的时候会说"今天没带钱包"。

李：如果时光倒流，再回到你当初选择律师事务所的时候，有很多机会摆在你面前，你还会选择尚权所吗？

陈：是的。我一直没有后悔过选择来尚权所。

如果让我给其他年轻律师分享一下经验的话，我可能会建议他们在实习期间去一家综合所。对一个实习律师来说，在实习阶段并不是为了掌握哪个专业方向的专业技术，更重要的是看你喜欢哪个专业方向。因为学习过程中的喜欢和工作之后的喜欢是不一样的。

在一个综合所，实习律师可能因为接触了婚姻继承业务就特别喜欢，或者会因为同样的原因喜欢知识产权业务、非诉业务。在全面了解之后，你看看自己喜欢和适合哪项业务，然后再去做一个选择。这样也能对其他律师业务有所了解。

律师专业化是律师行业早晚要面临的一个问题，在了解之后再去选择专业化的路径会有利于年轻律师的未来发展。从律师业发展来看，将来"万金油律师"的空间会越来越小。在大家普遍已经在某个诉讼或者非诉领域做得很专业的时候，你还是个既做诉讼又做非诉的"万金油律师"，你肯定会被淘汰。

"沟通专家"话沟通

李：尚权所律师在办理案件的时候经常会进行团队合作。有的律师会在前期去做和当事人家属沟通、会见等工作，中间的话会有律师像张兴梅律师那样去阅卷，后面的话会有律师像张青松律师那样去出庭，大家分阶段来做同一个案件。

陈：对这种办案模式，我们所正处在一个试验阶段，到目前已经有两年多时间了。律所就想看一下，目的就是想结合每个律师的特点，让我们分别在诉讼过程中做某一个阶段的工作。因为我们是一个团队，这样就能通过充分发挥每个人的所长，把案件的质量做到极致，这也是对当事人命运负责任的态度。

从一开始，我被安排在和当事人家属沟通和会见环节。在我看来，每个案件最重要的基础性工作就是在律师和当事人家属及当事人之间建立起一种信任关系，也可以说这是整个刑事案件的基础。如果基础不牢，信任丧失就谈不上辩护了。

李：听说，你在和当事人家属沟通方面做得非常好。

陈：面对一个案子的时候，我会经常和当事人家属也就是委托人沟通。沟通工作做好之后，接下来就会到看守所会见当事人。在会见的时候，我会把外面的情况带进看守所，让他了解亲人的情况，会见结束后会把当事人的情况告诉他的亲属。

在一开始，我的主要分工是与当事人家属沟通和后面的会见工作。会见的工作贯穿在案件的各个阶段，在侦查阶段会见的时候，会向侦查机关递交各种法律文书，包括取保候审申请书、羁押必要性审查申请书等。

从2015年下半年开始，我开始做阅卷工作。在我们所，并不是因为一个律师不想去阅卷就让别的律师去做，而是为了把每个律师突出的能力用在案件的某个环节上。当然，在做大案的时候，你会去发挥某个方面的特长并不等于你因为做这个环节的工作就把其他环节的能力扔掉。从我的情况看，我专门做一段时间某个阶段的工作，也能对自身的不足之处起到补强的作用。比如，阅卷、开庭、语言表达能力都是需要去锻炼的。

李：刚才说到，你在前两年做了大量和当事人家属沟通、会见等工作。这方面的工作，比如和当事人家属沟通会让很多年轻律师望而生畏。我觉得，这种情况可能和年轻人生活阅历尚浅、在沟通中不接地气有关。在这方面，你能否从专业的角度和年轻律师做一些分享？

陈：一开始做这方面工作的时候，确实像你说的有点儿望而生畏。因为会见这项工作,它不仅是个体力活,更是一项脑力劳动。在会见的时候,今天去这里,明天那里,特别累仅仅是表面的东西,深层次的东西还是你要具备综合性的知识和能力。

先说和当事人家属沟通。和他们沟通的时候,并不是要求律师解答问题时多么专业。因为他们几乎都不是法律专业人士,我们给他们解释的时候要做到特别通俗,也要耐心一点儿。

我经历过形形色色的当事人家属。有的家属很关心,什么都想了解,想通过律师把自己的亲人解救出来;有的人对案件并不关心,他们找律师是为了对牢里的亲人尽一份心,免得将来后悔。因为每个人的身份不同、心态不同,和当事人家属沟通是一件难度非常大的工作。

有的当事人家属会三番五次来电话,而且当事人家属还不止一个,可能还有当事人的七大姑八大姨。如果律师手里同时有五六个案子,律师根本应付不过来,可能你一天什么都不用干了,光接电话了。所以,每次给他们解释问题的时候,要解释清楚。这并不是说,律师一定要唯唯诺诺,可以严肃一点儿去跟他们解释问题。比如,需要会见的时候,把沟通工作做好,告诉他们“需要的时候,我会联系你”。

和当事人家属也就是委托人建立起信任关系之后,还要和当事人建立起信任关系。这方面的工作也比较难,因为有的当事人压根儿不知道律师是干什么的。我经历的当事人中,有的人以为律师和办案机关是“一家”,他会认为“办案机关来提审我,你律师也来提审我”。

面对这种情况,我就得从头给他补常识,告诉他律师是干什么的,律师是来帮助他的,律师能为他做些什么。告诉他,我们律师是你和你们家属之间的桥梁,现在来这里是在做会见工作。

李:把案件委托给律师之后,当事人家属可能会提一些要求。这些要求,既有合理要求,也有不合理要求。对这两种情况,你分别是怎么处理的?

陈:面对不同的当事人家属,我们处理问题的方式也会不同。有的家属会提出一些律师做不到的要求,比如他们会要求“帮我往里面带点儿东西”,“你到了里面打通电话，让我听听他的声音”。这些实践中常见的情况,也是潜藏着风险的地方。

这个时候,律师要给当事人家属进行解释,告诉他们在这个案件中律师的作用是什么。律师的作用是帮助当事人减轻或者免除刑事处罚,而“不是帮你传递东西”,“你提出的这些要求对案件一点儿帮助都没有”。如果把过程和他们解释清楚、律师面临的风险解释清楚,大多数当事人的家属能够理解律师。

李:有的当事人会干扰律师的办案思路,甚至要求律师按照他的想法去做。从我们接触的当事人家属来看,大多数人会认为自己的亲人没有犯罪,是被办案机关冤枉的。在这种情况下,你们会怎么办?

陈:也是要多做解释工作。有的时候,当事人家属的观点会和律师一致,这种情况还好。比较麻烦的是,他提出的观点和律师不一致。毕竟,他对案情不了解,而律师虽然了解案件情况但是又不能把案卷材料拿给他看。

在这种情况下,我们会拿出我们做出的结论,而这个结论并非是某一个律师而是整个团队做出的结论来说服当事人家属。我会对他说:“你自己这个想法值得相信还是我们这个团队的想法更值得相信？既然你选择了我们,就应该信任我们。”

李:在律师业内还有这样一种现象,律师在收了律师费之后,还会额外地要求当事人支付一笔“打点费”。这有点类似医生的“红包”问题。当事人家属听说这种情况后,可能会提出让律师去疏通公检法关系的要求。你们遇到过这种情况吗?

陈:在我们尚权所绝对不允许出现这种情况。因为从张青松和常铮律师他们创建律所开始就是在法律框架之内做事情,我们跟着他们就是这么学出来做出来的。我们律所除了一开始收的代理费,绝对不会有其他费用产生。

如果当事人家属向我们提出花钱去打点办案人员的要求，我们肯定不会答应他们这方面的要求。如果他们自己要去做,我们也会给他们讲清楚利害，告诉他们这样做对案件可能没有帮助，讲清楚之后他们还要去做，我们也就没办法了。

援助案例折射尚权精神

李：每个接受访问的律师都要分享一个对自己的律师职业生涯影响重大的案例。

陈：对我产生重大影响的案例并不是一个大案，是一个很小的案子，而且是一个法律援助案例。

我刚进入律师行业不久，遇到这样一个案子：案件发生在北京，是三个人结伙抢劫。他们先将一名女性约出来在一个宾馆见面，然在在宾馆实施抢劫。类似的案子，起诉书上指控了五六起，起诉书上把这些案件都定性为“入室抢劫”。我们知道，“入室抢劫”在量刑方面会比较重。

案件开庭时候，有三位律师出庭分别为三名被告人辩护，另外两名律师是当事人请来的，只有我是为其中一名被告人提供法律援助的。我的当事人是第一被告人。

当时，有一个问题，虽然这个问题很简单，但是其他人都没有注意到。在开庭前提交的材料上和庭审过程中，没有一个人提到这个问题，只有我注意到了这个问题。这个问题就是我们国家有关“两抢”的司法解释中对“入室”的“室”的界定。按照有关规定宾馆不能被作为“室”来对待，因为宾馆并不是普通人经常居住的地方。按照这个规定，起诉书指控的三四起案件是不能定性为“入室抢劫”的。

虽然我的发现对当事人的量刑并没有太大帮助，因为他们涉及多起案件，只要有一起定性为“入室抢劫”就会被判十年以上有期徒刑，但是既然发现了这个辩护点就必须指出来。最后，在判决书中法官也采纳了我的这个观点。

我想说的是，自加入尚权所以来，经过所里一点一点地培养，我养成了严谨的做事习惯。一个案子，只要到了我们手里，不管是大案子还是小案子，我们都会认真地去看卷宗、看法条、去思考。

李：也可以说是尚权所的专业化道路滋养了你们这种精神和能力。

陈：是这样。专业化体现在细节上，体现在某一个点上。

李：现在，你出去办案子的时候，别人听说你是尚权所律师的时候，会不会觉得会受到格外的尊重？

陈：大多数情况是这样。也有一些时候，有的人对我们所并不是十分了解。当事人在找律师的时候，可能会先从网上看看尚权所是什么样一家律所，还做不到深入地了解我们所。

我们去办案机关，亮明我们是北京市尚权律师事务所律师这个身份的时候，有一部分人会说："你是尚权所的？"因为他对我们所有所了解，我们在后面沟通起来就会顺畅一些。

在律师业内，我们所确实还是有一定知名度的。但是，对公众来说，知道我们所的人还是太多。

李：对刑事辩护这个行业的发展，法律圈内可谓"仁者见仁，智者见智"。作为一名已经有六年行业刑事辩护经历的律师，你如何看待这个行业的发展？

陈：因为我喜欢这个专业，就会无怨无悔。我认为，刑事辩护这个行业的未来一定会越来越好。我们国家的刑事辩护率很低，远没有达到应有的状况。从法律服务市场的角度看，今后辩护的业务会呈现上升趋势。

理想归理想，梦想归梦想，律师也要吃饭。从法律服务市场情况看，刑事辩护的收入虽然和其他业务之间还有一定差距，我相信以后会慢慢好起来。

张青松律师经常给我们灌输的一个理念就是，既能实现梦想，又能过上体面的生活。

我相信关于刑事辩护的法治环境会越来越好，对我来说，还是一步一个脚印地往前走。法治的进程也是一点一点地往前走的。

风险意识已融入血液

李：从事辩护律师这样一个职业，对法治环境特别敏感。你入职的时间差不多是李庄案前后，你在入职之初对刑事司法环境是一种什么感觉？

陈：我入职的时候，法治环境要比现在差一些，但是我的感觉是差得不是特别多。对刑辩律师来说，在庭审方面律师受到的限制可能会少一点，主要问题出现在会见、阅卷和调查取证方面，就是大家常说的“刑辩三难”。

虽然法律规定律师凭“三证”就可以会见当事人，但在当时，我们去看守所会见当事人会有阻力。记得在一个小城市，我们千里迢迢跑到那里会见当事人，办案机关说不让见就不让见。在阅卷的时候说不能拍照，只能摘抄。还有一种情况是不给律师复制同步录音录像。

最近这几年，出台了律师权益保障方面的规定、以审判为中心的诉讼制度改革方面的规定，问题有所缓解。虽然问题在一定程度上还存在，但已经有了很大改变，我们已经见到了进步。

李：在谈到这个问题的时候，就会想到刑辩律师执业风险的问题。从遵守规则的角度看也好，从自我保护的角度看也好，我作为一个旁观者发现尚权所在这方面做得非常不错。你作为一名尚权所律师，身在其中是一种什么感受？

陈：因为我们所从成立那天起就专门办理刑事案件，既然是专门做刑事案件，就肯定会考虑到风险问题。我们对律师执业风险的防控可以说常抓不懈，会经常拿出来说这件事。

尚权所有学习制度，每个星期一的下午两点到四点都是固定的学习时间。在学习活动上，经常会把执业风险作为一项内容，老师们会告诉我们在会见或者阅卷的过程中应该注意哪些问题。比如，在会见的时候不能跟当事人说些什么内容、不能帮当事人传递东西、不能把电话借给当事人用等；比如，在阅卷的时候，有的律师会不谨慎把卷宗材料给当事人家属看……

因为经常讲到这些问题，我们脑子里就时时刻刻有了“原则是不能突破的”这根弦。等于风险意识已经融入到血液里了，在办案过程中，每时每刻都会考虑到这些问题。

人物志

陈泓宇，以尚权所为家的“80后”律师

陈泓宇清晰地记得自己与法律这个专业、律师这个职业结缘的每个时间节点。和那些名校出身的学生一出校门就带着“通过司法考试”的通行证不同，他几经周折才通过了司法考试。幸运的是，他在对律师这个职业处于“白纸”状态之时，来到了尚权所这个平台。他的师傅是刘文元和张青松这样的刑辩专家。

听陈泓宇讲述自己的故事，我们听出了一份对刑事辩护的爱，也听出了一个年轻人对所从事专业的专注——

我在19岁那年拿到了大学专科毕业证，当时是2002年。这一年正好是司法考试制度实施的第一年，我参加了这一年的司法考试。因为年龄小，学的知识也不是太扎实，这次考试就没有通过。

因为2002年是专科生可以参加司法考试的最后一年，接下来我只好先考本科文凭了。我的自考法律本科是在北京大学读的，2005年上半年拿到本科毕业证和学位证书。

拿到本科学历之后，我虽然开始复习司法考试的内容，但却是一边复习一边玩。到了2008年，我突然觉得自己年龄不小了，意识到自己应该有一技之长，以后要凭本事吃饭了，才静下心来复习司法考试。这一年司法考试通过线是360分，我考了355分。因为下了很大功夫却没能通过，对我的打击还是挺大的。

2009年，我就给自己立了一个目标，说必须400分通过。这次就像自

己跟自己开了一个玩笑，我考了 399 分，不管怎么说是通过了。2010 年 1 月，就想找一家律所实习。

通过一个偶然的机会，我了解到了尚权所。

我说的偶然机会是突然在网上看到了尚权所的招聘信息。幸运的是，通过面试我获得了进入尚权所实习的机会。当时，主要是给其他律师装订案卷材料、做一些辅助性的工作。

因为我没有任何代理案件的经验，那个时候，律所领导或者老律师也会给我一些案件材料让我了解一下刑事案件是个什么概念，从最基本的常识开始去接触案件，看看自己有什么观点。自己的观点虽然不成熟，但是可以拿出来和同事或者老师去讨论。比如，面对一个案件要找出辩护的切入点在哪里。

2010 年 4 月，我拿到了资格证。7 月，我正式办理了在北京律所做实习律师的手续。从此，尚权所成了我律师职业平台，成了我的家。

我选择的刑事辩护是一条专业化的道路，也被一些人认为是比较狭窄的一条路。有人问我："你在当时入行的时候，为何一起步就选择了刑事辩护这个专业方向？"

我的回答是："在复习司法考试的时候，我就对《刑法》和《刑事诉讼法》非常感兴趣，想将来往刑事辩护方面发展。"但在那时，我对刑事辩护一点概念也没有，更不知道刑事辩护该怎么去做。

来到尚权所以后，我一点一滴去做，做着做着就越做越喜欢。因为喜欢，就坚定了做刑事辩护业务这个选择。

进入尚权所之后，我还了解到一个情况，就是我国的刑事辩护率很低，从媒体上看到的数据是刑事辩护率只有 30%左右。从律师业是一个服务行业的角度看，刑事辩护在今后会有比较大的市场空间。虽然一些涉及暴力犯罪的当事人家属请不起律师，但是在未来国家会出台一些这方面的专门政策。这对我和尚权所来说，都值得去期待、值得去梦想。

虽然和其他律师业务相比，刑事辩护的收入不算可观，但是因为喜欢，在能填饱肚子的情况下，我会一直做下去。

附录1

团队合力之“蒙冤者援助计划”

高文龙：蒙冤者援助计划“源头”

李：尚权所发起的“蒙冤者援助计划”是一个有一定影响力的公益项目。据了解，你作为尚权所“蒙冤者援助计划”的负责人，在这个项目启动之前就开始接触这方面的事务，多年来为蒙冤者这个群体做了大量工作。

高：2014年5月23日，我们尚权所和中国政法大学刑事法律援助研究中心联合发起了“蒙冤者援助计划”。实际上，早在多年前我们就在做这方面工作了。

发起这个计划的初衷是为了帮助监狱里的人伸冤。在尚权所成立不久，因为《法律与生活》杂志就开始刊登尚权所提供免费法律服务的信息，杂志在监狱里面发行数量可能比较多，我们就不断接收从监狱里寄出来的求助信。

那些在监狱里写信的人说自己很冤，或者说自己的案子有这样那样的问题，就向尚权所求助。我到尚权所之后，一开始负责回信。把他们的来信读一下，看看是什么案子，看看相关法条，看看如果我对来信当中所反映的问题还不能下判断的话，还需要求助者提供哪些东西，然后就给他们回信。

李：我也早就知道，我们《法律与生活》杂志社给尚权所增加了不小的工作量。

高:第一封、第二封、第三封……我就一直写回信。在回信的过程当中,我发现有些案子未必很冤枉,只是写信的人对法律精神有一些不同的认识而已。比方说,有的案子,法院以合同诈骗下了判决,当事人认为是民事欺诈,这是一个到底是合同诈骗还是民事欺诈的理解问题。也有的案子是职务侵占还是贪污的争议。

在收看来信中,我们发现确实有一部分当事人有冤情。比如,有的杀人案、抢劫案确实不是写信的当事人干的,他们在入狱之后就一直在不停地申诉。

面对这样的情况,我们就在想这个事情应该怎么办。

让他们提供更多的材料吗?可是他们又提供不了。和他们的家属联系呢,有的家属根本不愿意管;有的家属说"我愿意管",但是他们家在一个偏远的大山沟,像见律师这样的事情是根本不可能的。

在我们考虑如何处理一下这样的事情的时候,正好有一个"出口"。在2014年5月23日之前,张青松律师和中国政法大学刑事法律援助研究中心主任的吴宏耀老师在一个探讨冤案成因的会议上相遇。在会议上,他们两个人就谈到了我们上面所说的问题如何解决的问题。一个初步方案是,能不能以尚权所牵头邀请一些退休的老干部、专家学者、高校学生、媒体人士来共同发起一个项目,来做一些这件事情,钱由尚权所来出。

这就是"蒙冤者援助计划"的雏形。

在上面的创意和想法提出来之后,我们开始初步运作这件事情。用吴宏耀老师的话说,如果我们做不好这件事情还到处去说多丢人呢。那次会后,我们就默默地开始做这件事情了,就开始从大量的案件中筛选案例。这样一来,对那些从监狱里的来信,我们就从另一个角度去关注了,就是从帮他们办这个事情的角度去关注了。

2014年5月之前,我们帅筛出五个案子。综合考虑了我们尚权所的人力和财力等情况后,我们决定从这五个案子入手试验一下。这样的话,我们就在5月23日开了一个启动这项计划的会议,顺便还研讨了一个纳入援助计划的案子。陈光中老师、王明远老师等专家参加了这个启动仪式。

李：“蒙冤者援助计划”的工作模式是怎么样的？面对海量的求助，你们如何进行分流处理？

高：当事人的来信都邮寄到中国政法大学刑事法律援助研究中心，就是吴宏耀老师那里。由吴宏耀老师的学生进行收集和分类，对信件进行一一回复。

“蒙冤者援助计划”中国项目在启动的时候，我们公布了一个方案。这个方案对援助范围有一个相对明确的规定，对案件形式上的要件、实质上的要件都有一些规定。学生就按照我们在形式上和实质上的要件规定对信件一一回复。比如说，一个人在来信中说，他在十年前被判了一个缓刑，他到现在还在申诉。虽然当事人可能确实比较冤，但是由于他的情况和那些被判了死缓且还在服刑的人相比，需求的迫切性要小得多。对他的来信，我们就会回信告诉他，对他的案件我们暂时没有时间和精力来处理。

上面说的是第一步，下面说第二步。就是有些案件经过筛选符合我们规定的实质要件之后，我们就要审核他邮寄过来的其他材料，看在判决书、申诉状之外有没有其他材料。经过审核，如果案件符合我们援助的条件，我们就会联系家属，看他们能不能提供其他材料。如果能提供新的材料，通过一系列材料确定案件是“疑似冤案”后，案子就会送到尚权所。

案件到了尚权所之后，我们的下一步工作就是组织专家进行研讨。在研讨中，学生们会介绍情况，专家提问，进行讨论。经过讨论后，有的案件会因为不是冤案被排除——比如，有个当事人老说自己冤，我们看了卷之后觉得不像他自己说的那么冤。我们就把他从山东叫到北京，向他提了一些问题。经过研讨，我们得出的结论是冤案的可能性很小，这个案件就被排除出援助之列了。

因为我们很认真地对待他的案件，也对案件做了客观评价，那个山东当事人也就没有再说什么。

如果案子有问题，就会进入下一步。

李：我注意到，“蒙冤者援助计划”新近有一个律师志愿者招募活动，情况怎么样？

高：经过一年多时间的运作，我们发现仅仅依靠尚权所这一家律师事务所的律师，即使我们一个当事人委托的案件都不接，只办理伸冤者的案件，即使把我们都累死，案子也处理不过来。

在这种情况下，我们就在全国招募志愿律师，希望全国各地有公益心、有同情心的律师一起来做这件事情。现在已经招募了 40 多人，还在继续招收。

因为有了来自全国各地的志愿律师。在我们经过评议确定把一个案件纳入援助计划后，就看这个案子发生在哪里，就可以和当地的志愿律师一起办理。前一段，有一个纳入援助计划的案子发生在甘肃，我们就跟甘肃一个律师联系。我们告诉他：“这个案子，我们讨论过了，发现有很大问题，材料也比较齐全，你愿不愿意和我们一起做这件事情？”

那个律师接到我的电话后很痛快地答应了。他说：“高律师，没问题。这件事情我来做，我在做的过程中需要什么帮助的话，你们提供一下。”这个案子就这样定下来了。

这就是我们办理“蒙冤者援助计划”案件的流程。

当然，有些案件在当地没有志愿律师。这种情况怎么办，我们正在思考。如果看了全部案卷情况，发现一个案件非常冤枉，但尚权所律师又没有时间去办理的话，我们打算公开为这个案件招募志愿律师。

李：经过一段时间的运行，“蒙冤者援助计划”已经产生了良好的效果，已经有的错案因为你们的努力得到改正。对此，你自己的感触一定非常深吧？

高：对成立“蒙冤者援助计划”的目的，我们一直没有明确说过。从我个人的角度看，逐渐地形成了一些小小的奢望。

第一个愿望是想切实地帮助一些蒙冤的人，帮他们洗去沉冤。通过许金龙那个案子的改判，我们的愿望已经开始实现。我们尚权所安排了两位律师来办理这个案件,许金龙20多年的冤狱已经洗清了。当然,未来我们希望通过自己的工作让更多的蒙冤者的冤情能够昭雪。

第二个愿望是,通过我们的"蒙冤者援助计划"能够在制度建设方面有所作为。在完成这项计划的过程中,我们要求参与项目的学生志愿者做大量工作日志。通过日志来反映申诉制度在我们国家的状况,看看我们作为律师在代理这些申诉案件的过程中遇到哪些困难。日的在于,有朝一日,我们能够把自己总结出来的东西提交给立法机关或者司法机关,以期这个以立法建议形式反映的报告能够在未来对我们国家的刑事制度进步方面做一点小小的贡献。

第三个愿望是,在办理这些案件的过程中,我们能总结出一些经验。

通过总结,我们来研究冤案的成因、法律制度方面的缺陷、研究司法制度对原因成因的作用。通过研究,我们可能会得出一些带有规律性的结论来。我们希望这些带有规律性的结论能够推动立法机关在未来的立法上完善防止冤假错案的制度、对在司法上防止冤案的发生提供一些帮助。

这就是我在一点小小的奢望。

李:这不是奢望,是法律人对推动法治进步脚踏实地的实际行动和仰望星空的理想。

高:我希望我们所做的事情能够在立法和司法方面起到作用,哪怕是一点点作用。

王耀刚:蒙冤者计划之许金龙案

李:2016年2月4日,福建省高级人民法院在莆田中院开庭再审许玉森、许金龙、张美来、蔡金森抢劫一案,当庭以事实不清、证据不足为由撤销原审的死刑和死缓判决,宣告四人无罪。这起四名青年蒙冤22年最终获得平反的案件曾引发舆论的极大关注。

这个案件的平反,和被纳入你所在的尚权所和中国政法大学刑事法律援助中心联合发起的"蒙冤者援助计划"关系极大。你和尚权所律师毛立新分别为许金龙和张美来做辩护，对这个案子的感触一定非常深刻。

王：这个案子最初是我在承德市公安局的同事刘广智接手的。他接了这个案子之后，就来找我研究。虽然他离开承德市公安局以后做了法官，我离开后做了律师，但是我们之间一直有联系。

2002年，刘广智得了胃癌，来到北京治病。因为岳母家在北京，他就住在岳母家治病。病情稳定后，他开始在北京做公民代理，代理一些民事案件并且在周围有一点儿名气。

刘广智曾给许金龙的一个老乡代理案件。在许金龙案件的申诉被最高人民法院驳回之后，他把刘广智推荐给了许金龙的家属。

接手这个案件后，刘广智到了案发现场。案发现场还原样保留着，他去那里之后做了很多调查工作并做了现场模拟。按照判决书认定的张某用三轮车拉这三个人到现场作案。他也找了一辆三轮摩托车，看看来回路途用多少时间；因为判决书说凶手在房子上凿洞，他也找了两个小伙子用螺丝刀对同样质地的房子凿洞，结果发现螺丝刀一下子就卷刃了……结果，把路途和凿洞等时间加起来，超过了三个小时。

这就是说，判决书上说的时间根本无法完成作案过程。

接着，找了证人。关键证人是判决书上说的从作案人手里购买从受害人家里盗窃的金块的人。结果，证人说："我没有买金块。那些话都是他们逼迫我说的。"

因为一开始，刘广智就把案件材料给我看了。我说，这个案件肯定是错的。

李：你为什么敢于对这起案件下错案的结论？

王：我判断对错是怎么判断呢？不是有口供又翻供了吗？翻供之后的口供，我就不看了。

我看其他证据，看有什么证据能和这几个被告人联系起来。结果发现，没有这样的证据。

你说工具痕迹？那你找到工具了吗？你说在被害人家提取了几件工

具,你做鉴定了吗?这几个工具和现场哪个痕迹是吻合的?没有。

赃物,你说有,可是你没有提取到。你说有一个名叫陈国太的人通过抵债的方式得到了赃物(金戒指),可是他一开始说有这回事,后来又不承认了,你也没有提取到。没有提取到赃物,等于没有物证。在卷宗里,有两份陈国太的证言,而陈自己只做过一份,我一看笔迹是两个人的,其中有一份是假的,但是哪个真哪个假我分不清。

你说现场有足迹,是四种足迹。你认定哪个足迹是四个人之一的?没有任何一个鉴定说,现场有一个足迹和其中两名被告人的足迹是同一种类的鞋所留。同一个厂家生产的相同号码的鞋很多,不能说一个人有一双这个牌子和号码的鞋就是他作的案。你这叫种类认定,你必须做个别认定才可以。

李:什么是种类认定呢?

王:比如说血型。不能说现场所留血迹的血型是 A 型,被告人的血型也是 A 型,你就说案子是他作的,你必须做 DNA 鉴定。血型的 DNA 和你的 DNA 是一致的才可以认定。

最终,奠定了检察院抗诉基础的是陈国太的指纹。在证人证言上,公安机关的材料上有 15 个证人陈国太的指纹。在重新鉴定的时候发现,有两个指纹不具备鉴定条件,其余 13 个指纹都不是陈国太的指纹。

在这种情况下,福建省检察院在 2014 年 3 月向福建省高级人民法院提出了对这个案件进行再审的建议。

李:这个案子进入再审程序之后,你有了正式表达观点的机会。许金龙案件涉及的鉴定问题,是否也是你关注的重点问题?我看了你为许金龙所做的辩护词,里面写满了"不符"两个字。

王:我在为许金龙做辩护的时候,也是侧重把他们的口供和现场勘查笔录进行比较,看口供和现场勘查结果是不是一致。

结果发现,很多被认定的口供内容和现场勘查记录是不一致的。比如,口供说翻动现场了,翻这里了,翻那里了,鉴定结论记载的却是空房间，根本就没有东西；口供上说这个地方啥东西也没有，勘查笔录上说这里摆着刚刚被油漆过的家具。这就是不一致。

在现场，还有好多东西，但是他们(被告人)没有提到。

还有死者死亡时的位置问题。他们(被告人)说是在大厅死的，尸检结论不能支持这个说法。死者穿着单衣，如果像被告人所说是在坚硬的地面上捆绑他，他肯定要挣扎，在挣扎的时候，身上免不了会有表皮脱落。结果，死者身上没有表皮脱落的痕迹。这说明，作案人是在床上把死者捆绑起来的。因为床上的被褥柔软，无论死者怎么挣扎，他身上的表皮也不会脱落。另外，死者是在床上被发现的，如果是在地上被捆绑起来的，作案人没必要在离开现场的时候再把他放在床上。

对照着现场勘查笔录来看口供，发现了很多“不符”，以此来否定口供的真实性。

关于合法性，不用说了，口供肯定是通过刑讯逼供获得的；对真实性怎么进行否定呢？就是靠现场勘查笔录。比如说，被告人说“我在现场翻东西的时候，拉开了三个抽屉”，现场照片上只有两个抽屉；被告人说“我从这个屋走到那个屋”，结果是两个屋子之间根本就没有门。

李：我看了那么多辩护词，但是你对许金龙案的辩护词真的与众不同。通篇针对的是证据问题。

王：和我做过刑事技术工作有很大关系。

李：回头再介绍一下，许金龙案怎么到了你的手上了？

王：先前，刘广智在代理这个案件，最高法院驳回了申诉。在法院系统，这意味着已经没有路可走了。后来，刘广智想到了去福建省检察院申请抗诉。

这样，老刘就组织材料向福建省检察院申诉。他去福建省检察院的时候，还带着证人，希望检察院调查一下。

福建省检察院的工作人员说：“既然证人来了，我们就调查一下吧。”检察院一调查，发现有问题。这样，在 2012 年的时候，福建省检察院就向福建省高院发出了建议再审这个案件的检察建议。

许金龙的三哥一直在牵头做这件事。在这期间,他也来过尚权所。我在看案卷笔迹的时候,他也在场。

后来,刘广智对许金龙三哥说:“以后让王律师代理你们的案子吧。”我也同意给他们提供法律援助。

我们尚权所不做完全的法律援助,当事人多少要交点儿钱,担心免费代理案件让法院认为我们有不良企图。比如,张青松代理李昌奎的案件,收了 300 块钱。要表明我代理案件是当事人花钱请来的,至于当事人花多少钱请的法院管不着。

我就对许金龙三哥说:“你交几百块钱律师费。”他也同意了。

还没等我们开始做工作,《南方周末》对这个案件做了报道。报道发出去之后,记者对许金龙家人说帮忙找律师,他们没敢说我们有律师了,就说:“好,你帮忙找吧。”这样,《南方周末》记者就帮忙找了赵毅律师。在这种情况下,我们就在一旁关注着这个案子。

李:这个案件后来怎么又回到你手里了?

王:后来,毛立新律师有个案子在福建开庭,接触到了许金龙的家人。毛律师对他们说:“我们律所有援助项目, 这个案子可以列入我们的援助项目中。”这样,这个案子就列入“蒙冤者援助计划”中了。

一开始,项目负责人安排我给四个人中另外一个人做辩护。因为我和许金龙的家人很熟悉,主动提出继续代理许金龙的案件。这样的话,我就代理了许金龙案,毛立新律师代理了其中的张美来案。

针对这个案件的援助计划开始之后,我去会见许金龙。因为福建省检察院已经建议对案件进行再审了,我就开始调取一些证据。刘广智也把他手里的案件材料移交到了我的手里。

相比之下,刘广智对刑事案件不太精通。他主要研究判决书,我是从证据上找问题。

后来,案件进入再审程序。

李：一位在法院做申诉工作的法官这样对我描述了案件进入再审程序的比例："100个案件有可能有一个进入审查环节，在进入审查环节的100个案件中，最多会有一个改判。"这说明一个案件进入再审程序非常困难。具体到许金龙案件来说，对进入再审程序起到关键作用的是检察院的再审建议吗？

王：检察院的建议肯定起到了作用。

因为检察院主要是从证据上发现了问题。一是赃物的去向有问题，得到赃物的陈国太说自己是当年9月1日从外地回来的，在那个地方赌博的时候，他们欠了我钱就给了我金块。按照许金龙他们的说法，时间是春节前。这样一看，时间上有一定距离。后来，陈国太又到外地去了，公安机关又搞了第二份笔录，这份笔录完全是伪造的。

伪造这份笔录的是一个姓林的侦查员。笔录上记录，做记录的人是黄某，但是我一看，笔录上的字全是姓林的侦查员的笔迹，连黄某的签名都是林姓侦查员的笔迹。在这份伪造的笔录上，把时间都改成春节前了，过程也说成一致的了。

实际上，陈国太当时根本不在当地。他在外地工作，父亲生病，他护理了一段时间就离开当地了，连春节都没有回家。

另外，找了一些证人来证明陈国太当时不在笔录上说的地方，那天晚上他在什么地方。这样的话，检察机关就建议再审了。

李：许金龙他们的案子改判无罪了，国家赔偿拿到了吗？

王：还没有。刚刚开了听证会。国家赔偿这部分工作，因为本地律师代理比较方便，法院希望当地律师代理，我们就退出了。

附录 2

“死刑复核援助计划”已上路

张雨:死刑复核业务极具挑战性

李:你在尚权所分管死刑复核项目,请介绍一下尚权所死刑复核业务和团队情况,也请和大家分享一下这方面的心得或感悟。

张:2007 年,最高人民法院收回了死刑复核权。一开始,我们也不知道这项业务怎么做,但是我们就想踏上这条路,看看这条路怎么走。毕竟,最高人民法院就在北京,我们具有地理上的优势。

一开始,我们尚权所是对死刑复核案件当事人提供法律援助、免费代理他们的死刑复核案件。我们一边代理案件,一边总结经验,在免费代理了几十起死刑复核案件之后,我们发现了很多问题。为此,我们还把发现的问题写成《律师参与死刑复核程序实证报告》,并呈报给了最高人民法院。

李:后来呢?

张:我们对死刑复核这项业务一直在坚持做。在免费做了三年之后,就开始收取一定律师费了。

自 2015 年之后,死刑复核的环境变得更为广阔了,这方面的律师市场也变得更为广阔了。之前我也说了,以后要为每一个死刑复核案件配法律援助律师,确保每一起死刑复核案件都有律师。我们也觉得这方面的业务有必要进一步扩大,我们就成立了一个小组来关注这方面的事情。

李:作为死刑复核律师业务的专家,你能介绍一下这方面的总体情况吗?

张:死刑复核主要集中在两方面,一是人命案件,二是毒品案件。

毒品案件主要集中在云南、四川、广东。为了代理这方面的案件,我们和全国各地的律师展开合作,特别是毒品案件方面,我们和云南及广东的律师有很多合作。

不久前,我和几个从外地过来的律师朋友还在探讨这个问题,大家认为有必要结成一个死刑复核律师业务联盟。大家的意思是,想让尚权所来牵头,大家进一步把这件事情做好。

李:现在律师费呈上升比较快的趋势,死刑复核业务的情况如何?

张:死刑复核不是一个挣钱的业务,是一件积德的事情。

死刑复核业务,从单个业务来说不是一个收费很高的业务。但是,它对专业性的要求绝对非常高。因为,案件之前经过了一审、二审,在这个过程中,律师能够发现的辩护点基本已经发掘出来了。不仅如此,我们还要面对最高人民法院的专家型法官。他们学历都很高,专业水准都非常高,对律师来说也是一个考验。

在这方面,我们一直在实践,在研究。

李:业务量怎么样? 大吗?

张:这方面的业务量在发展之中,还不是很大。因为我们所是从去年开始加大了这方面的人力投入的。

李:你们对死刑复核问题的研究,主要是通过个案来总结一些规律性的东西吗?

张:对。对于死刑来说,最高人民法院对很多东西是保密的,我们只能通过公布的案件以及我们代理的案件来研究总结。另外,最高人民法院的法官也会公开授课,遇到这样的机会我自费也要过去听课。也就是说,通过各种渠道来学习和总结经验。

我刚才说死刑复核这项业务是积德的事情，因为它直接到了救命的地步。这种案件大多都在律师手里，我们下一步在考虑加大和地方律师的合作。一些地方律师如果不愿意来北京，可以把死刑复核案件交给我们；如果你愿意直接来北京办理，我们可以给你提供帮助。

李：你说到的"积德"，是你们做死刑复核业务带有公益的目的？

张：是的。从收费来说，死刑复核案件根本不挣钱。为什么这么说呢？大家都知道，刑事业务律师收费比较高的案件都是经济犯罪案件，但是现在经济犯罪基本没有死刑。以前，诈骗还保留死刑，现在诈骗也没有死刑了。

排在第一位的死刑案件是"人命"案件。犯下"人命"案件的基本都是穷人。排在第二位的死刑案件是毒品案件，犯下毒品案件的人有可能有钱，但是这些人在一审和二审阶段被骗也好、被查收也好，到了死刑复核阶段基本上两手空空了。

在死刑复核阶段，我们想得更多的是如何去救一个人的命。

附录 3

尚权律师眼中的“互联网 +”

高文龙：在“互联网 +”浪潮下

李：在“互联网+”的浪潮面前，律师业内普遍有一种恐慌情绪。你的态度和观点是什么？

高：这个话题在“互联网+背景下专业律所发展与变革”论坛(2016 年 3 月举行)上集中探讨过。当时，我想发表一下自己的观点，就在会场上给常铮发了个微信，让她在别人发言后给我安排个发言机会。常铮是论坛主持人，她没带手机，我就错过了在那次会议上发言的机会。现在正好把我那次想说的话，在这里说一下(笑)。

“互联网+”这件事，在今天是能在互联网上加医疗、教育、服务等好多东西。在这样一个环境下，如果你不知道“互联网+”，想不到在互联网上“+”什么，感觉在在“互联网+”的浪潮中自己都可能会掉队。大家确实普遍有这种恐慌。但是，当你仔细观察之后，发现就“互联网+法律”来说，还是传统的东西更重要。

比方说，专业。在律师这个行业，专业永远是最重要的。不管是“互联网+”，还是“物联网+”，昨天我看到有专家说互联网很快就要消失了，取而代之的是物联网。不管载体是什么，专业对律师来说永远是最重要的。因为律师和当事人最大的区别就是，律师是专业的法律工作者。

虽然法律和司法解释就摆在那里，大家都可以看得到，但是实际理解起来又是另一回事。法律条文是一回事，把法律前后结合起来理解又是一回事，法律与法律之间的关联是一个高度专业化的问题。比如说，对受贿罪中有关“职务便利”的理解，主管、负责、承办这三个词，一个靠谱的律师会这样理解：“整个公共事务这一条线上的人，几乎都有职务便利。但是，按照一般人的理解就可能出现偏差，就会认为具体办事的是个‘跑腿的’，他就没有职务便利。”

专业的另一个体现，就是经验。在法律实践中，经验是非常重要的。一个律师如果只懂得法律而没有经验，不懂得司法实践中司法运行的一些规律的话，在代理刑事案件为当事人做辩护的时候会遇到一些困难和障碍。所以说，专业非常重要，专业是律师做事之本。

李：你刚才强调了专业在“互联网+”背景下的重要性。

高：除了专业，对律师行业来说，服务也很重要。

对律师这个职业的理解，在律师行业有很大的差别。有的律师喜欢高高在上，他会认为你当事人不懂法律，你来找我，我给你提供法律咨询和法律产品，你听我的就可以了。

还有一类律师把律师理解为提供法律服务的“技术员”或者工匠，当事人支付律师费意味着花钱买了律师的服务。在这个意义上，当事人就是购买律师服务的消费者，是上帝。还有一个比如，当事人是业主，律师是物业。当事人花钱之后，会提出自己的要求，会希望和律师进行沟通交流，希望和律师在辩护观点上进行碰撞。

在实践中，律师们的处理方式不一样。有的律师就会对当事人说，你不要跟我谈法律，你不懂；你也不要跟我讲证据，因为你没有看到卷宗。你就听我的，如果你不想听我的，咱们就解除委托关系。这是一种处理方式。

还有一种处理方式是，虽然当事人不太懂法律，但是他们比律师更关心案子。我作为律师可能同时在办理五个案子，可能一周五天当中只能花一天时间研究其中一个案子。但是，对当事人来说就不同了，任何一个案子都是当事人家里最大的事情，他可能一周七天时间内每一天都在研究这个案子。所以，面对同样的事情，当事人更能够从中发现一些蛛丝马迹，可能会发现一些理论上的东西对自己更为有利。

我的观点是，在这个时候，律师要倾听当事人的倾诉，尽可能地给当事人提供良好的服务。对当事人提出的合理要求，律师应当满足，当然不是无原则的满足。比如说，亲属希望律师去会见当事人，律师满足当事人的要求，跑一趟看守所也没关系。对当事人来说，至少是个安慰。

有的时候，我会在半夜两三点钟接到电话。当事人说："高律师，你明天有时间吗？关于案子，有个事情还需要说一下。"不就是说一下吗？我们和当事人见一面，听他们谈一下自己的观点，说不定也会为我们提供一个思路。

实际上，这是一种有服务意识的做法。

李：听得出来，你认为服务意识的建立对律师这个行业来说比较重要。

高：现在，律师市场是一个买方市场。如果律师没有服务意识的话，可能在未来的律师行业的发展当中会落在后面。

我们举个非常简单的例子。感冒，你请一个 80 岁的老中医诊治，他和年轻医生说的差不多，开的是同样的处方。但是，这个老中医脾气非常大，可能动不动就会打人；而这个年轻医生脾气非常好，和病人一交流就是一个小时。你如果是患者，愿意去找哪个医生看病？

像老中医那样处理问题的律师，可能就会遇到一定问题。

李：你刚才说了两个关键词，专业和服务。此外，还有别的看法吗？

高：第三个关键词是"创新"。

自 2015 年开始，我们尚权所一直在研究创新的内容。比如，我们把死刑复核作为一个专题进行研究；又如，我们现在在进行刑事非诉化的研究……

现在，我们尚权所已经研究出了几十个产品。我们按照刑法分则的罪名逐一进行研究，把每个罪名都做了 PPT。除了 PPT，还做了目录。

刑事非诉化产品，是我们尚权所的创新内容。原来，我们会偶尔给当事人提供一点非诉化方面的帮助，但是内容不成体系。因为多年来，我们所的主要业务就是刑事辩护，就是一个人被采取了强制措施之后，我们按照《律师法》的规定给他提供法律帮助。但是，经过这么多年的实践，我们发现和当事人打交道、和公检法打交道、和看守所打交道太累了。

这样一来，就想到，我们能不能在诉前帮助别人解决问题。在事情进入司法程序之前，我们提供预防方案。

李：我理解，就跟医疗行业一样，你们是要做保健。

高：对。在需要做手术之前，我们就把问题解决掉了。

在刑事诉讼过程中接触的人，每天都是愁眉苦脸的。当事人家属一见律师的面就哭，把你搞得喝茶、吃饭一点儿兴趣都没有。如果在事情还处于只是存在一些风险的时候，我们律师为当事人提供法律服务，让他避免被抓被判刑的风险，我们律师出入的场所肯定要比看守所好得多(笑)，当事人说的事情，相对来说也更开心，不至于让律师每天都背负那么大的心理压力。所以，我们在业务方面应该创新。

另外，我们在工作方法和辩护技术上也要创新。即使不能创新，也要在这些方面尽可能地汲取别人的观点、经验和技术。这样的话，就需要我们经常去听一些课、去关注一些别人的言论。比如，我在我的车里插了一张 SD 卡，我把一些刑辩大家像田文昌、李贵方、韩冰等人讲课的内容拷到 SD 卡里，在开车出门的时候就听他们的讲课内容。

这种学习和创新，对自己的辩护能力是一种促进。

刚才说到的学习，是第四个关键词。

第五个关键词，是合作。

李：对律师来说，合作应该也是一个重要内容。

高：对。很多老律师习惯单打独斗，背着一个包行走天下。有的人甚至连助理都不需要，他一个人到法院把卷宗拍摄下来，回家后把自己关在屋子里，一个人闷头去看。看完之后，跟当事人说“后天就开庭了”。

在现在这个互联网如此发达的时代，这种方式可能不一定是最好的做法了，至少可以说是“不划算了”。你自己今天从北京飞到三亚，后天从三亚飞到哈尔滨，光时间成本就要支付不少。在这种情况下，和别的律师合作就显得非常重要。

如何进行合作，有两种方式。一种是内部合作，另一种是外部合作。

内部合作，就是律师事务所内部合作。比如说，我们尚权所张雨律师接到一个案子，他想把侦查阶段的会见或者开庭之前的准备工作交给高文龙律师去做。当事人家属同意的话，我就可以为张雨律师分担这些工作，他就可以腾出时间去做更重要的工作。

外部合作，就是所际之间的合作。比如，我们尚权所现在正在跟一些律师事务所建立战略协作伙伴关系。我们也打算在全国各地成立一些分所。这样做带来的直接的好处就是，通过所际之间的合作，或者总所和分所之间的合作，让我们能够省去很多人力和经济成本。

假如说我们尚权总所的律师接到深圳一个案子，尚权总所的律师就不用从北京往深圳跑了。他就可以给尚权深圳分所的蔡华律师打个电话说：“老蔡，我在深圳有个案子，咱们俩一起代理，我在开庭前就不往深圳跑了，你在那边做一下准备工作。”这样，我们会省去很多成本。一是经济成本，二是时间成本。如果在夏天去深圳，再赶上雷雨天气的话，弄不好花一天时间都到不了深圳。

这就是为什么在互联网时代律师之间要合作。

不管互联网未来如何发展，我个人认为这几个方面因素，无论对律师还是律师事务所都很重要，甚至可以说是能做好律师业务的根本性因素。

张宇鹏：尚权所的“互联网+”

李：在互联网时代，它和我们每个人的生活都密不可分。在律师界，大家高度重视互联网带来的影响，有人恐慌，有人冲浪。在尚权所的管理、宣传等工作中，已经高度利用了互联网。你对“互联网+法律”应该有比较深刻的理解吧？你身边的尚权所律师怎么看待“互联网+”对律师行业的影响？

张：我本人对计算机操作、互联网的应用很感兴趣。

互联网不是现在才有的，它已经出现很多年了，我们也一直在用它。今天之所以提出“互联网+”这个概念，是因为互联网发展到今天，它已经深入到了我们生活的各个方面。

就尚权所来说，从建所之初就一直在做与互联网挂钩的工作。

在2008年做实习律师的时候，我就在尚权所的网络平台上对客户进行免费的法律问题解答。那个时候，尚权所只有一个门户网站。发展到现在，尚权所有了自己的一个门户网站、一个刑事辩护门户网站、一个刑事资讯App、一个微信公众号。

应该说，尚权所在这方面始终是走在前面的。

李：作为一家一直紧跟互联网发展趋势的律师事务所，你认为尚权所在下一步该做什么？

张：“互联网+”这个概念不光对于尚权所，对于其他律师事务所或者其他行业来说一样重要。问题在于，我们都知道要用互联网，但是并不一定能很好地理解怎么用它的问题。在我看来，用的前提是找准自己的定位，就是你要用它做什么。

对尚权所来说，如何通过互联网来实现对客户群体的精准定位是需要考虑的问题。只要定位精准，不管互联网的浪潮有多大，都不会被淹死。

现在的“互联网+”就像一块大饼，大家都想上去咬一口，但是不知道该从哪里下口。只有精准定位，才会知道从哪里下口。

陈泓宇：律师服务不是火车票

李：这是向每个尚权所的年轻律师提出的共同问题。现在，在律师业内弥漫着一种恐慌情绪，大家都认为“互联网+”对律师业带来的冲击会很大。有的律师因此投身到了“互联网+”的浪潮中，另外一些律师认为“互联网+”对律师业不会造成太大影响。你的观点是什么？

陈：我对“互联网+”也只是有一些简单的了解。包括互联网金融、外卖都是“互联网+”时代的产物。具体到律师行业，更多的是在打造“互联网+”的平台，像无讼阅读、律大大这些App作为律师推广的平台吸引了一批人。

具体到“互联网+”对律师的影响，我觉得对律师业务的影响并不是特别大。因为律师业务主要还是建立在人和人之间有一种信任关系的基础上，但在网络上没法构建这种基础的关系。作为当事人来说，找律师并不是像订火车票或者订外卖那样简单，他们可能不会简单地相信网络上的信息。

我觉得“互联网+”背景下，律师业可能会发展出一些通过网络进行法律咨询的简单业务，但是对于案件这样的整个业务还是要在线下来完成。就像我刚才说的一样，就刑事辩护这项业务来说，律师和当事人之间的信任关系非常重要，当事人和律师之间肯定要进行面对面的沟通，而在网络上无法实现这样的“功能”。

从根本上来说，律师还是要把自己的专业功底积累好。这个功底，一方面是指理论知识和实践经验，另一方面是指沟通和交流的水平。

跋

我们这十年

十年，对于人生而言相当短暂，人的一生能有几个十年；十年，对于一家律师事务所来说也不算漫长，毕竟中国律师制度恢复不过三十余年。

2016年，对尚权律师事务所，意义非凡。作为全国第一家专业的刑辩所，我们走过了十年风雨路。尚权人，坚守不变初心，品尝酸甜苦辣，收获成长成熟。作为其中一员，我亲历并见证了这段镌刻着光荣与梦想的时光。

一路驰骋之后，需要片刻的驻足和宁静。于是，就有了与李秀平老师的一拍即合，有了眼前这本《一辩十年》的问世。这是回望，是思索，也是沉淀。

2006年，张青松律师带着对刑事辩护的理想和情怀，凭着"第一个吃螃蟹人"的勇气，汇聚志同道合的中青年律师，在北京共同创办了尚权所，从此开启了发展专业律所，特别是专业刑辩所的探索之路。

尚权所是执着的。回望来路，为了千金一诺，为了坚守理想，尚权所既有量力而行的稳健，也有破釜沉舟的决然。成立伊始，张青松律师甚至做好了三年不赚钱的思想准备。可以说，正是自信、乐观、坚韧的"刑辩理想主义"，成就了尚权所十年的坚守。

尚权所是专业的。十年来，"专业化"是尚权所始终不变的理念。一方面，尚权人精研刑辩业务，做大做强品牌；另一方面，尚权人积极投身立法改革、学术研讨和社会公益，努力推动中国刑事法治的点滴进步。十年来，尚权所的管理模式不断创新，队伍建设不断壮大，专业分工不断细化，我们在努力打造一家集律师业务、理论研究、法治传播于一体的高端精品化刑事专业律所。

尚权所是幸运的。我们从专到强、成长成熟的十年,是中国法律制度不断完善、司法改革持续推进的十年。依法治国上升为国家战略,《律师法》《刑事诉讼法》相继修改,以审判为中心诉讼制度改革正在推进,律师权利的有效保障得到加强,这些都让我们真切感受到法治的进步,而这一切也为尚权所提供了难得的发展机遇。

尚权所刑辩的十年,是中国刑事法治变迁的十年。《一辩十年》中对尚权人物的访谈,描绘出一个刑辩所、一个刑辩团队的成长全景,折射出刑事辩护事业、刑事司法制度十年变迁的轨迹。我们希望《一辩十年》能够让广大读者更多地了解刑辩律师、了解律师行业的专业化、了解中国刑事法治的发展之路。

《一辩十年》的顺利出版,凝聚了李秀平老师的巨大心血、法律出版社相关工作人员的辛勤劳作、尚权行政团队的大力支持,在此一并表示衷心感谢!

一辩十年;下一个十年,让我们继续携手并进!

常铮

2016 年 9 月 9 日于名敦道

后记

解剖律师业“麻雀”有多难

《一辩十年》这本书的筹划,和钱列阳律师的《三思而行》有关。

一年前的2015年9月,经过一番天昏地黑的忙碌,我策划并以提问人“出镜”的《三思而行》出版。这本将钱列阳律师20多年刑辩律师生涯中的思考和感悟辑录在一起的图书面试后,我有种意犹未尽的感觉。

心里在想,钱列阳律师一个人的所思所悟已然非常丰富和精彩,如果是北京市尚权律师事务所一支刑辩团队的所思所悟一定非常壮观。

我知道,转过年来的2016年就是尚权所成立10周年的节点。在这个节点,从总结一支专业的律师团队的管理和成长经验的角度来写这本书,应该很有意义。于是,我拨通了常铮的电话。接电话的常铮一如既往地痛快,她不假思索地说:“咱们就这么定了。”

很快,尚权所的执行主任白雪和宣传部门负责人刘丽琦来到我的位于法律出版社三层的办公室。这个时候,我的想法是“我做策划编辑,指导尚权所团队成员分头去写”或者由有记者职业经历的刘丽琦执笔。在她们来找我之前,我已经完成了图书策划案。书名初定为《一辩已十年——尚权刑辩团队成长密码》。

一本图书的写作过程,可以用呕心沥血来形容。我最初想让尚权所的“小伙伴们”执笔,完全是出于对写书这个浩大工程的恐惧。但是,因为丽琦不仅要负责尚权所网站和微信公众号等多个媒体的日常运行，而且要高密度地组织尚权所各种论坛和活动的宣传稿件，与此同时还要编辑过去九年间九届尚权刑辩论坛的图书，由她组织完成《一辩已十年》书稿显然不可能。

在尚权人和我分头忙着忙不完的事情的时候，时序流转至2016年春天。这时，大家都感觉到“如果再不动手，就完不成了”。在此情况下，写书的人就变成了我。

此时，距离尚权所2016年10月15日举办成立十周年的重要活动——第十届尚权刑辩论坛的时间只有半年了。接着，我沿用了《三思而行》的“对话体”模式，以提问人的身份开始了《一辩十年》的工作。

2016年4月13日那天，我和《法律与生活》杂志社的同事铁铮来到尚权所，从和常铮、张青松对话拉开了本书的创作序幕。

在和常铮交流的时候，她提出一个极好的想法：“把尚权所的发展放在律师业发展的大背景下来写。”作为一名一直在旁观尚权所成长且对律师团队管理之难有所了解的新闻人，我想把尚权所作为一只“麻雀”来解剖。虽然她的想法和我的本意相契合，但是由于没有时间和精力去做研究，只是从一个小切口——“尚权律师亲历的刑事司法环境变迁”对刑事辩护律师业发展的背景做了一些铺陈。

换句话说，我把本书的重心放在了尚权所律师“个体”及“不同层面的个体”上。“个人”便是包括管理层、律师和兼职律师共计15人，“不同层次的个体”指尚权所管理团队、合伙人、资深律师、教授级兼职律师、青年律师。“个体”及“不同层面的个体”的整体便是尚权所刑辩团队的全貌。书中见人，见事，更要见一支出类拔萃的律师团队的思想精髓。

为了把尚权所刑辩团队的所思所悟和成长历程尽可能全面地记录下来，我为本书设计了两条明线和一条暗线。两条明线便是辑纳于“人物志”中的人物故事及辑纳于“管理经”、“业务经”、“成长路”中的经验和心得等。看不见的暗线里“埋伏”着我的心意，将尚权所律师宝贵的刑辩经验挖掘出来，方式便是请每个受访者和大家分享“突出特长”和至少一个对自己的职业生涯产生过重大影响的案例。比如，请阅卷专家张兴梅律师大篇幅地分享了自己的阅卷经验，请毛立新律师分享“形式逻辑之于刑事辩护”的重要性，请“审前专家”巩志芳谈做好审前工作的心得，请“沟通专家”陈泓宇讲述自己和当事人及有关方面沟通的成功经验……至于案例，只举一个例子，请共同代理刘汉、刘维兄弟案件的张青松、毛立新、常铮、蔡华四人从各自的角度详细讲述“真经”，无论是蔡华律师分享的他和常铮律师之间的配合，还是毛立新律师讲述的在刘汉案件二审期间重构证据体系都是极为宝贵的实战经验。

为了把握好这明暗三条线，我可谓殚精竭虑。在约定对话之前，都尽可能多地了解了对话对象并列出采访提纲。在15个采访提纲之下，每个受访者都有精彩发挥。为了捕捉到那些包含思想的金句，我负责用笔记录的同时请铁铮录音。最终，15场对话的文字记录为两大本、录音超过30个小时。由于找不到既懂刑事辩护又会“扒词”的帮手，我只能戴上耳机把30多个小时的录音转换成文字。

由于工作量太过庞大，我在和丽琦约定的7月底未能完成初稿。即使截稿日放宽至8月底，时间也很紧迫。谁知，在8月心急如焚地对话几位重量级人物——尚权所兼职律师的时候还出了一点儿差错。

那天是个周六，毛立新教授跑到法律出版社与我们见面。由于他的讲述太过精彩，两个多小时之内，我常常听着听着就会忘记记录。到了铁铮把录音拷贝给我的时候，却发现录音笔因故障根本没有工作。因为铁铮已急得几近落泪，我只能“认命”。当铁铮在万般无奈中把实情告诉毛立新教授，并请他再接受一次采访的时候，却得到一个好消息。因为第一次谈到我们对话中的问题，毛立新教授自己用手机将对话过程录了音。得到这个消息时，我脱口而出的几个字是：“天在助我！”

在紧紧张张中，8月31日到了。由于书稿还剩一个“尾巴”，8月31日至9月2日这几天，我只好起五更睡半夜。9月2日这天，我一大早就喝了咖啡还是困倦。在跑到水房用凉水醒脑的时候，突然想起毛立新教授对我讲述办理刘汉案件每天只睡两个小时的情况。

总之，书稿总算完工了。

书稿完工前夕，我请尚权人讨论一下书名。不知是谁灵感闪烁，建议将“一辩已十年”中的“已”字去掉，这样，书名就简洁明快地变成了《一辩十年》。

书名确定后，初稿随即告竣。

那一刻，我不仅没有大功告成的感觉，而且有缕缕遗憾升上心头。我想把每个“人物志”都写成精彩故事，因为时间不允许，只好在采用同行所写人物报道的同时，用第一人称简单讲述故事。最大的遗憾是，尚权所虽然有一支专业且强大的行政队伍，但因为时间紧迫，在书中没有为他们留出一些之地。换言之，解剖律师业一只“麻雀”的难度，超乎想象。在此，请已写到的尚权人原谅我的粗糙，请没有写到的尚权人原谅我的不周。

最后，感谢所有在成书过程中给予我帮助的人。感谢以常铮为代表的尚权所人的信任、感谢丽琦为我提供的各种帮助、感谢铁铮帮我全程录音、感谢杜智娜编辑加班加点修正我的各种错漏。

这一刻，我有一个“小目标”：“把书稿交付出版后，休假三天。”

李秀平

2016年9月12日于法律出版社

图书在版编目(CIP)数据

一辩十年:尚权刑辩团队成长密码 / 李秀平著. —北京:法律出版社,2016.10
ISBN 978-7-5197-0002-7

Ⅰ.①一… Ⅱ.①李… Ⅲ.①刑事诉讼—律师业务—概况—中国 Ⅳ.①D926.5

中国版本图书馆 CIP 数据核字(2016)第 230694 号

ⓒ法律出版社·中国

责任编辑/杜智娜　　**装帧设计**/王卫平

出版/法律出版社　　**编辑统筹**/法律与生活
总发行/中国法律图书有限公司　　**经销**/新华书店
印刷/三河市兴达印务有限公司　　**责任印制**/张建伟

开本/720 毫米×960 毫米　1/16　　**印张**/24.75　**字数**/340千
版本/2016 年 10 月第 1 版　　**印次**/2016 年 10 月第 1 次印刷

法律出版社/北京市丰台区莲花池西里 7 号(100073)
电子邮件/info@lawpress.com.cn　　**销售热线**/010-63939792/9779
网址/www.lawpress.com.cn　　**咨询电话**/010-63939796

中国法律图书有限公司/北京市丰台区莲花池西里 7 号(100073)
全国各地中法图分、子公司电话:
第一法律书店/010-63939781/9782　　**西安分公司**/029-85388843
上海公司/021-62071010/1636　　**北京分公司**/010-62534456
深圳公司/0755-83072995　　**重庆公司**/023-65382816/2908

书号:ISBN 978-7-5197-0002-7　　**定价:**68.00 元

(如有缺页或倒装,中国法律图书有限公司负责退换)